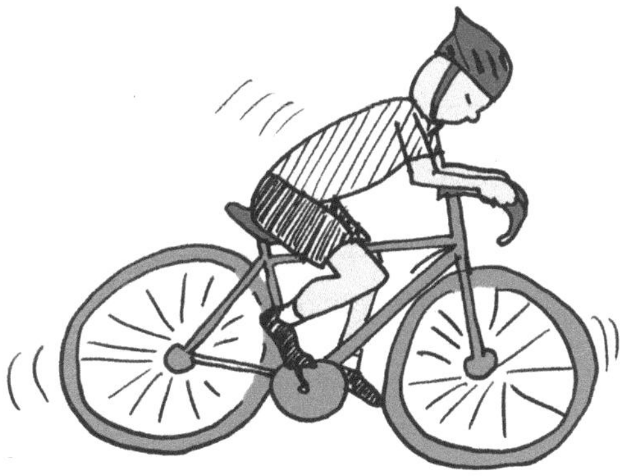

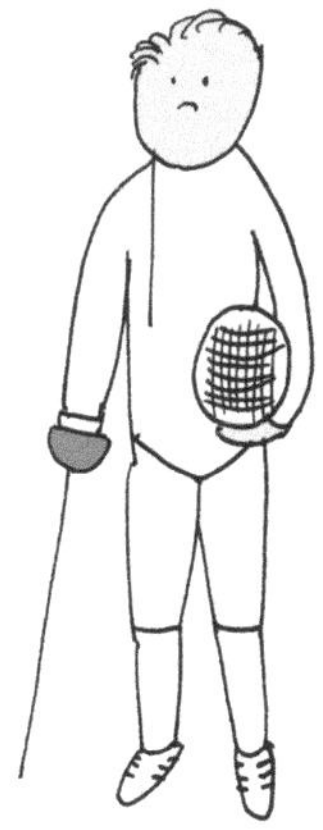

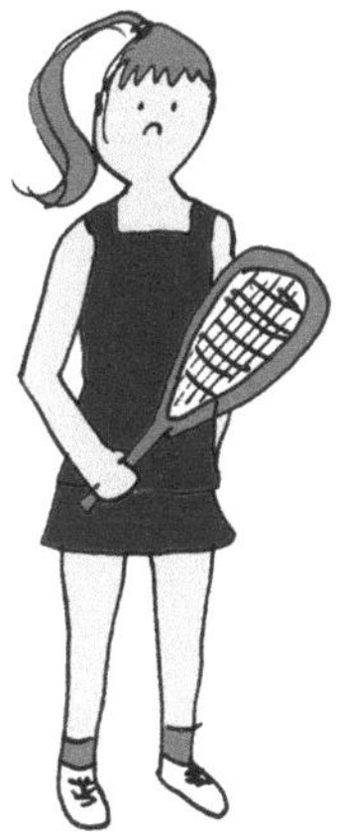

Der Wiener Sport-Club.
Von 1883 bis heute.
Ein Comic.

gezeichnet von Renate Mowlam

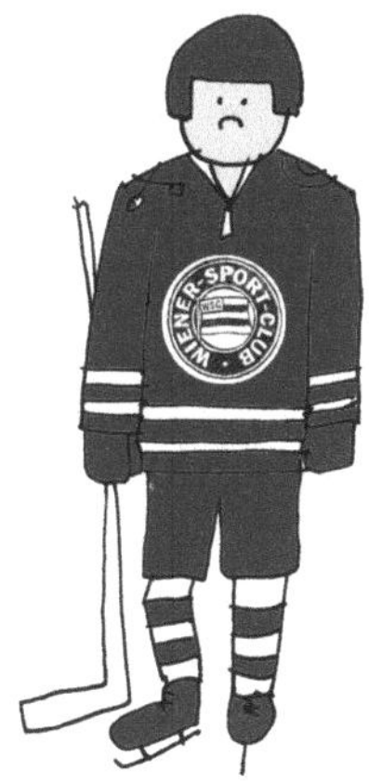

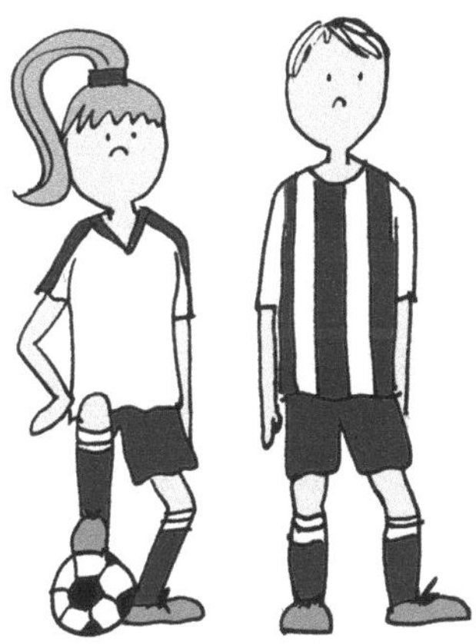

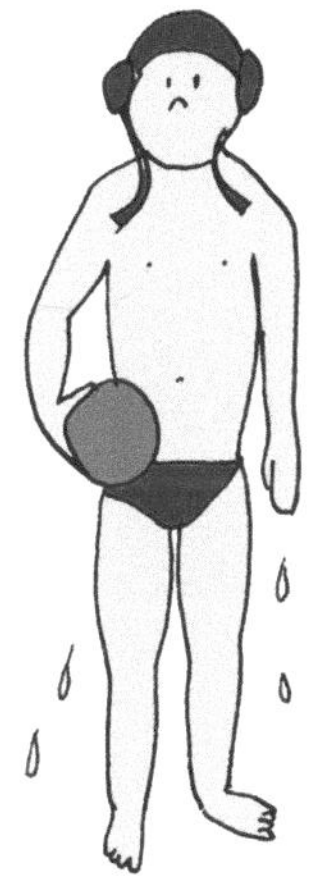

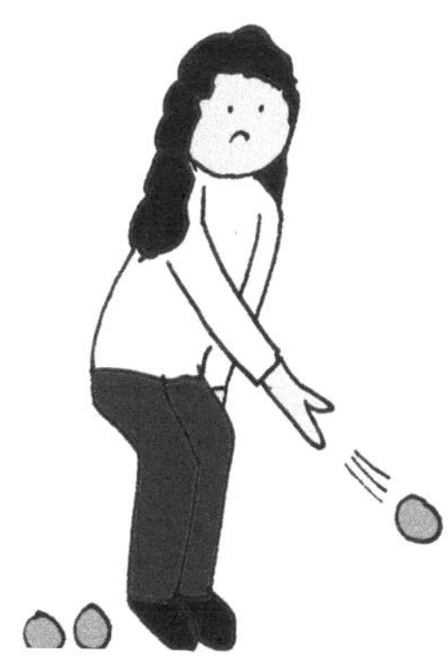

AF640105

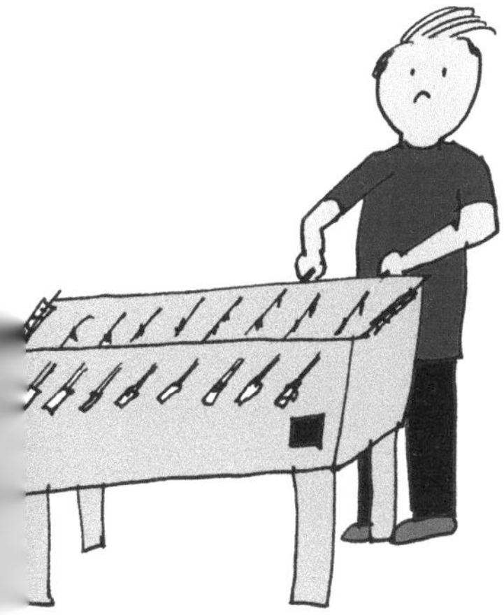

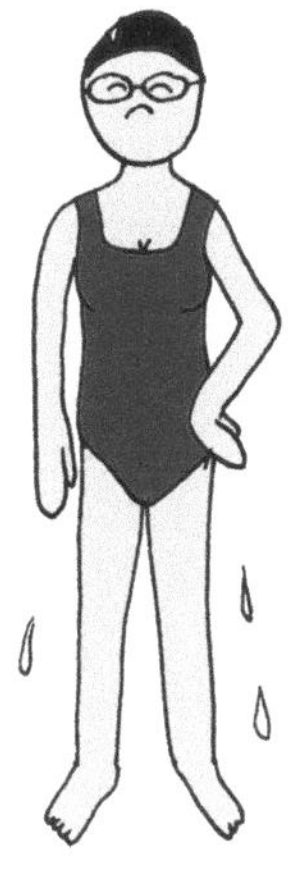

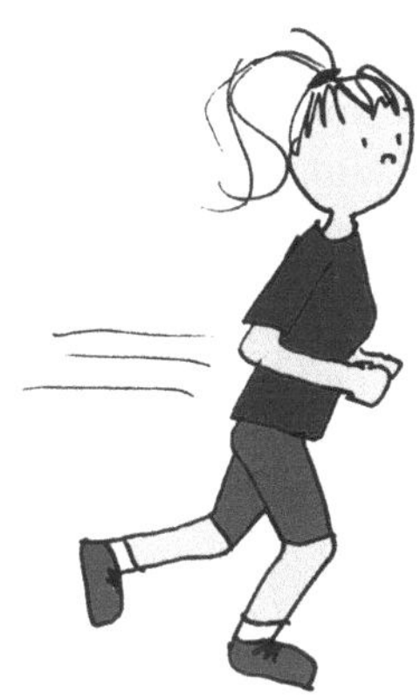

Der Wiener Sport-Club. Von 1883 bis heute. Ein Comic. gezeichnet
von Renate Mowlam

Druck und Vertrieb im Auftrag von Renate Mowlam: Buchschmiede
von Dataform Media GmbH, Wien
www.buchschmiede.at

ISBN Paperback: 978-3-99129-756-7
ISBN Hardcover: 978-3-99129-755-0

printed in Austria

Für alle,
die gegen Rassismus,
Sexismus und Homophobie
auftreten

Inhaltsverzeichnis

Die Chronologie

Inhaltsverzeichnis

Die Interviews

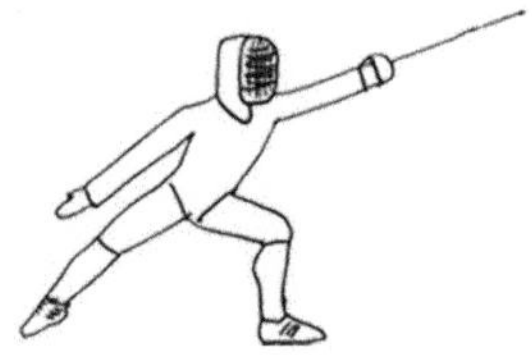

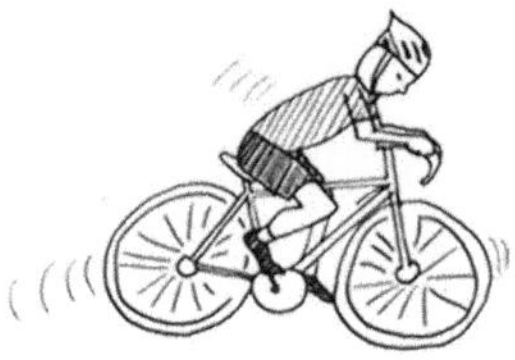

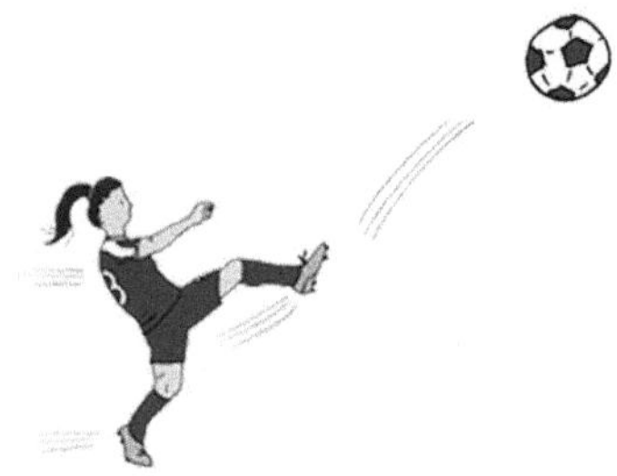

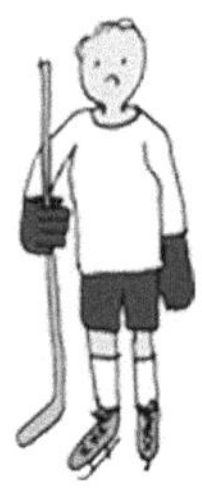

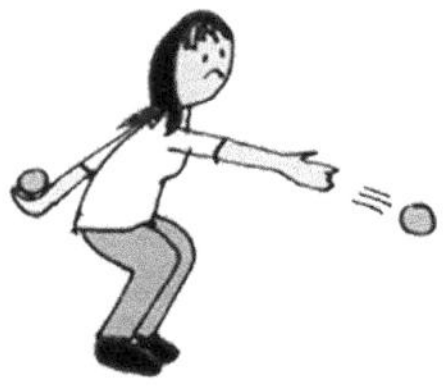

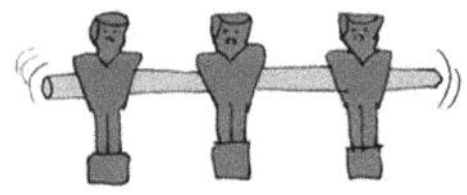

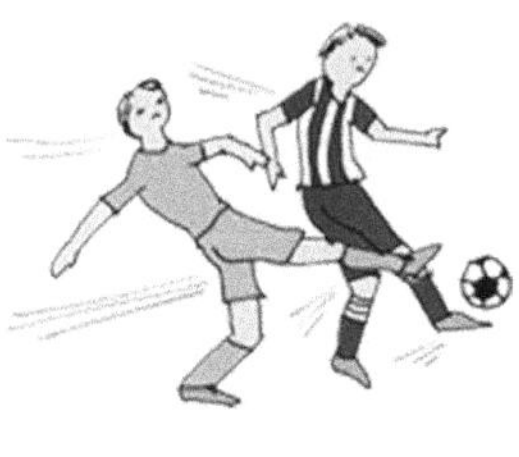

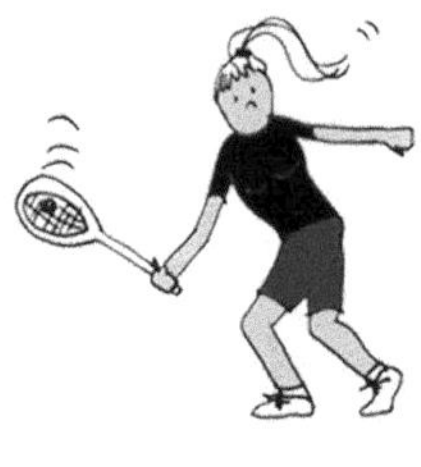

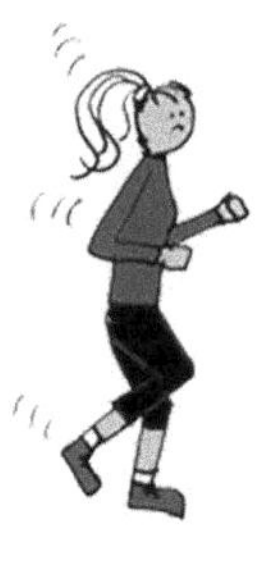

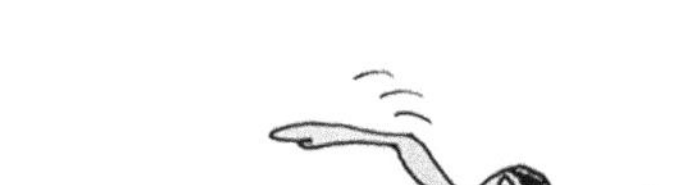

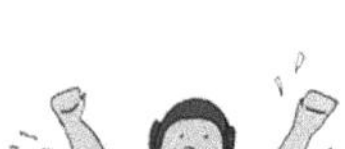

2022

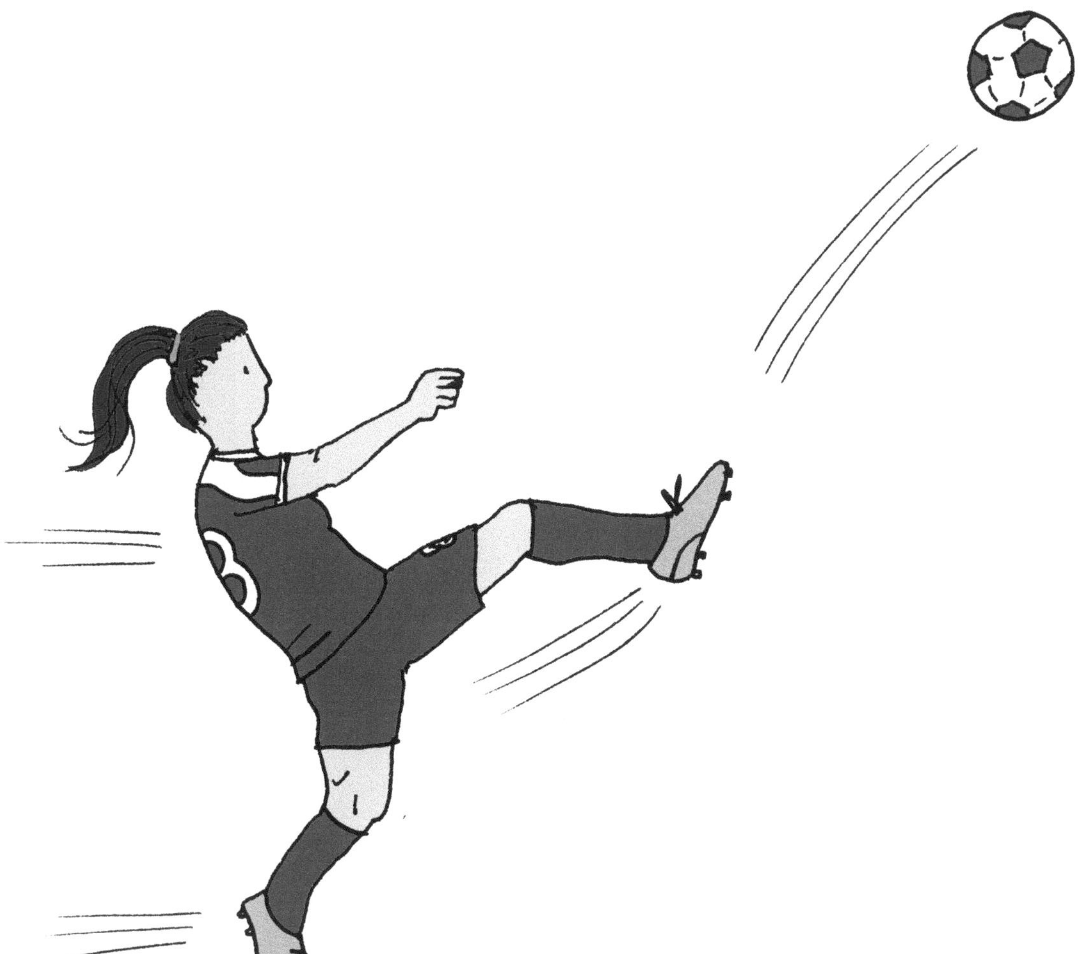

2017

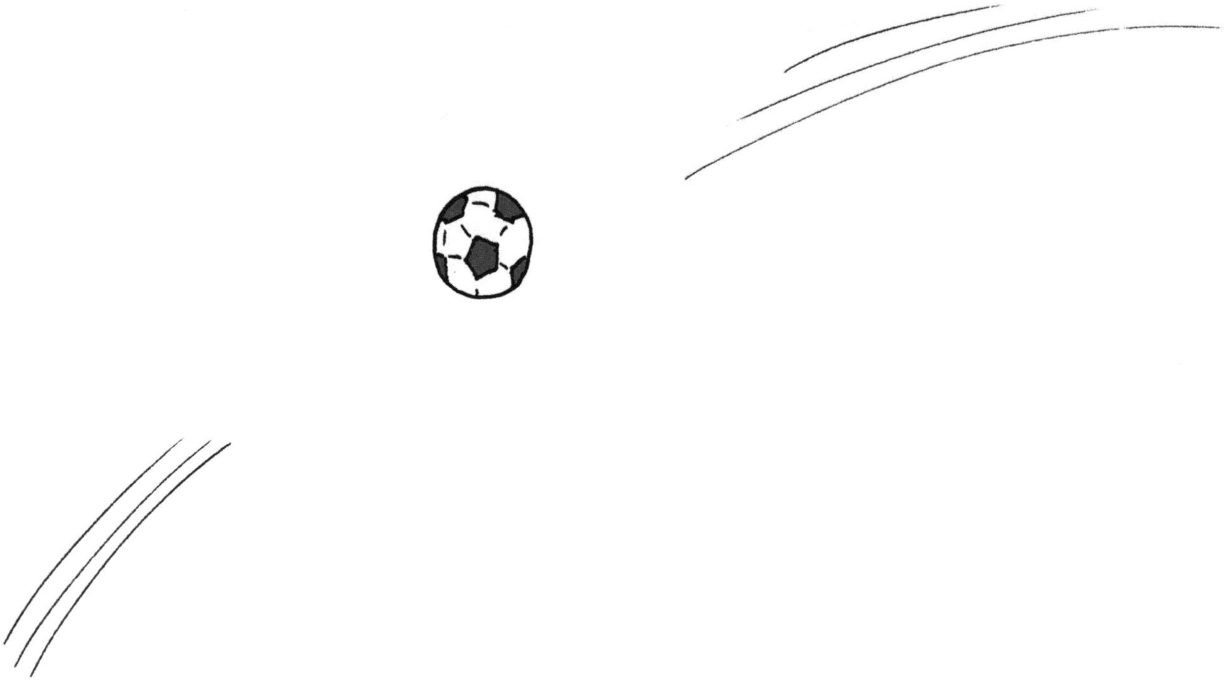

1958

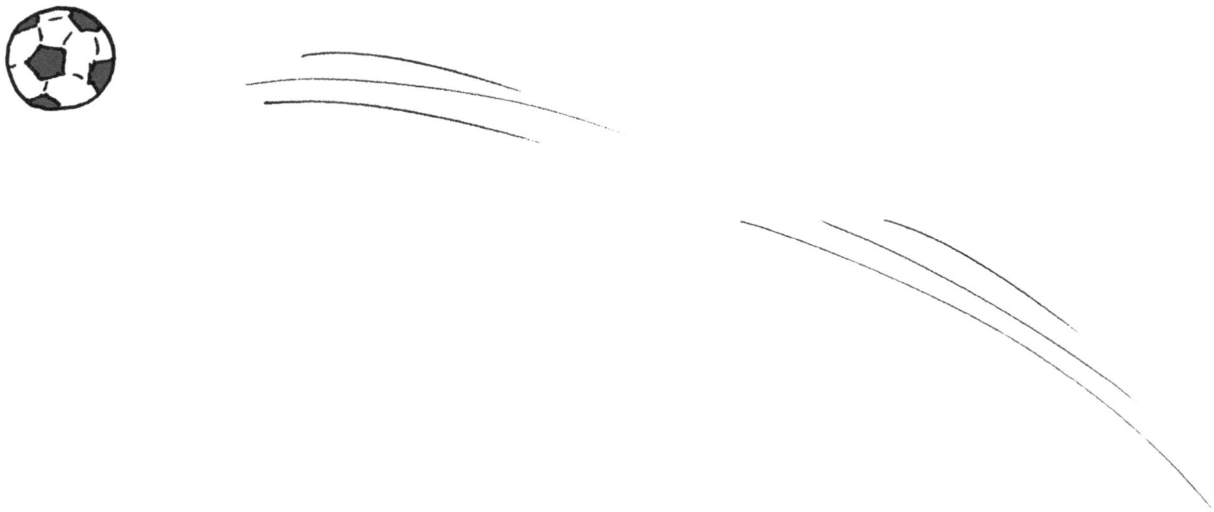

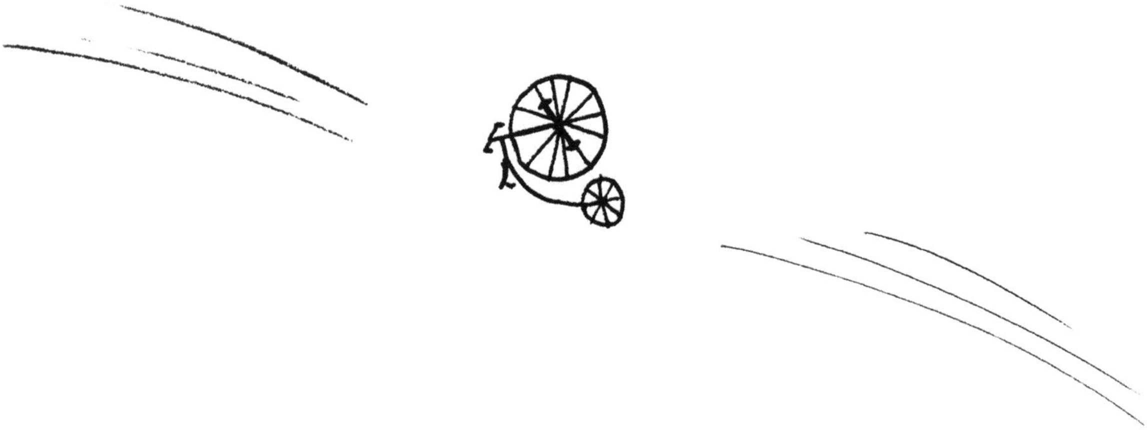

1883

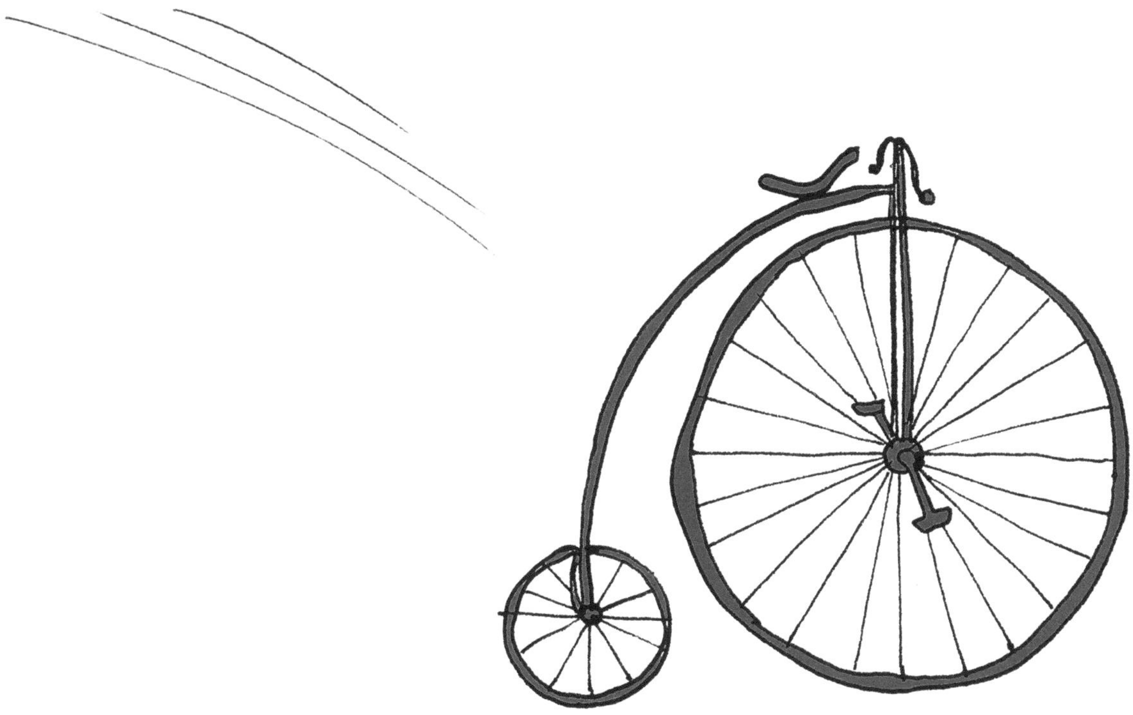

Im 19. Jahrhundert kam bei jenen, die es sich leisten konnten Moden zu folgen, eine neue Mode auf: Das Radfahren.

1817 stellte der deutsche Forstbeamte Karl von Drais seine Erfindung der Öffentlichkeit vor: Die Laufmaschine. Es war ein lenkbares, von Muskelkraft betriebenes Fahrzeug.

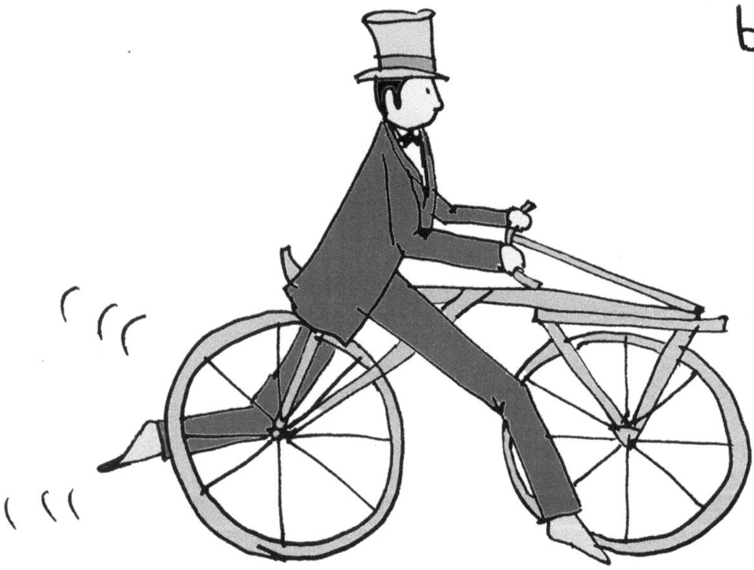

1861 fügte der französische Wagenbauer Pierre Michaux einen Pedalantrieb am Vorderrad hinzu. Seine Erfindung nannte er Velociped.

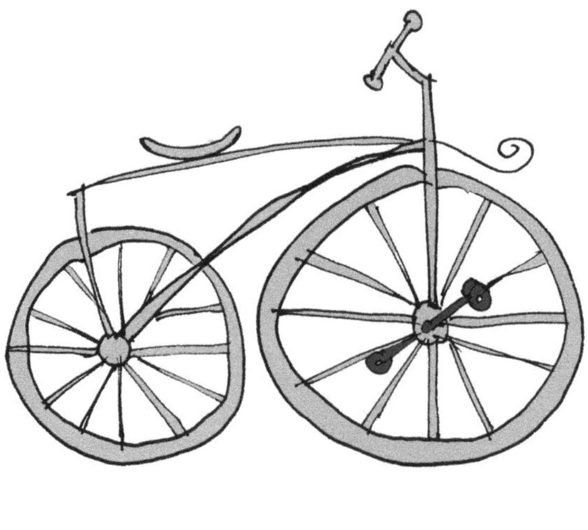

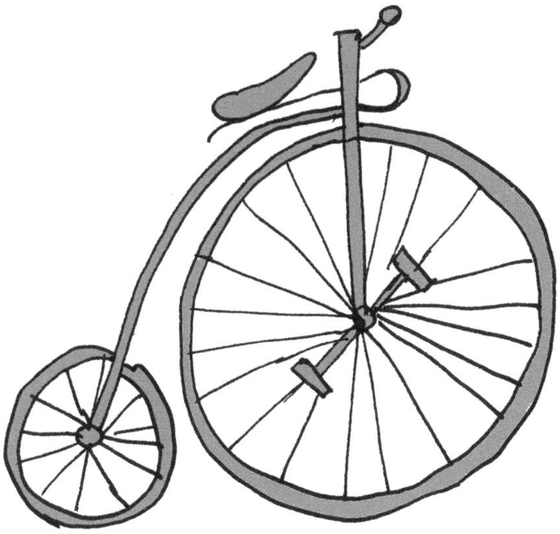

Aus dem Velociped wurde 1870 das Hochrad entwickelt. Dieses war jedoch wegen böse endender Stürze gefährlich. Auch beim Hochrad war der Pedalantrieb am Vorderrad.

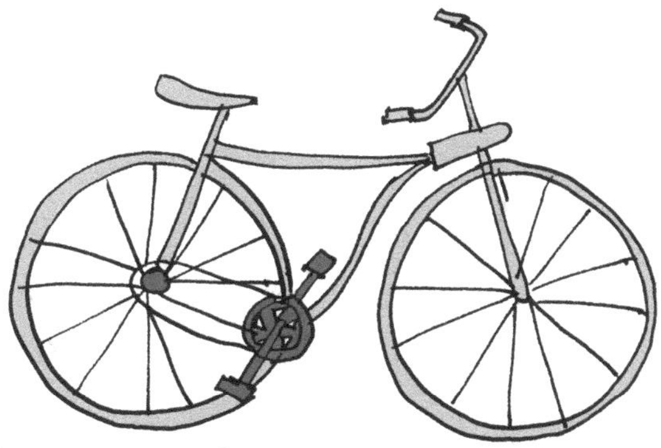

Um 1885 erfand der Engländer John Kemp Starley das Sicherheitsniederrad.

Der auf das Hinterrad wirkende Kettenantrieb machte ein großes Vorderrad nun obsolet.

1888 erfand der Schotte John Boyd Dunlop den Luftreifen. Nun war das Fahrrad sozusagen perfekt.

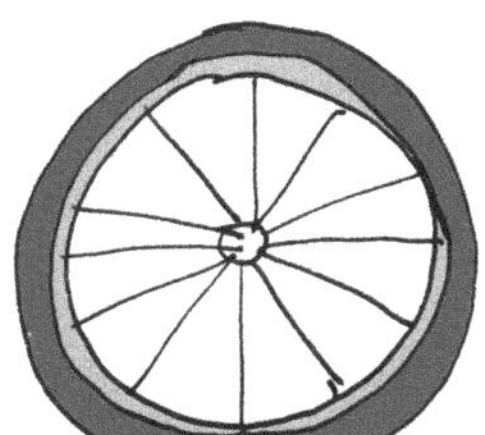

Aber wir schweifen ab...

Die Chronologie

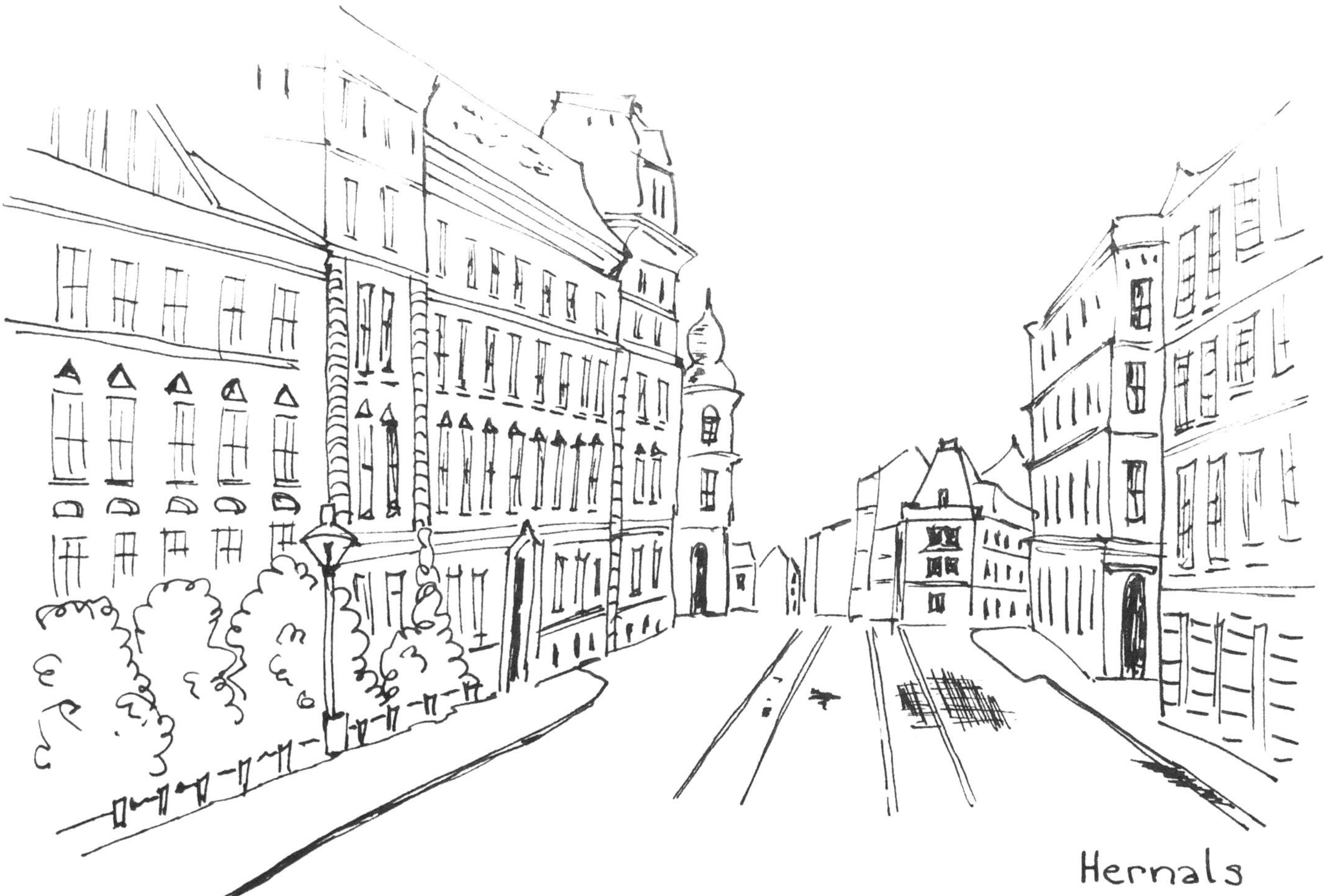
Hernals

1883

Radfahren war Ende des 19. Jahrhunderts ein noch unbekannter Modesport für die obere Mittelschicht.

Radfahrer mit ihren riesigen Hochrädern waren als Verrückte verschrien, nach denen sogar Steine geworfen wurden.

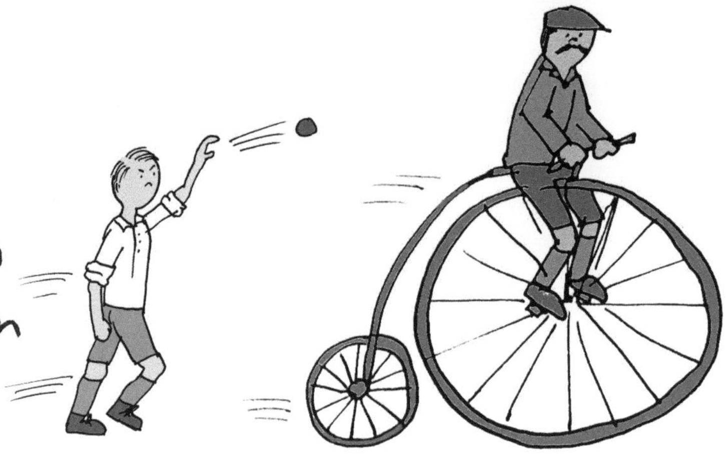

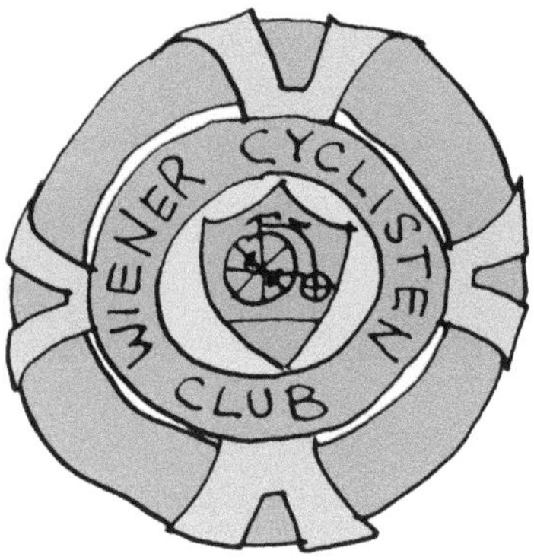

Am 24. Februar 1883 gründeten 18 Männer den „Wiener Cyclisten-Club".

4 Gründungsmitglieder waren bereits im Ruderclub „Pirat", weshalb dessen Vereinsfarben Rot und Blau auch für den Wiener Cyclisten-Club übernommen wurden.

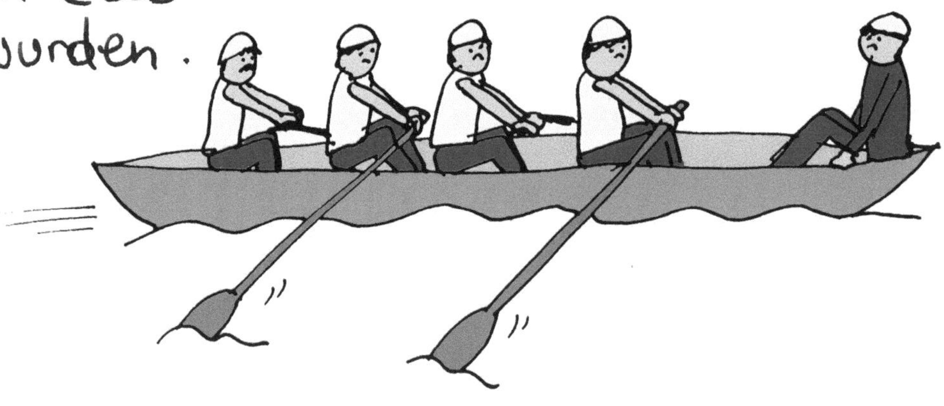

1886

Eines der Gründungsmitglieder war Eduard Engelmann jun.
In der heutigen Jörgerstraße in Wien befand sich damals die Engelmannarena. Sie diente nun nicht nur als Eislaufplatz, sondern auch als Übungsort für die Cyclisten und zur Unterbringung der Bicyclen*)

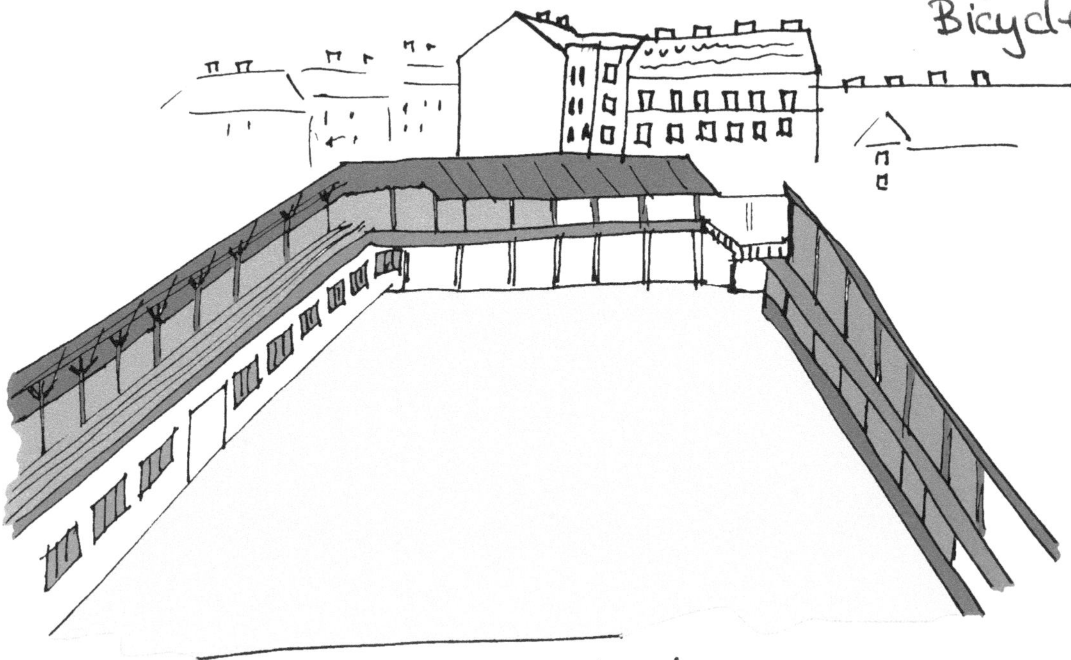

Engelmannarena

Der Verein „Wiener Cyclisten-Club" pflegte das Reigenradfahren, Kunstradfahren, Straßenradfahren, Bahnradfahren und Wanderradfahren.

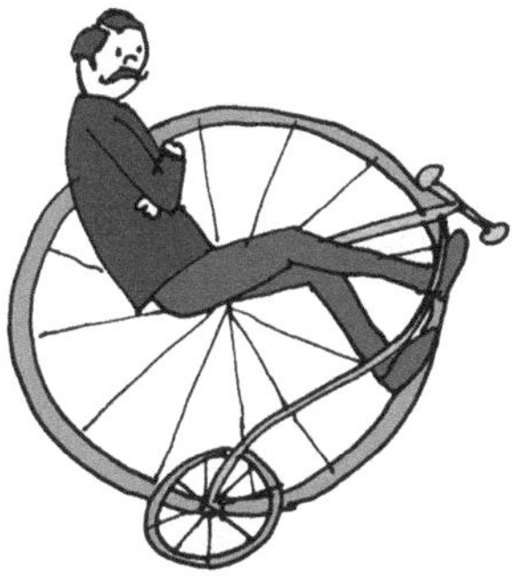

1886 rief der Verein eine eigene Fechterriege ins Leben.

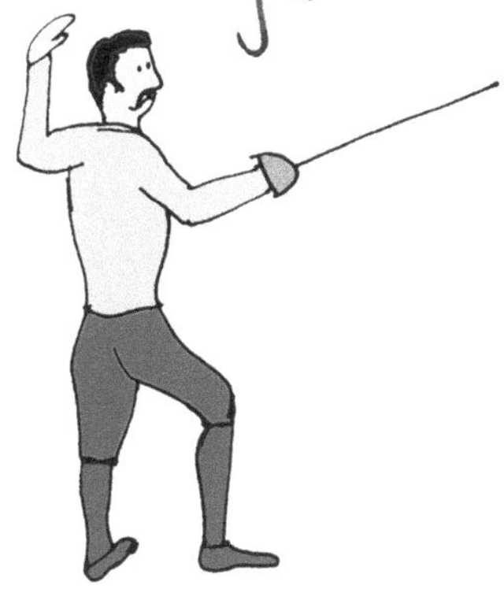

*) Fahrräder

1889

Doch schon 1889 kam es zu Streitigkeiten über Finanzielles, weshalb sich der Verein spaltete. Es bedurfte nun eines neuen Vereinslokals.

1893 beschloss der „Wiener Cyclisten-Club" ein eigenes Klubhaus zu bauen. Finanziert wurde dies aus einem eigenen Hausbaufonds.

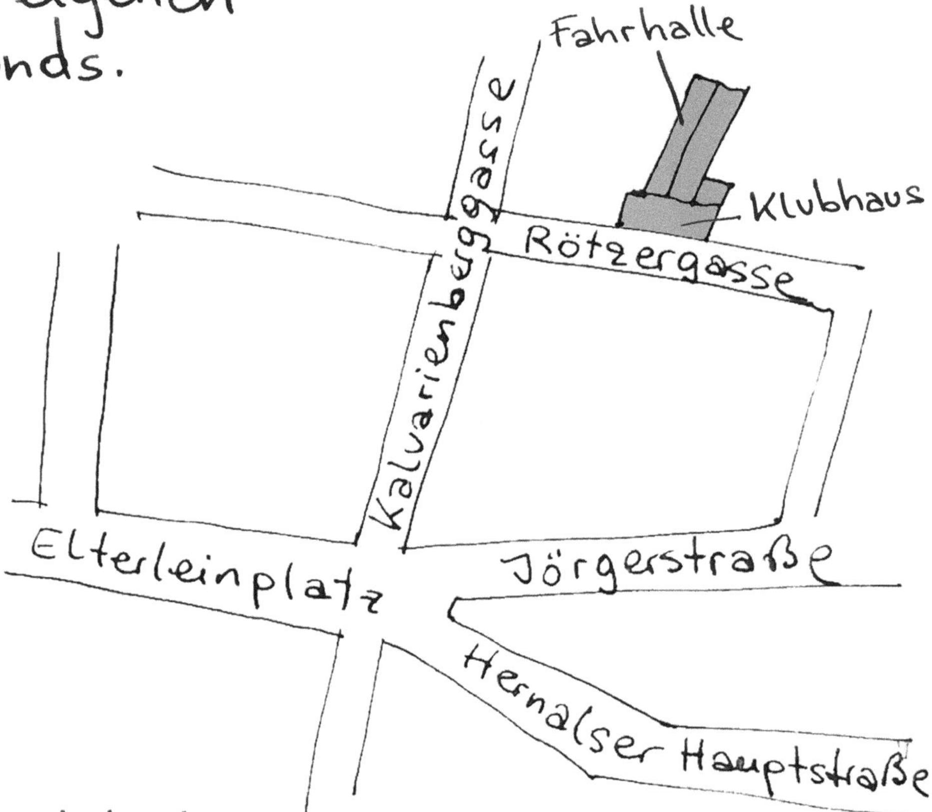

Ein Grundstück in der Rötzergasse 6 in Hernals wurde gekauft.

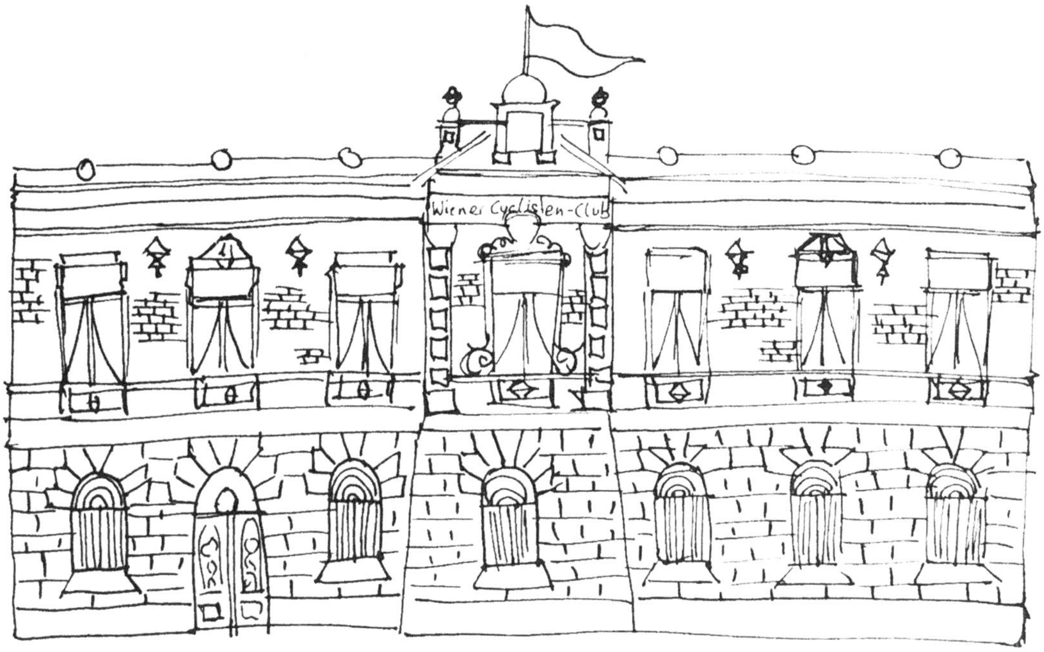

Bereits 1895 war der Neubau errichtet.
Das Klubhaus bestand aus einer Fahrhalle, einem Gesellschaftszimmer, einem Damenzimmer, einem Spielzimmer, einem Vorstandszimmer, einer Kegelbahn und anderen Räumlichkeiten.

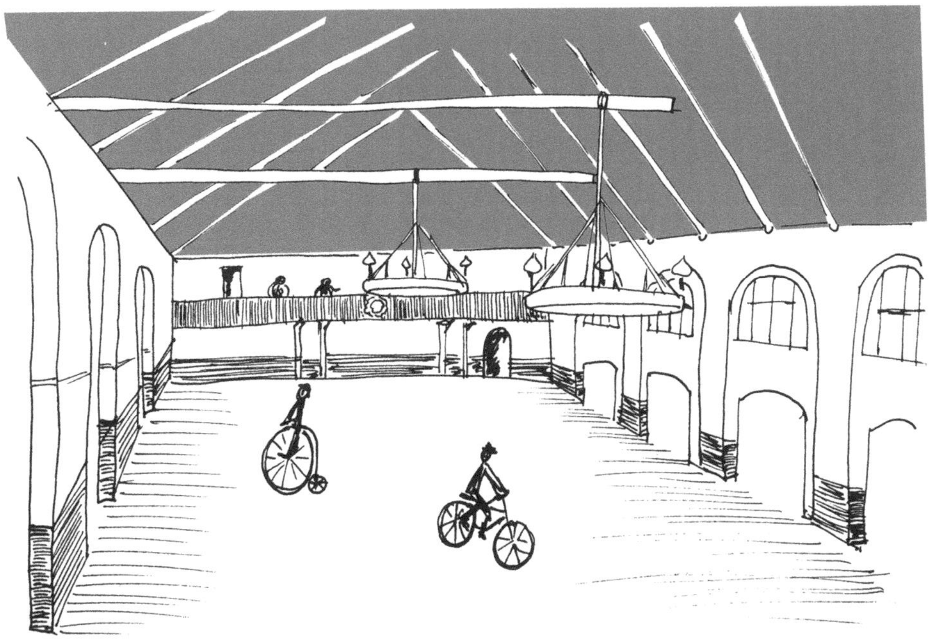

Fahrhalle

1900

Im Jahr 1900 worden Fechten …

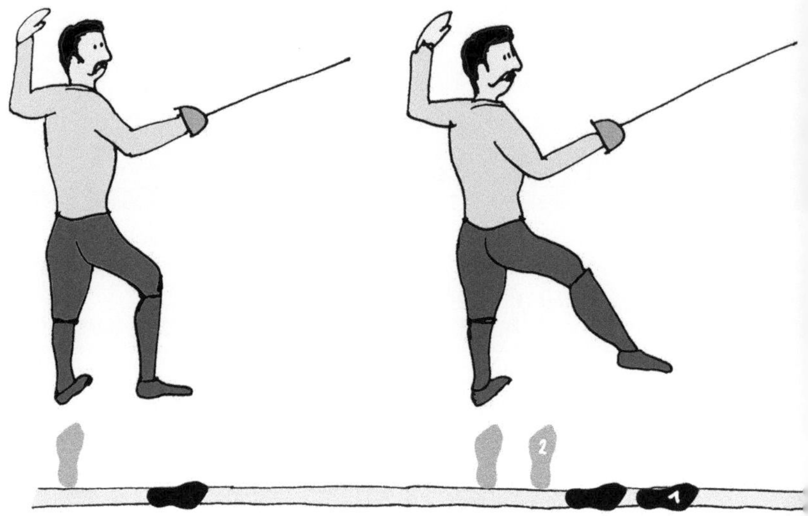

… und Turnen als eigene Sektionen in die Klubtätigkeit einbezogen.

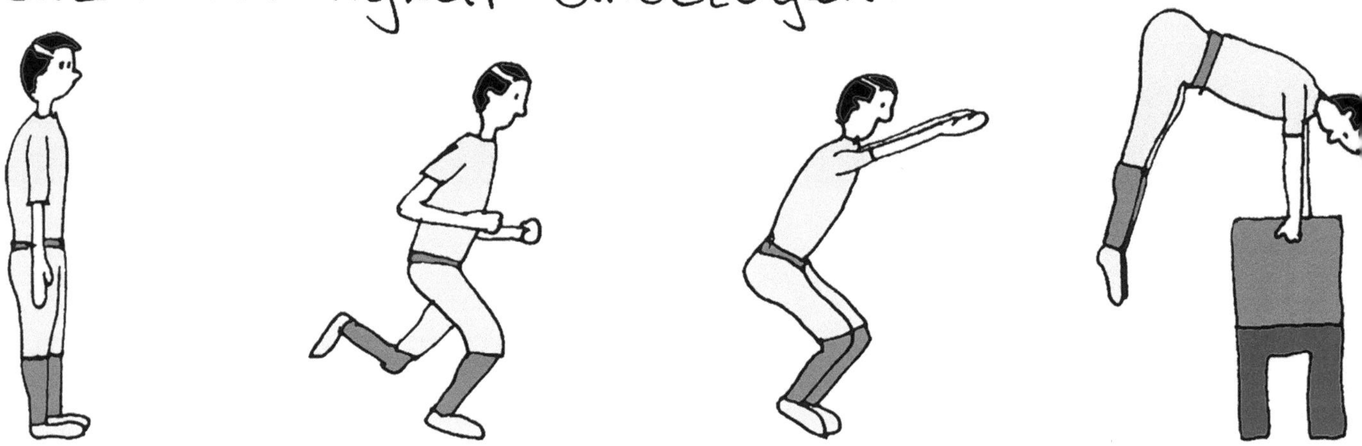

1904

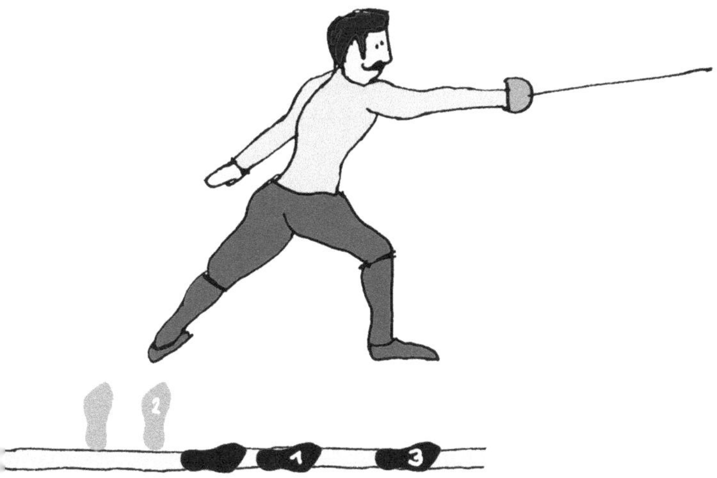

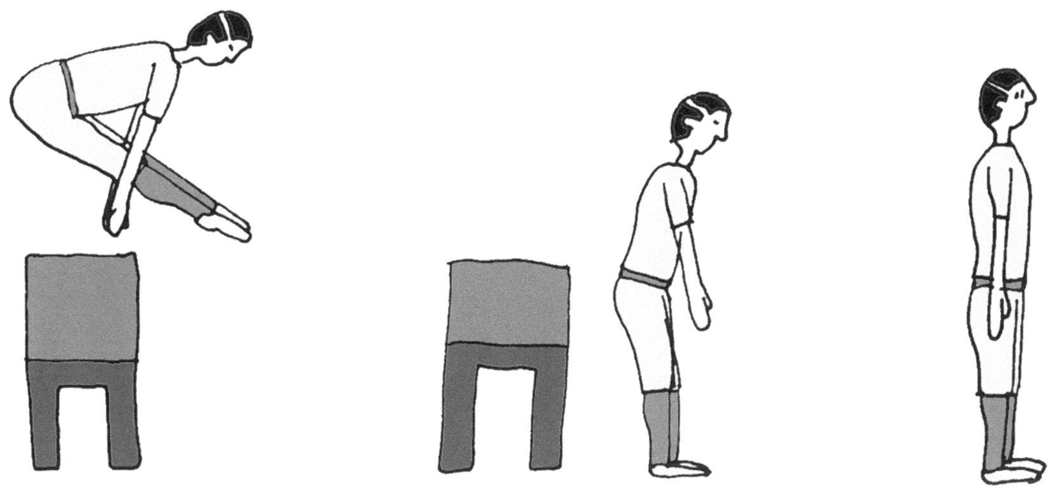

1902 kam Tennis dazu, ...

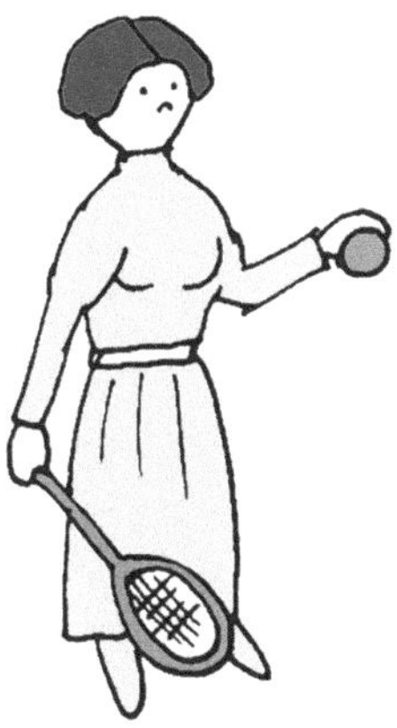

... 1904 dann Boxen.

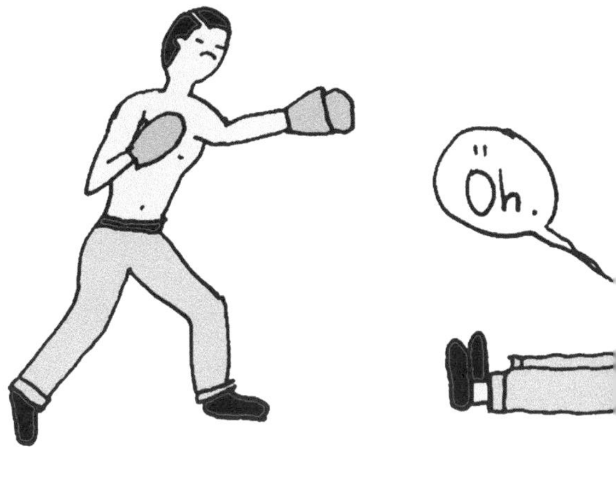

1904

Im Jahr 1904 wurde von einem anderen Verein, nämlich der „Wiener Sportvereinigung", ein Grundstück in der Hernalser Hauptstraße 214 angemietet. Die Farben dieses Vereins waren Schwarz-Weiß.

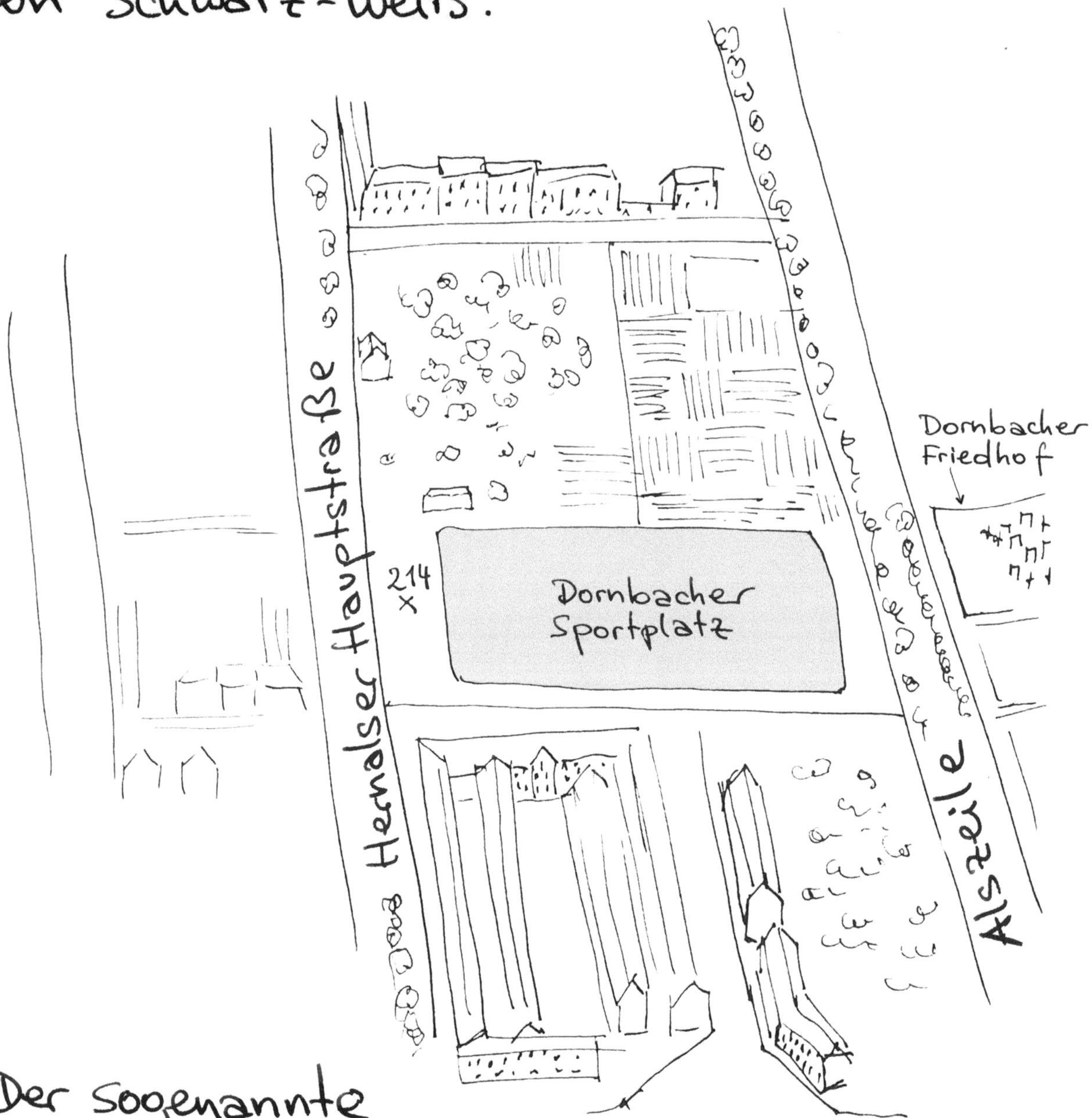

Der sogenannte „Dornbacher Sportplatz" wurde am 16. Oktober 1904 eröffnet.

1905 war auch schon eine Holztribüne errichtet, 25 m lang, mit Holztreppen auf beiden Seiten.

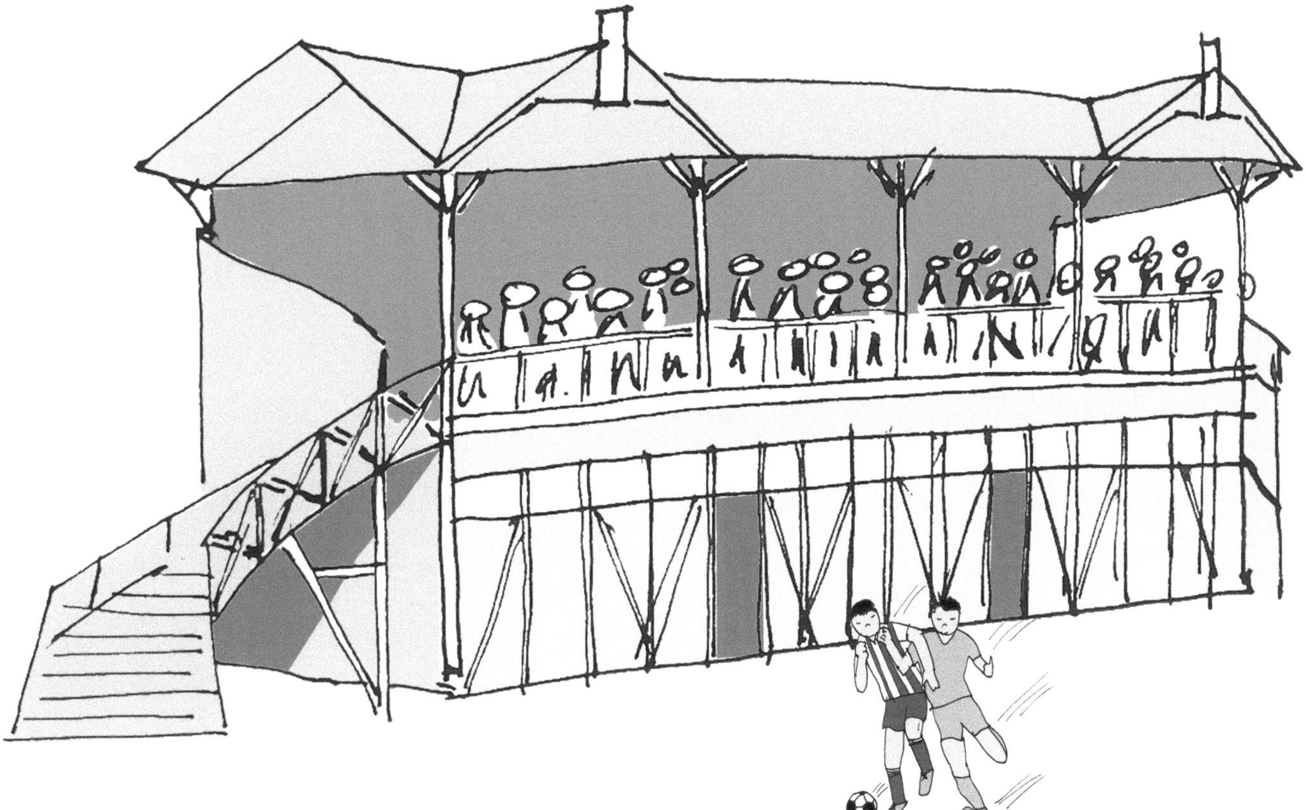

Die Zuschauer standen nun 5 m über dem Rasen, um den Fußballspielen zuzusehen. Ebenerdig befanden sich die Umkleiden der Spieler.

Diese Holztribüne befand sich an jener Seite des Sportplatzes, an der heute die Haupttribüne steht.

1907

Als die Wiener Sportvereinigung finanzielle Probleme bekam, löste der Wiener Cyclisten-Club diese.

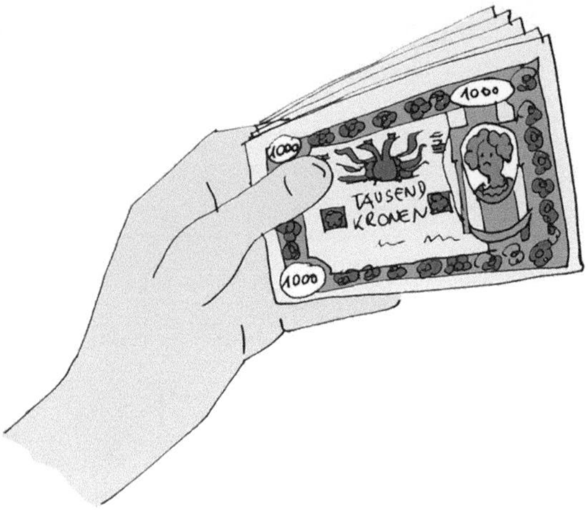

Dadurch wurden die Fußballer in den Wiener Cyclisten-Club integriert. Dieser hatte somit ab 1907 auch eine Fußballsektion.

Dadurch war die Zeit reif für eine Umbenennung.

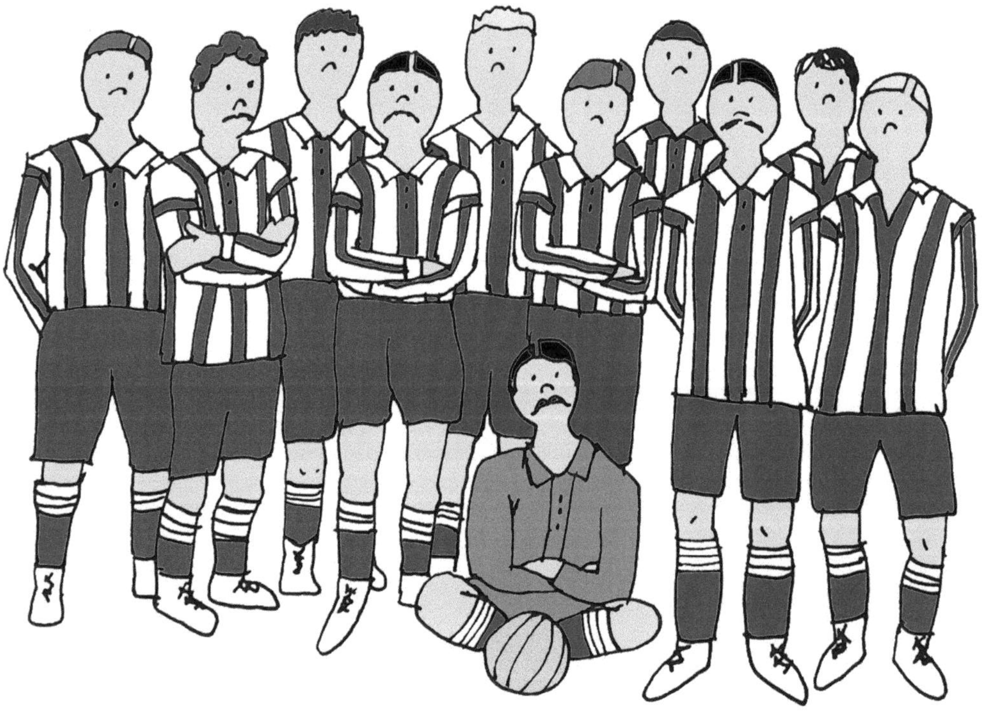

Ab dem 7. Februar 1907 nannte sich der Wiener Cyclisten-Club „Wiener Sport-Club".

Das Vereinswappen wurde geändert.

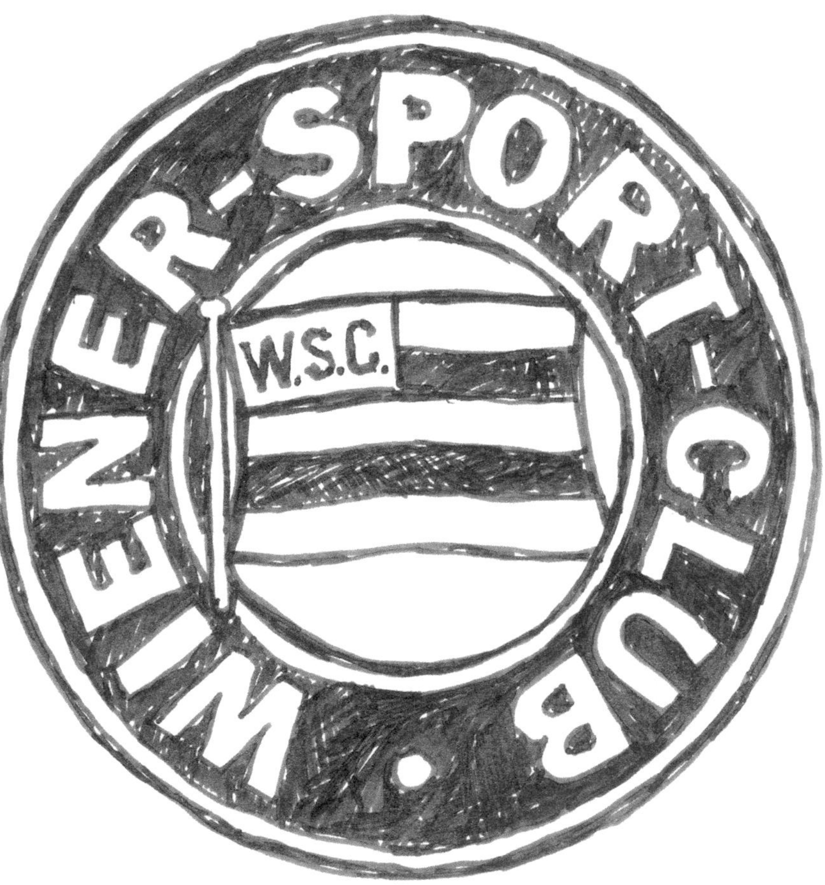

Die ehemaligen Klubfarben der Wiener Sportvereinigung waren nun jene des Wiener Sport-Clubs:

SCHWARZ-WEISS!

Fußball war damals ein relativ „neuer" Sport.
Daher wurden in den >Mitteilungen des „Wiener Sport-Club"< in der Ausgabe vom 5. April 1907 wichtige Regeln erklärt:

Die Grundzüge des Fussballspiels

Da ein Teil unserer geschätzten Mitglieder bisher noch keine Gelegenheit hatte, sich mit den Grundzügen des Fußballspieles vertraut zu machen, bringen wir nebenstehend einen kurzen Ueberblick über die wichtigsten Spielregeln und geben gleichzeitig der Hoffnung Ausdruck, daß die Herren Mitglieder die aus diesem Artikel geschöpften theoretischen Kenntnisse praktisch, durch regen Besuch der Wettspiele, erweitern werden.

Das bei uns gespielte „Association"-Fußball – nicht zu verwechseln mit dem wegen seiner Roheit gefürchteten, hauptsächlich in England und Amerika gepflegten „Rugby" – wird von beiden Seiten von je 11 Mann gespielt, die man je nach der ihnen zufallenden Aufgabe als
Forwards (Stürmer),
Halfbacks (Deckung),
Backs (Verteidigung)
und Goalkeeper (Torwächter)
bezeichnet.

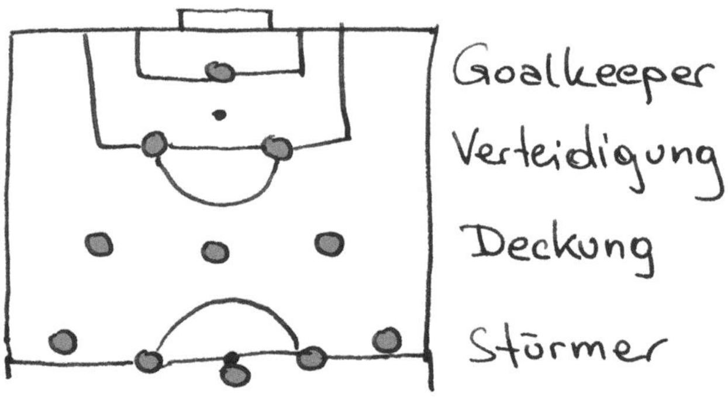

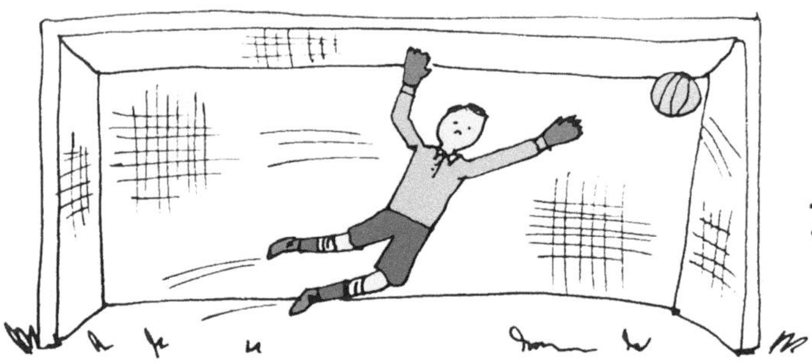

Die Aufgabe der Mannschaft ist es nun, den Ball durch das von der Gegenpartei bewachte Tor zu treiben, das heißt, ein Goal (Tor) zu erzielen.

Sieger ist diejenige Partei, welche in der vorgeschriebenen Spielzeit, das ist zweimal 45 Minuten, die größere Anzahl Goals (Tore) erzielt hat.

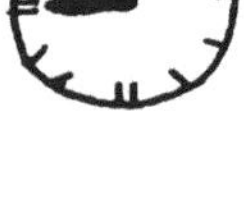

Sämtlichen Spielern, mit Ausnahme des Torwächters, ist es verboten, den Ball mit den Händen zu berühren.

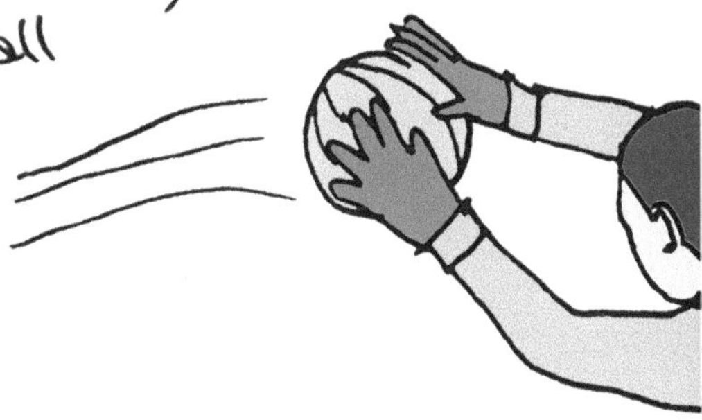

Verboten ist ferner jedes Spiel, welches geeignet ist, den Gegner irgendwie in Gefahr zu bringen, in erster Linie das Beinstellen, Halten des Gegners mit den Händen, von rückwärts Rempeln u.s.w.

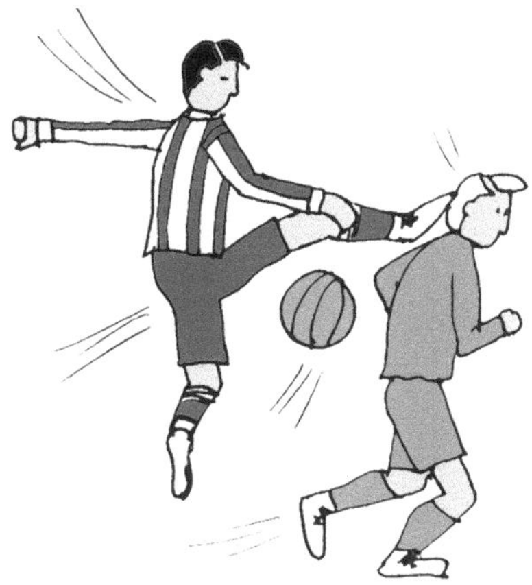

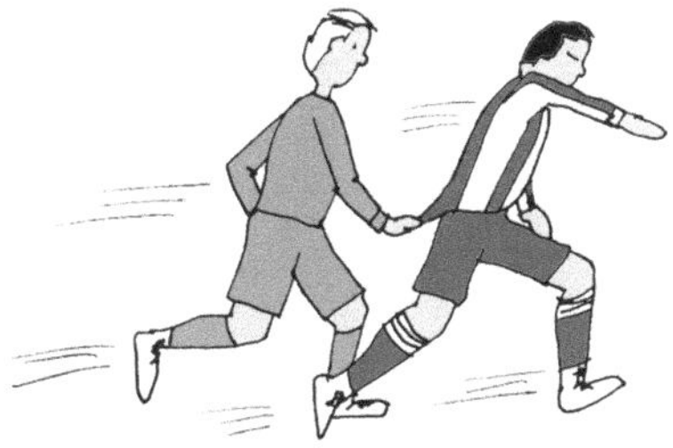

Eine Regel, welche sehr häufig zu Mißverständnissen führt, ist die sogenannte „Offside"-Regel, mit deren Einzelheiten wir uns in der nächsten Nummer befassen werden. Für heute sei nur gesagt, daß ein Spieler nur dann den Ball übernehmen oder ins Spiel überhaupt eingreifen darf, wenn sich in dem Augenblicke, in welchem ihm der Ball zugespielt wird, zwischen ihm und dem gegnerischen Tore mindestens drei Spieler der Gegenpartei befinden, außer er befindet sich hinter dem Balle oder dieser wurde zuletzt von einem Spieler der Gegenpartei gespielt...

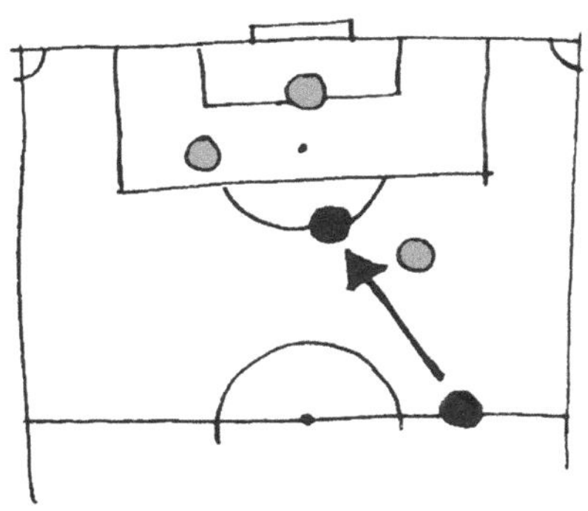

1908

1908 gründete der WSC eine Eishockey-Sektion. Gespielt wurde das sogenannte Bandyspiel mit einem Ball.

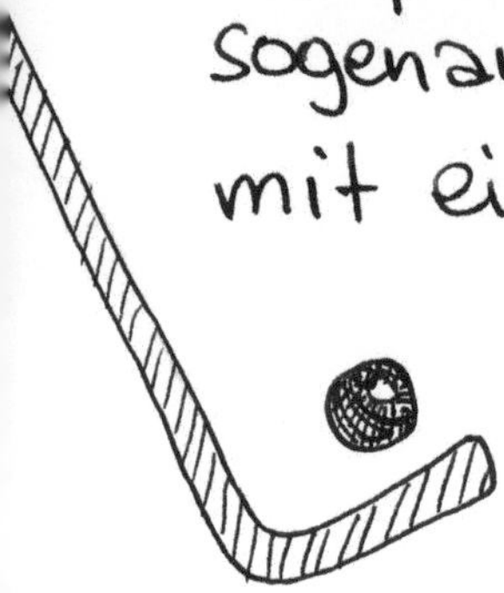

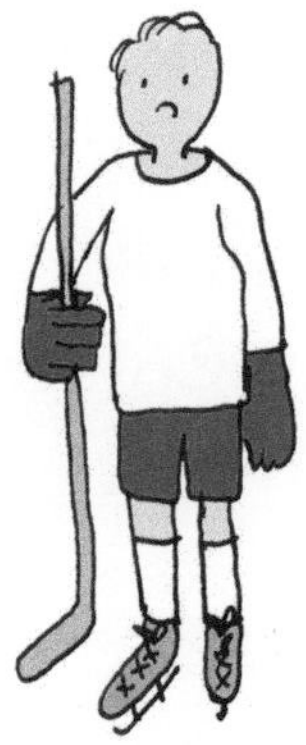

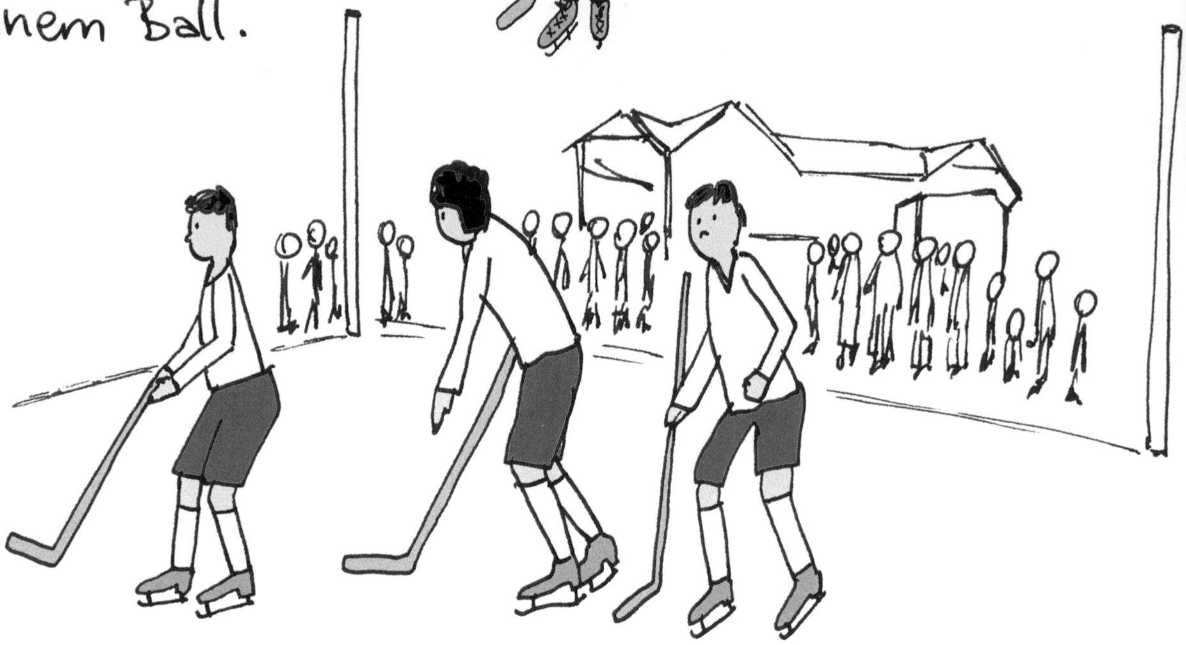

Am Sportplatz in Dornbach wurde im Winter Wasser aufgespritzt und so ein Spielfeld geschaffen.

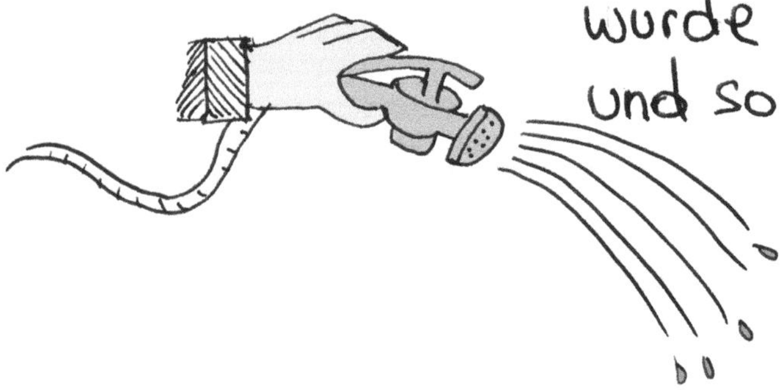

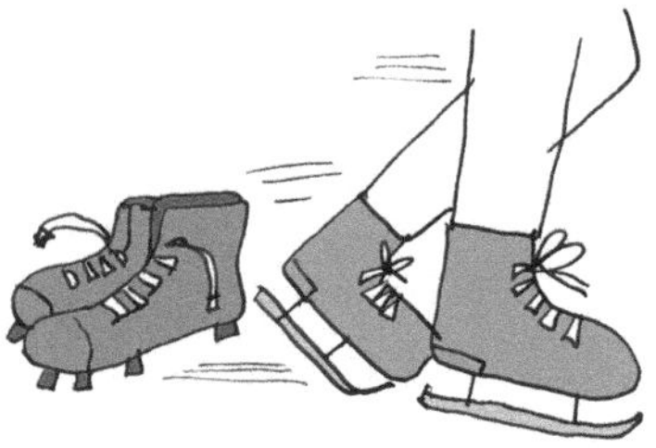

Die Eishockeymannschaft bestand aus Fußballspielern, die im Winter die Sportart wechselten.

Der WSC war 1912 Gründungsmitglied des österreichischen Eishockeyverbandes (OeEHV).

Bei der ersten Österreichischen Eishockey-Staatsmeisterschaft im Jahr 1914 ging der WSC als Staatsmeister hervor.

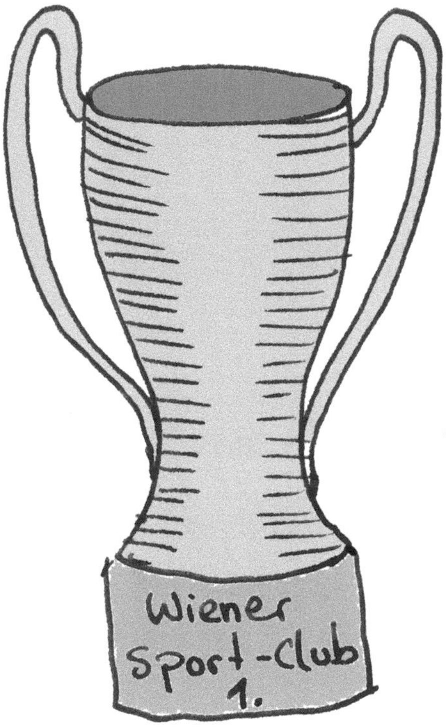

Erster österreichischer Eishockey-Staatsmeister

Ab dem Jahr 1921 stellte der WSC seine Eishockeyspiele ein .... bis dann 2018.... aber wir greifen vor!

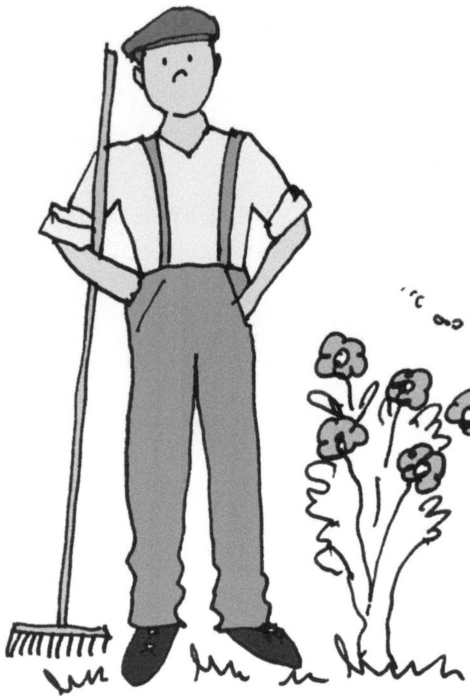

1894 gründeten britische Landschaftsgärtner der Rothschildgärten auf der Hohen Warte in Wien den First Vienna Football Club.

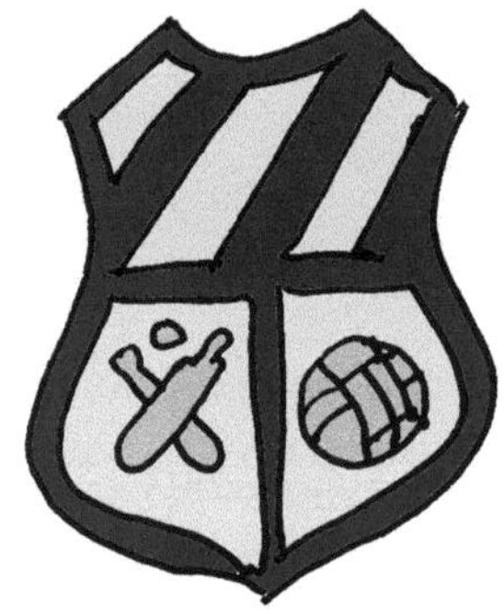

Nur einen Tag später wurde Wiens zweiter Fußballclub registriert: der Vienna Cricket and Football Club.

John Gramlick sen., ein Mitbegründer der Cricketer, stiftete den sogenannten Challenge Cup. Der Preis war als Wanderpokal gedacht. Ausgeschrieben war der Bewerb für die gesamte österreichisch-ungarische Monarchie.

Der Challenge Cup war der erste grenzübergreifende Wettbewerb für Fußballvereine. Der Bewerb gilt daher als eine Wurzel der Champions League.

Der Challenge Cup wurde zehnmal zwischen 1897 und 1911 ausgetragen.

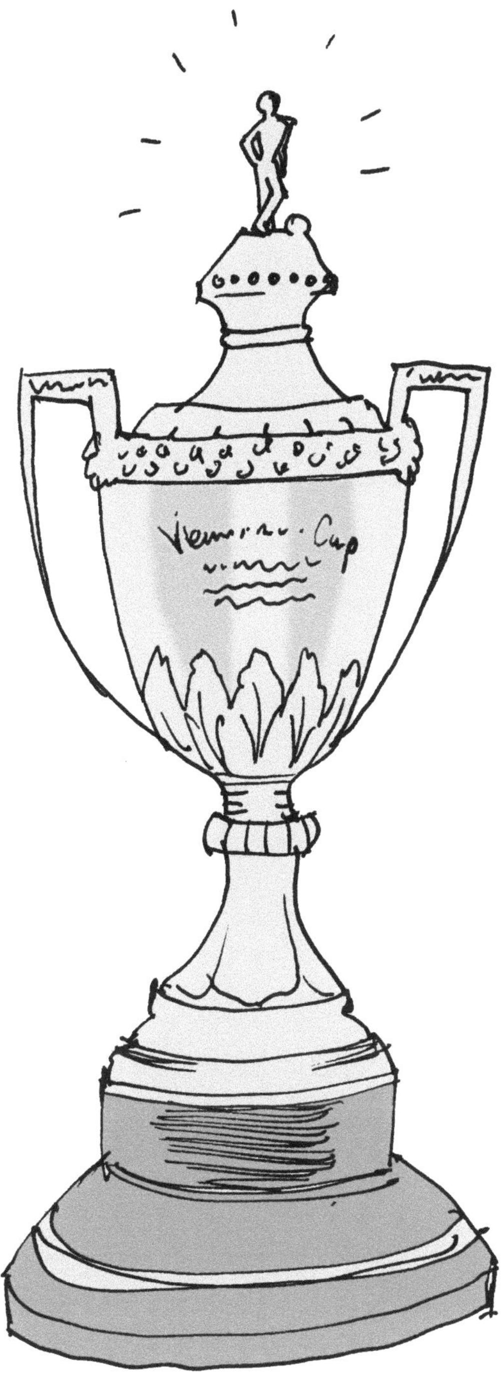

Der letzte Gewinner des Challenge Cup war im Jahr 1911 der Wiener Sport-Club. Der Pokal verblieb daraufhin beim WSC.

1922

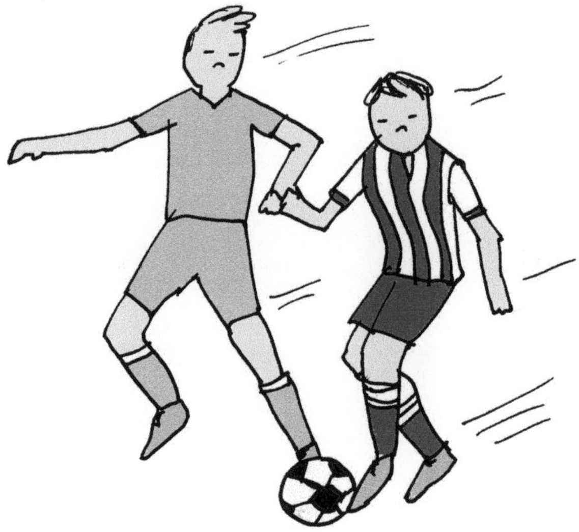

1922 gewann der Wiener Sport-Club im Finale gegen den WAF die Meisterschaft von Nieder=österreich inkl. Wien. Man sprach jedoch damals von dem „Österreichischen Meister".
Diese „Erste Klasse" genannte Fußballmeisterschaft ist heute die Bundesliga.

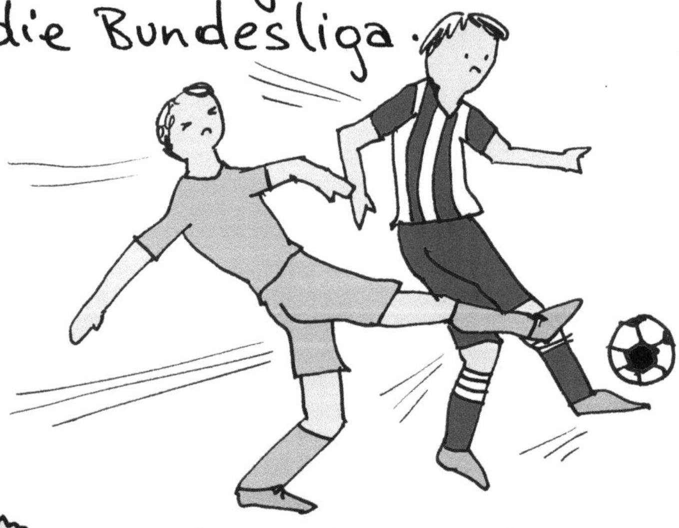

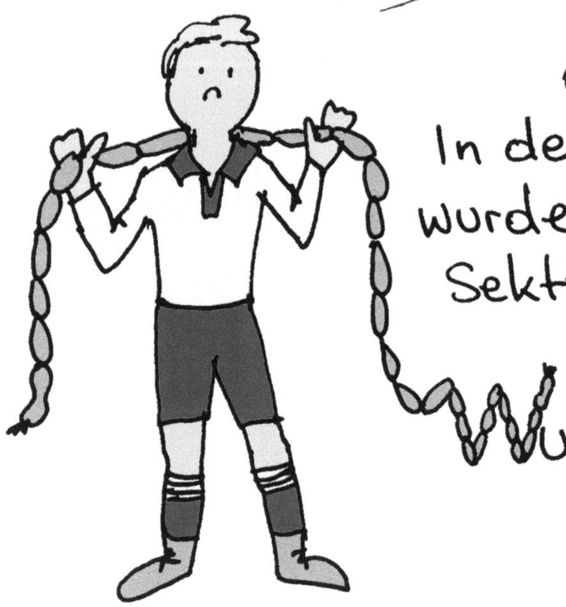

In den 1920er Jahren wurde ein Selchermeister Sektionsleiter der Fußball-Sektion, weshalb der WSC auch Wurstklub genannt wurde.

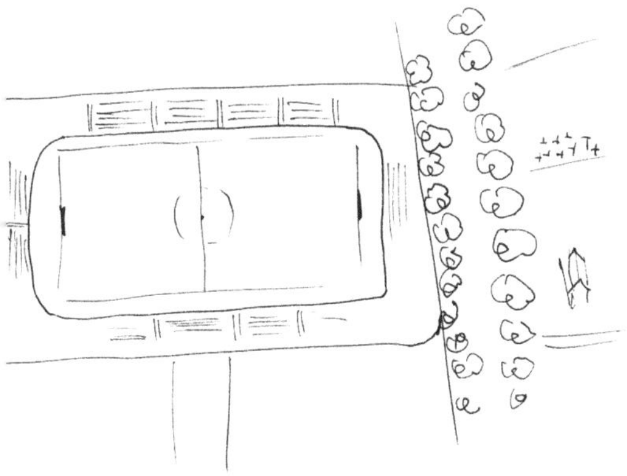

1923 wurde das neue Stadion eröffnet. Die Holztribüne war abgerissen worden. Die Zuschauerräume auf der Haupttribüne waren erweitert und an der Hernalser Hauptstraße neu geschaffen. An der Alszeile und Kainzgasse standen neue Holzbauten.

1923 holte sich der WSC den Siegespokal bei einem 3:1 gegen Wacker beim damaligen Niederösterreichischen Cup, heute ÖFB-Cup.

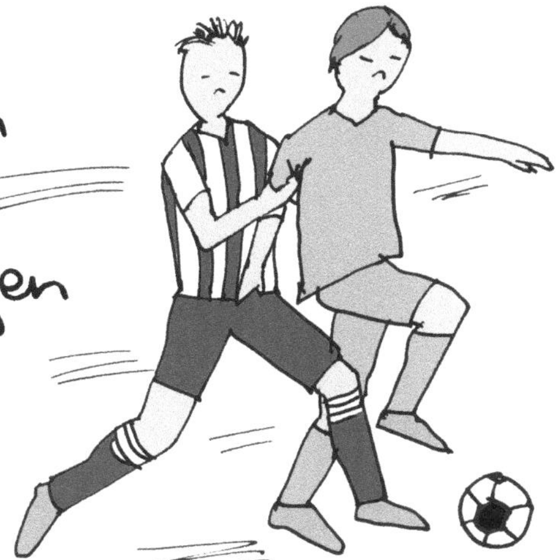

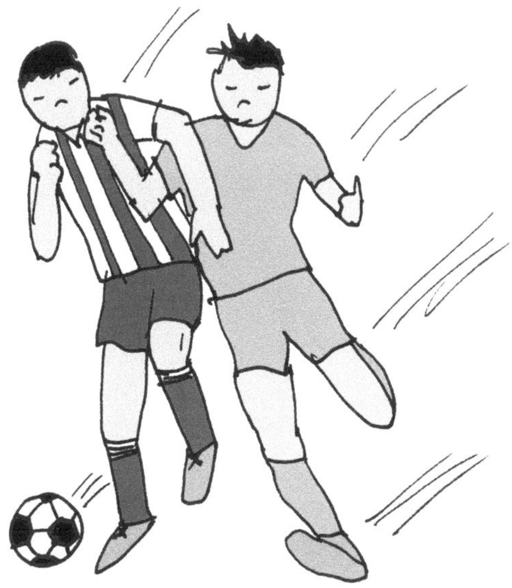

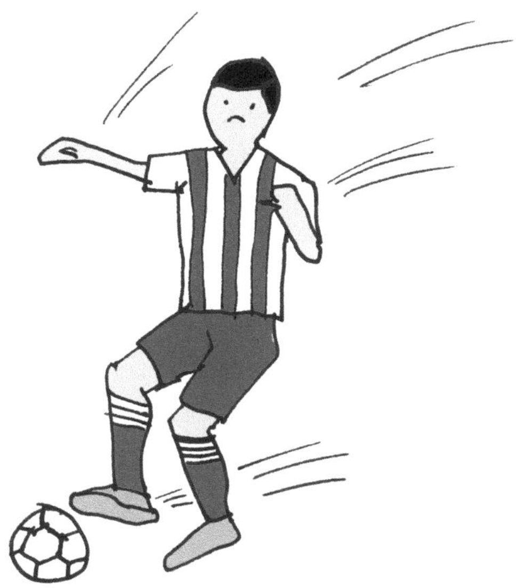

1923 feierte der WSC auch sein 40-jähriges Bestehen.

1938

Sport ist immer auch Politik.
Der Wiener Sport-Club war lange ein zutiefst antisemitischer Verein, auch wenn es bis 1938 nach derzeitigem Wissensstand keinen sogenannten Arierparagrafen gab. Juden wurden hier nicht Mitglieder. Es war quasi zur Selbstverständlichkeit geworden, dass der WSC keine Juden aufnahm.
Der WSC war damit im Wiener Spitzenfußball ein Unikum. In faktisch allen anderen Vereinen der obersten Ligen waren jüdische Wiener in den verschiedensten Funktionen tätig. *)

*) Auszug aus: Sebastian Schönbauer: Antisemitismus hat hier keinen Platz (mehr)! Website der Freund*innen der Friedhofstribüne, www.friedhofstribuene.at, 2019

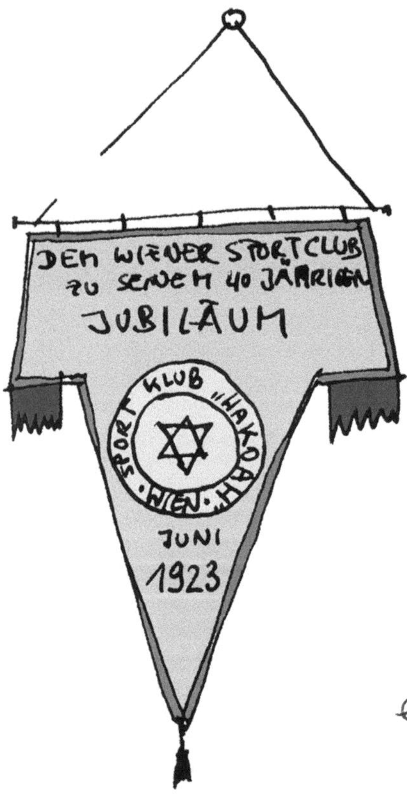

Zum 40-jährigen Bestehen des WSC im Jahr 1923 hatte es sich der jüdische Sportklub Hakoah dennoch nicht nehmen lassen, dem WSC einen prächtigen Wimpel zu schenken.

Schließlich trugen der WSC und die Hakoah in den Jahren 1914 bis 1938 trotz des zunehmenden Antisemitismus 25 Freundschaftsspiele aus.

Das letzte Match der beiden sportlichen Rivalen vor dem Anschluss Österreichs an das Dritte Reich fand am 30. Jänner 1938 in Dornbach statt.

Während des Zweiten Weltkriegs wurden die Fußballmeisterschaften fortgeführt.

Manche der WSC-Spieler, die als Soldaten eingerückt waren, kehrten aus dem Krieg zurück.

Andere starben einen sinnlosen Tod, gerade erst knapp 20-jährig....

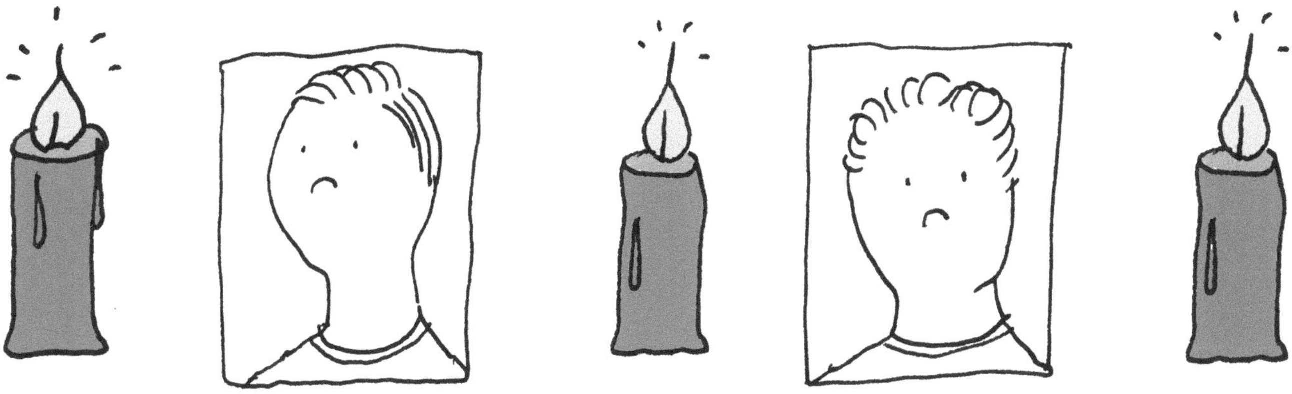

Im März 1945 traf eine Bombe das Fußballfeld des Wiener Sport-Clubs. Das Tor bei der Alszeile wurde zerstört. Für einige Zeit blieb ein Bombenkrater am Spielfeld zurück.

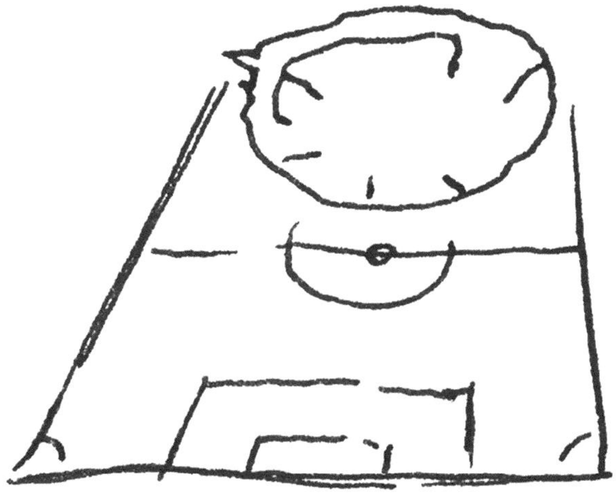

1946

Im Jahr 1946 wurde die Tischtennis-Sektion gegründet.

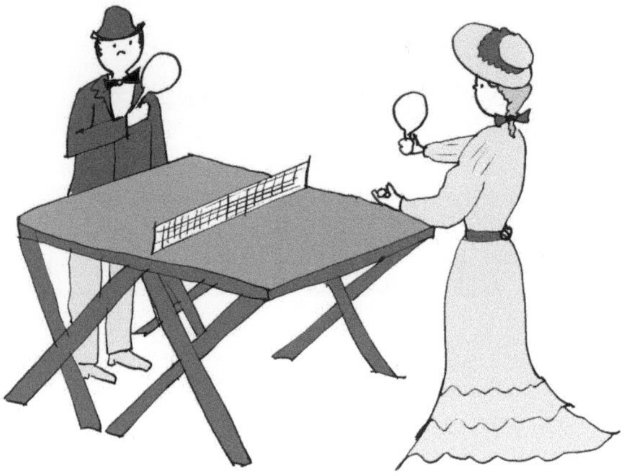

Ursprünglich war Tischtennis im 19. Jahrhundert in England als Spiel der Adeligen entstanden und wurde auch Wiff Waff oder Flim Flam genannt.

Bereits 1947 qualifizierte sich der WSC für die höchste Spielklasse der Meisterschaften.

Die Tischtennisspieler*innen des WSC feierten große Erfolge.

In der Saison 1981/82 blieb das Herren-Team 1 Jahr lang ungeschlagen in der Staatsliga B.

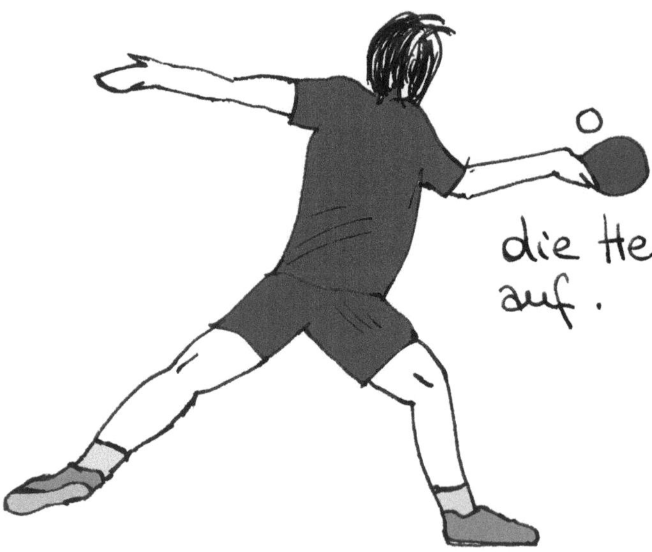

1982 stiegen die Herren in die Staalsliga A auf.

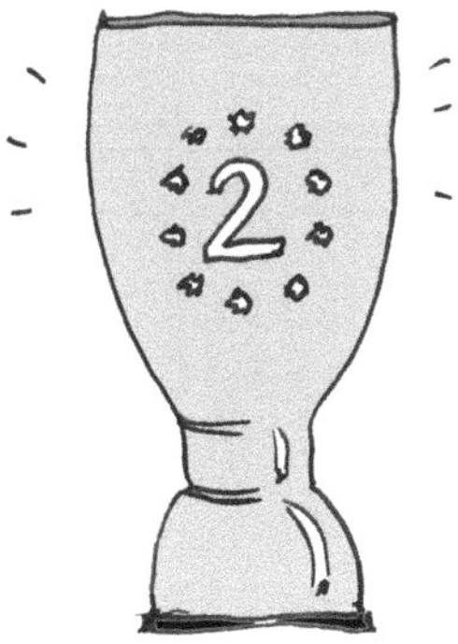

1989 wurde der Jugend-Vize-Europameistertitel im Doppel in Luxemburg errungen.

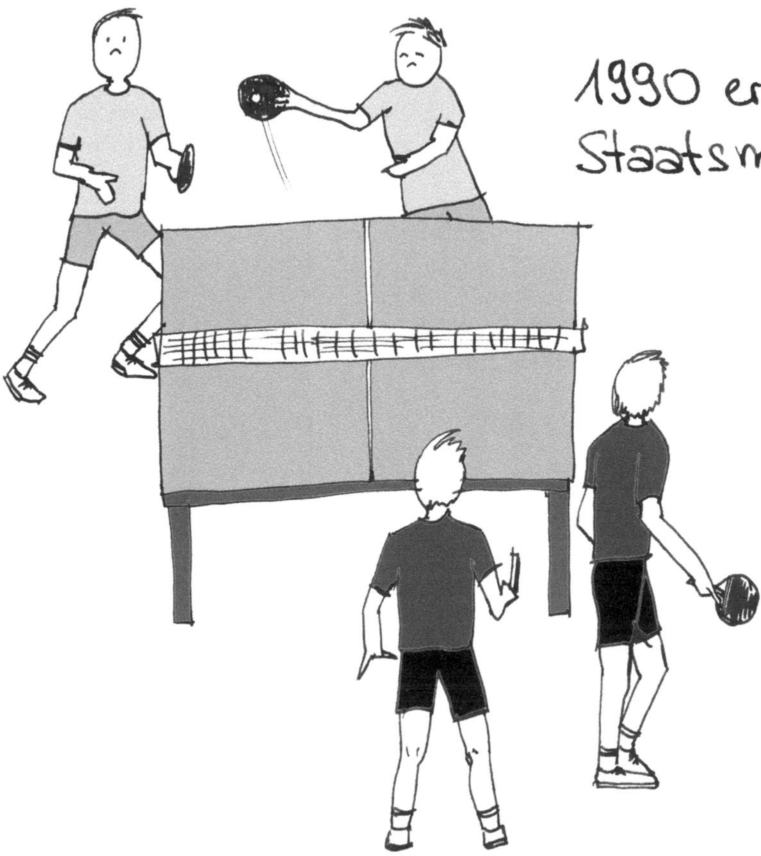

1990 erlangte der WSC den Staatsmeistertitel im Doppel.

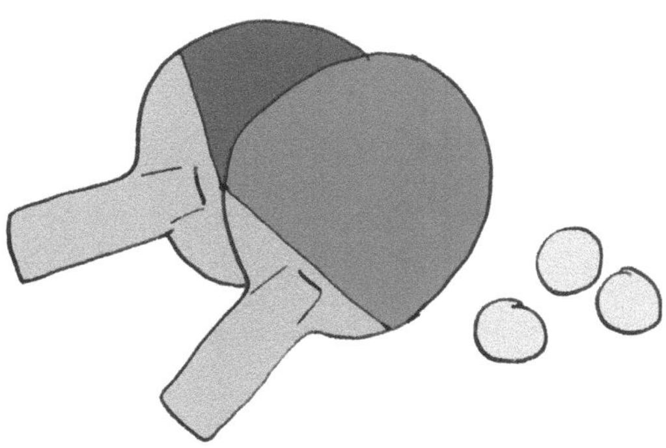

1994 verließ die Tischtennis-Sektion den Wiener Sport-Club.

Die 1950er-Jahre waren für den WSC im Fußball von großen Erfolgen gekrönt.

In der Meisterschaft der damaligen Staatsliga – heute Bundesliga – gewann der Wiener Sport-Club zweimal in Folge den Meisterschaftstitel.

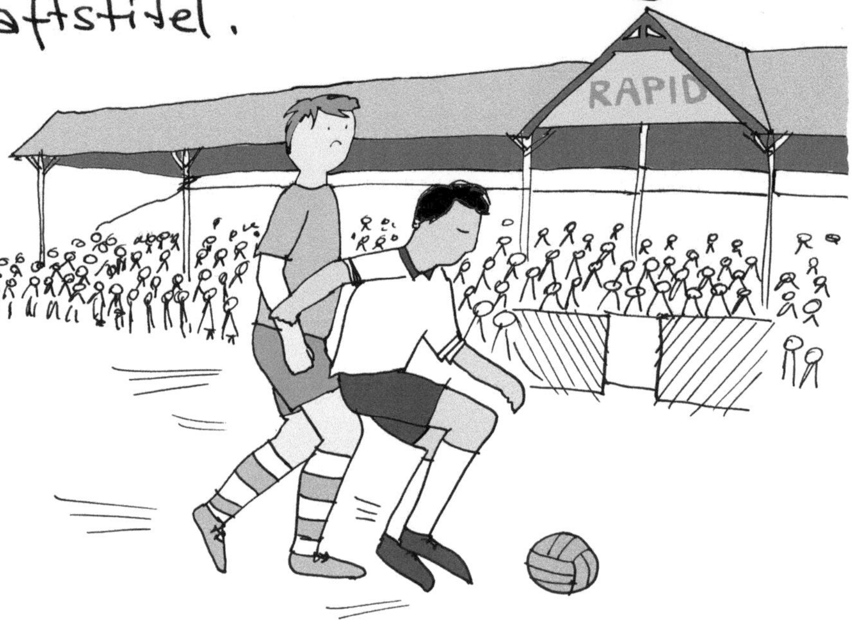

Auf der Pfarrwiese, dem damaligen Rapid-Stadion, sicherte sich der WSC mit einem 2:2 gegen Rapid den Meistertitel 1957/58.

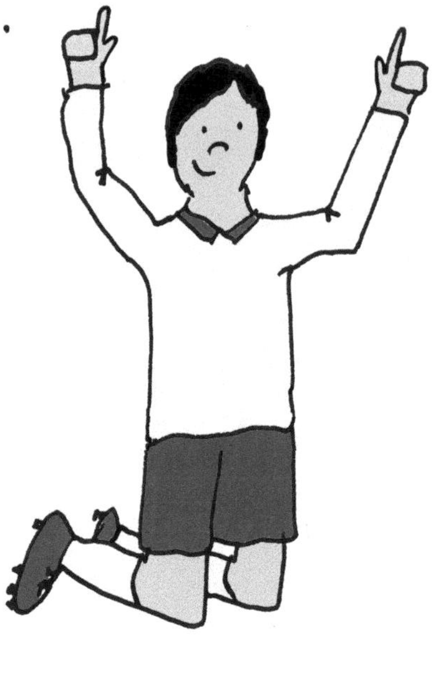

1959

Im letzten Spiel der Saison 1958/59 besiegte der WSC die Vienna mit 4:2 und wurde erneut österreichischer Meister.

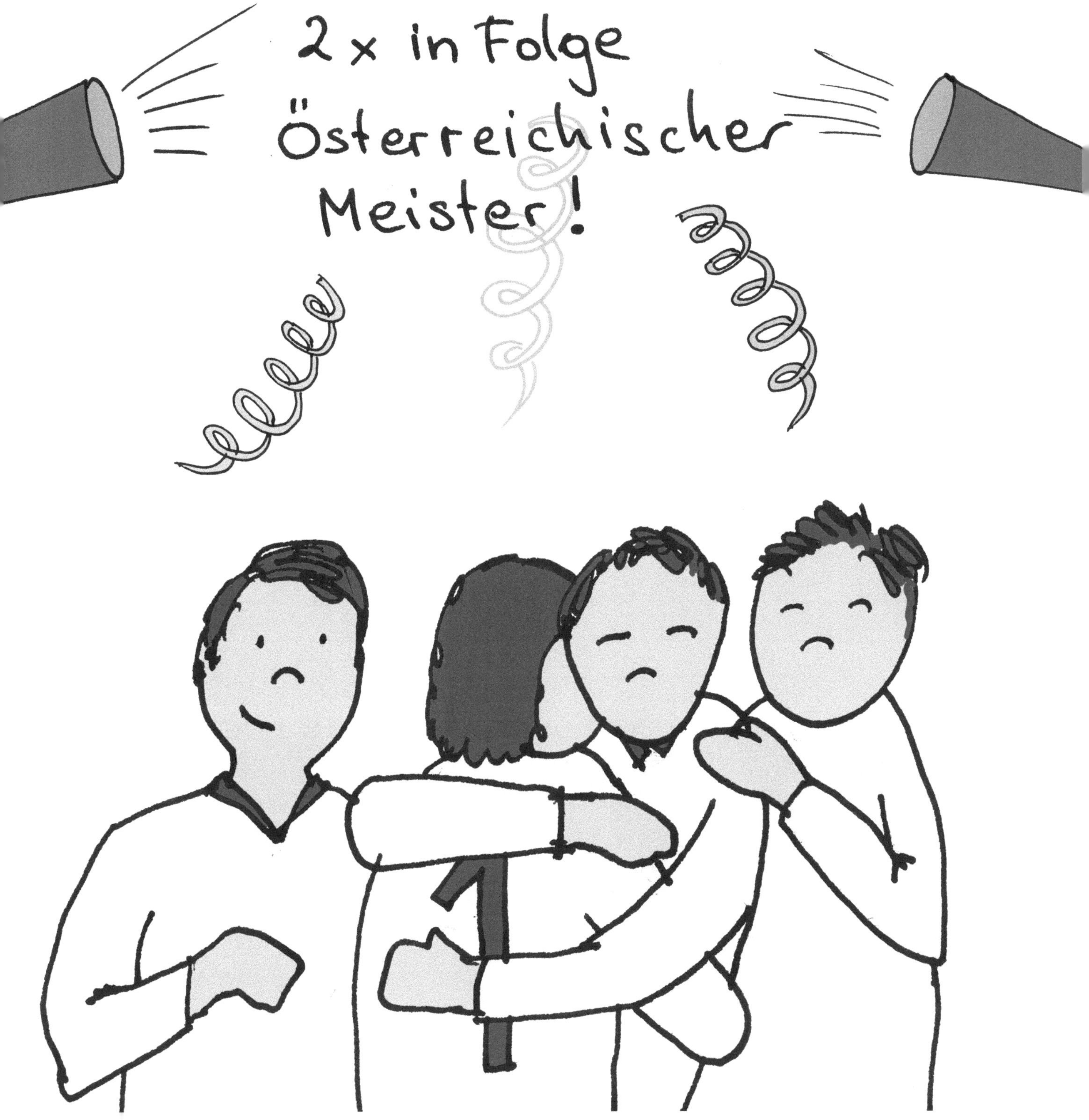

1958

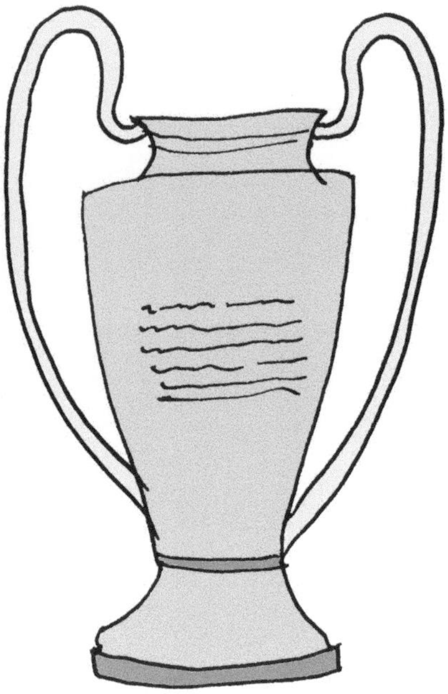

1955 wurde der Wettbewerb um den Europapokal der Landesmeister*) erstmalig ausgetragen.

Als regierender österreichischer Meister nahm 1958 der Wiener Sport-Club am Europacup teil.

In der Vorrunde spielte der WSC gegen Juventus Turin. Im Hinspiel in Turin siegte Juventus 3:1.

Das Rückspiel fand am 1. Oktober 1958 im Praterstadion in Wien vor 34.000 Zusehern statt.

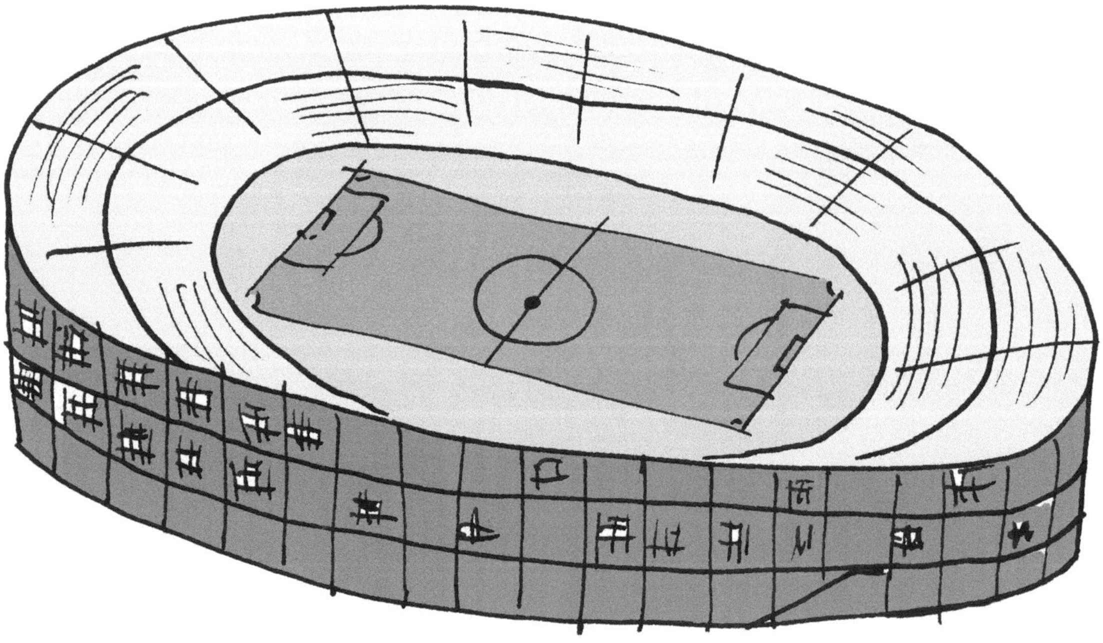

*) Fast 40 Jahre später – ab 1992 – hieß der Wettbewerb UEFA Champions League.

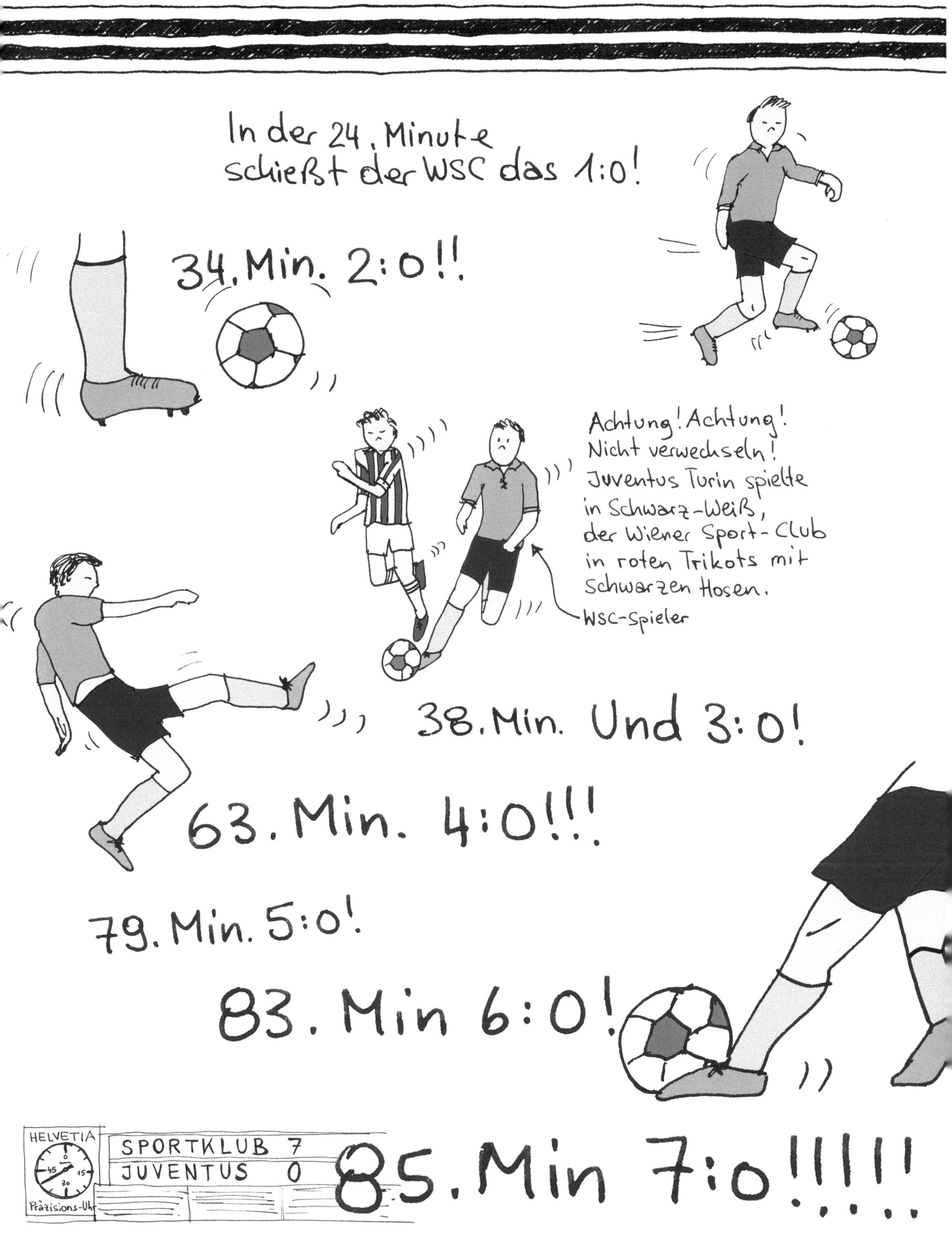

Der Wiener Sport-Club gewinnt 7:0 gegen Juventus Turin in der Vorrunde des Europapokals!

2002

Nach den Höhenflügen in der Bundesliga war der WSC im Jahr 1993 erstmals finanziell pleite. 1995 erfolgte der Abstieg in die Regionalliga Ost. Im selben Jahr kaufte die Stadt Wien den Sport-Club-Platz. Damit waren die Schulden großteils getilgt.

Jedoch schon 1996 wurde wieder eine teure Mannschaft eingekauft, mit dem Ziel in die Bundesliga zurückzukehren. Die Folge:

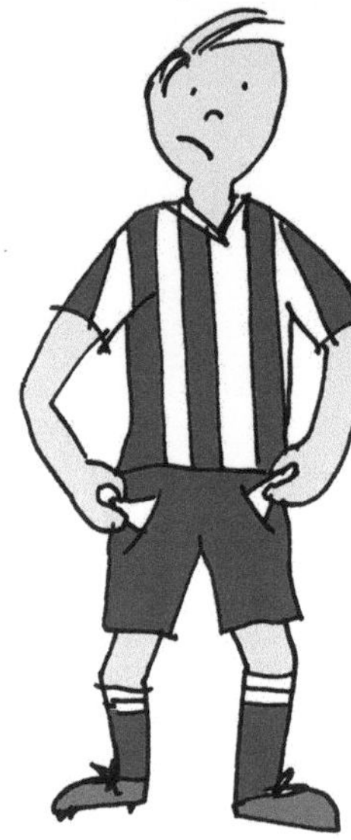

1997 musste ein Konkursverfahren eröffnet werden. 1998 stieg der WSC ab in die Wiener Stadtliga.

Um einem Zwangsausgleich zu entkommen gründete das damalige Präsidium 2001 einen neuen Verein, den „Wiener SK AXA" (WSK).

Bei der Generalversammlung des WSC im Jänner 2002 war es den Mitgliedern nicht bewußt, dass sie durch die Zustimmung zur Übernahme der Fußball-Sektion durch einen neuen Verein, den WSK, gleichzeitig dem Austritt der Fußball-Sektion aus dem WSC zustimmten.

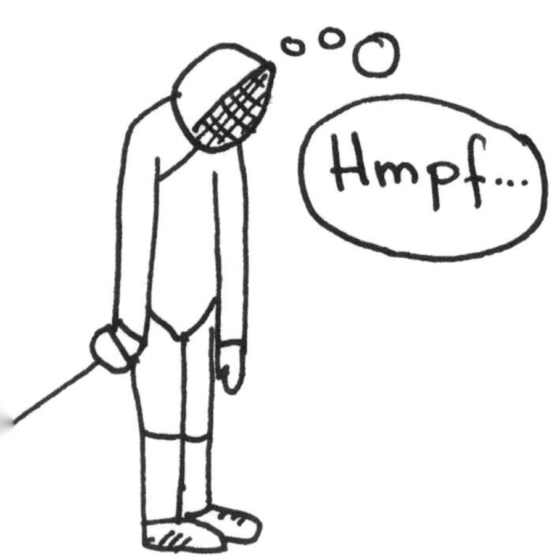

So gab es im Jahr 2002 beim WSC nur mehr die Fecht- und Rad-Sektionen mit einem Berg geerbter Schulden.

2017

Die Rückführung der Fußballer vom WSK zum WSC war vielen ein großes Anliegen.

Damit dies gelingen konnte, wurde 2017 ein Crowdfunding erfolgreich durchgeführt.

Die Fanclubs „Anhängervereinigung" und „Freund*innen der Friedhofstribüne" brachten ebenso Geld auf.

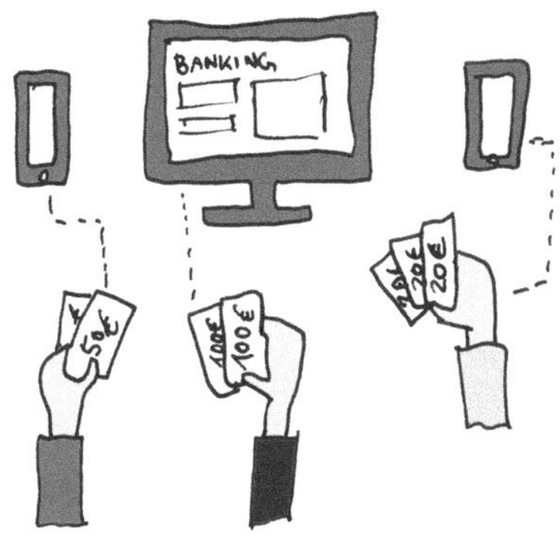

Für die Rückführung war aber auch die Gründung einer Fußballsektion im WSC nötig, weil laut den Vorgaben des ÖFB nur eine Fusion des WSK mit einer Fußballsektion des WSC zum Ziel führen würde.

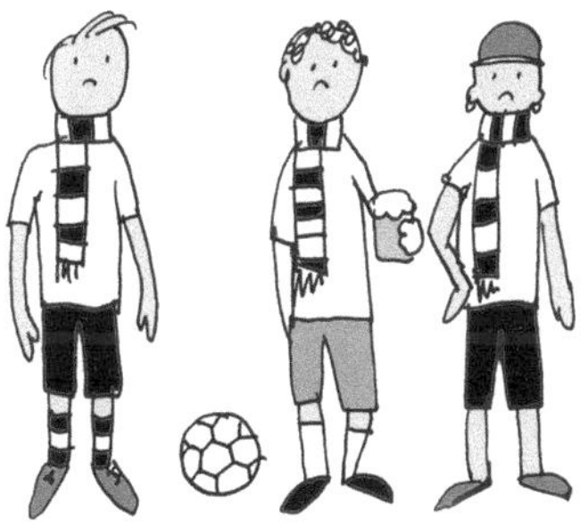

Also gründete der WSC eine Fußballmanschaft, die in der Saison 2016/17 in der 2. Klasse B des Wiener Fußballverbandes antrat.
Die Mannschaft bestand zum Großteil aus Fans des Wiener Sport-Club, die zum Teil das erste Mal einem Fußball-Training beiwohnten. Trainiert wurde übrigens mit den Fußball-Frauen vom WSK.

Nach erfolgreicher Rückführung konnte es 2017 endlich lauten:

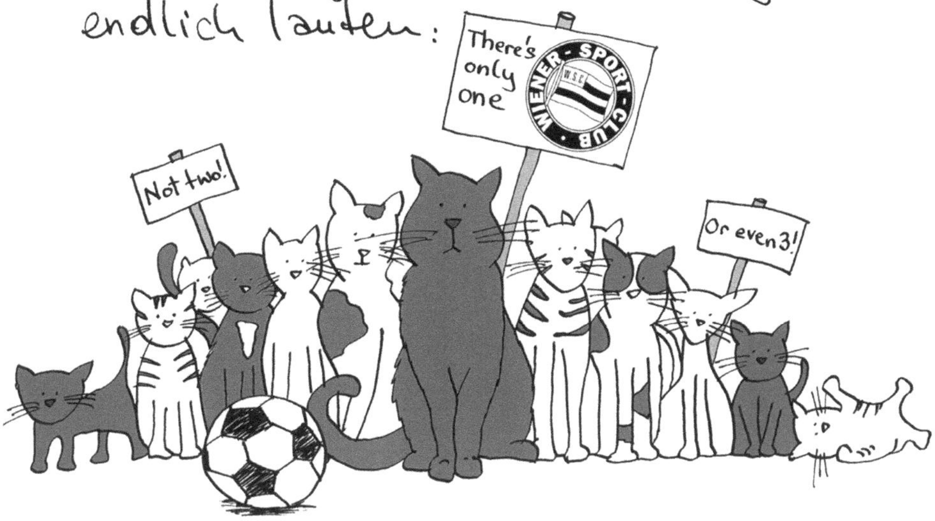

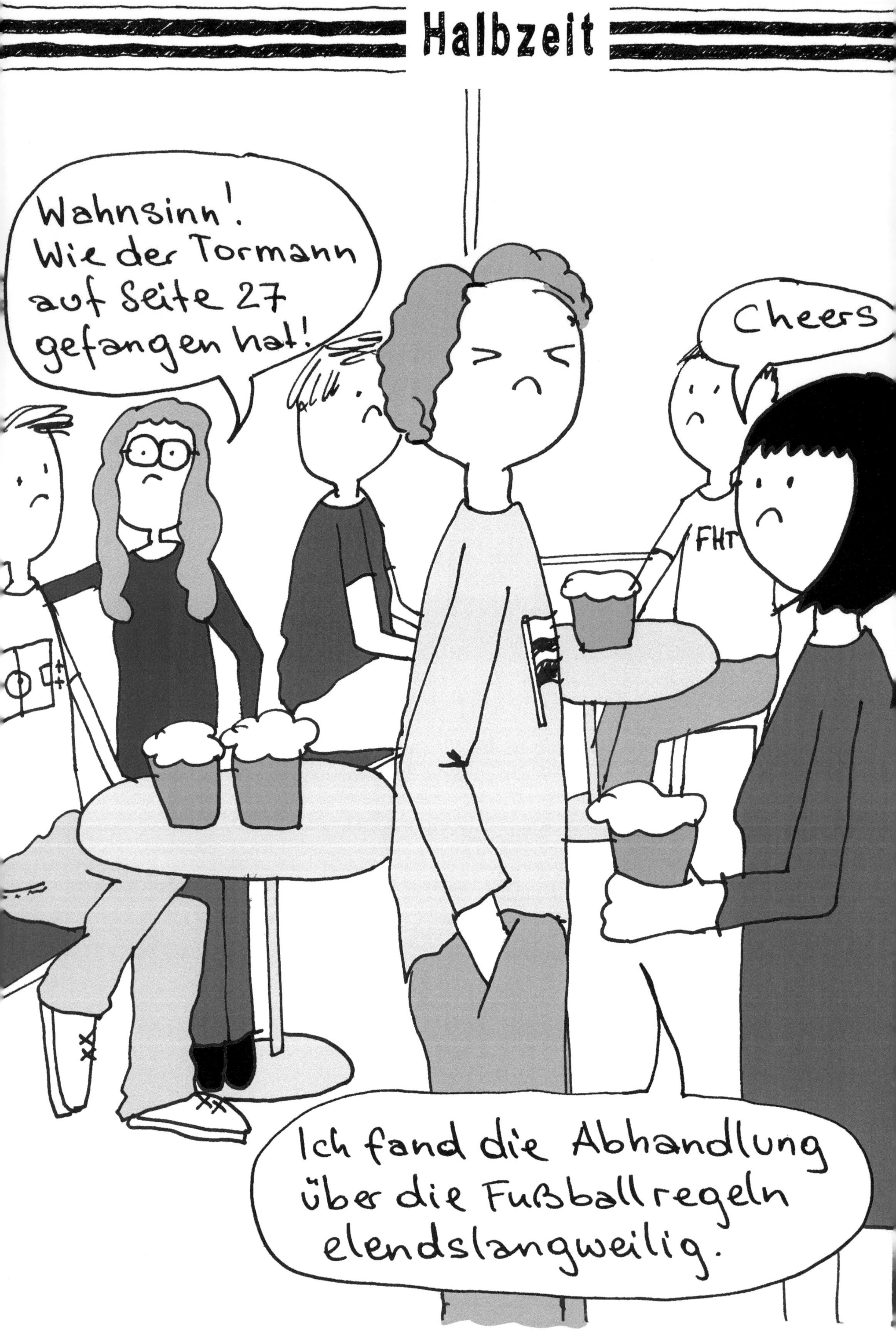
Halbzeit
Wahnsinn! Wie der Tormann auf Seite 27 gefangen hat!
Cheers
FHT
Ich fand die Abhandlung über die Fußballregeln elendslangweilig.

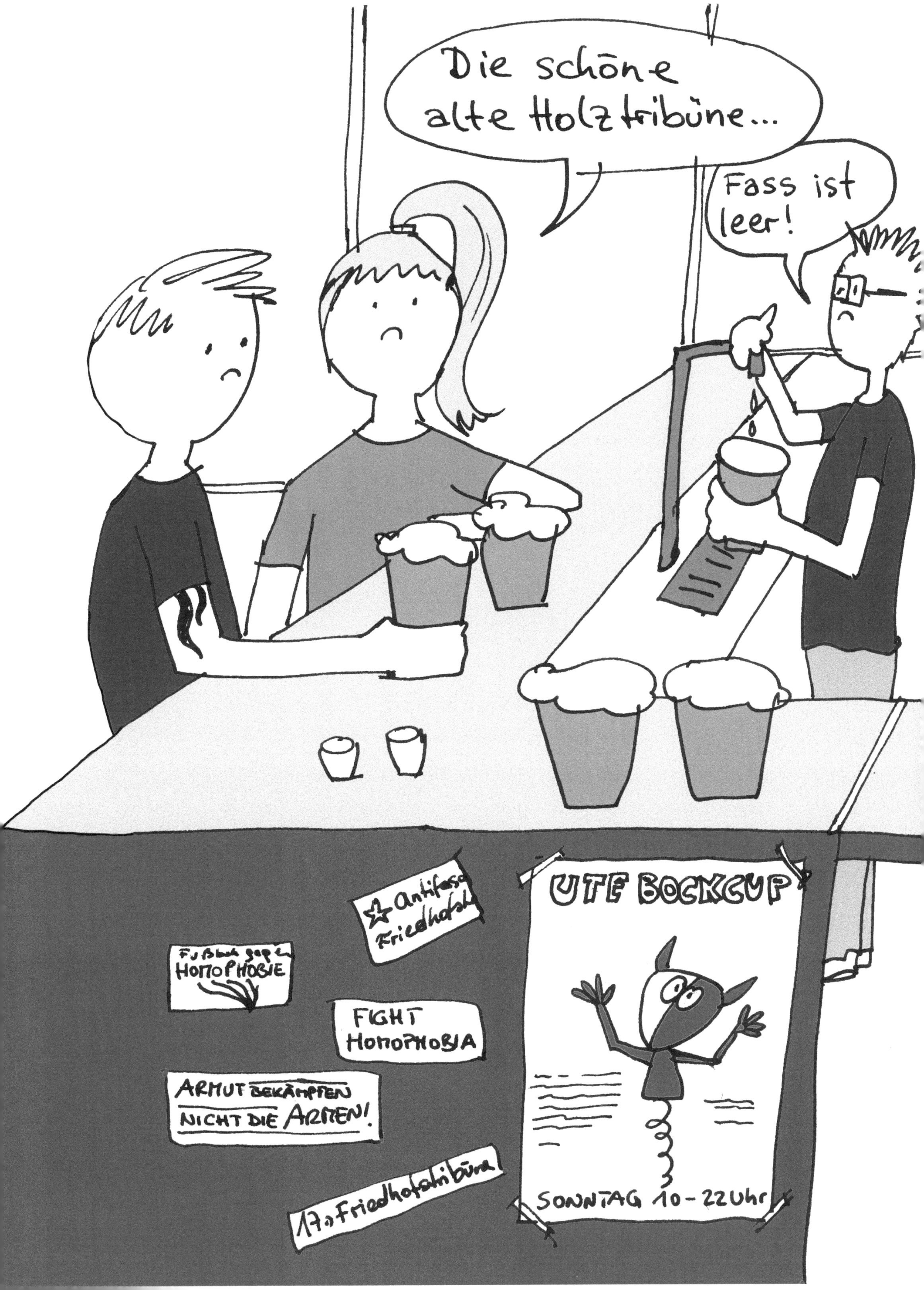
Die schöne alte Holztribüne...
Fass ist leer!
Antifasa Friedhofst
Fußball gegen HOMOPHOBIE
FIGHT HOMOPHOBIA
ARMUT BEKÄMPFEN NICHT DIE ARMEN!
17. Friedhofstribüne
UTE BOCKCUP
SONNTAG 10-22Uhr

Die Interviews

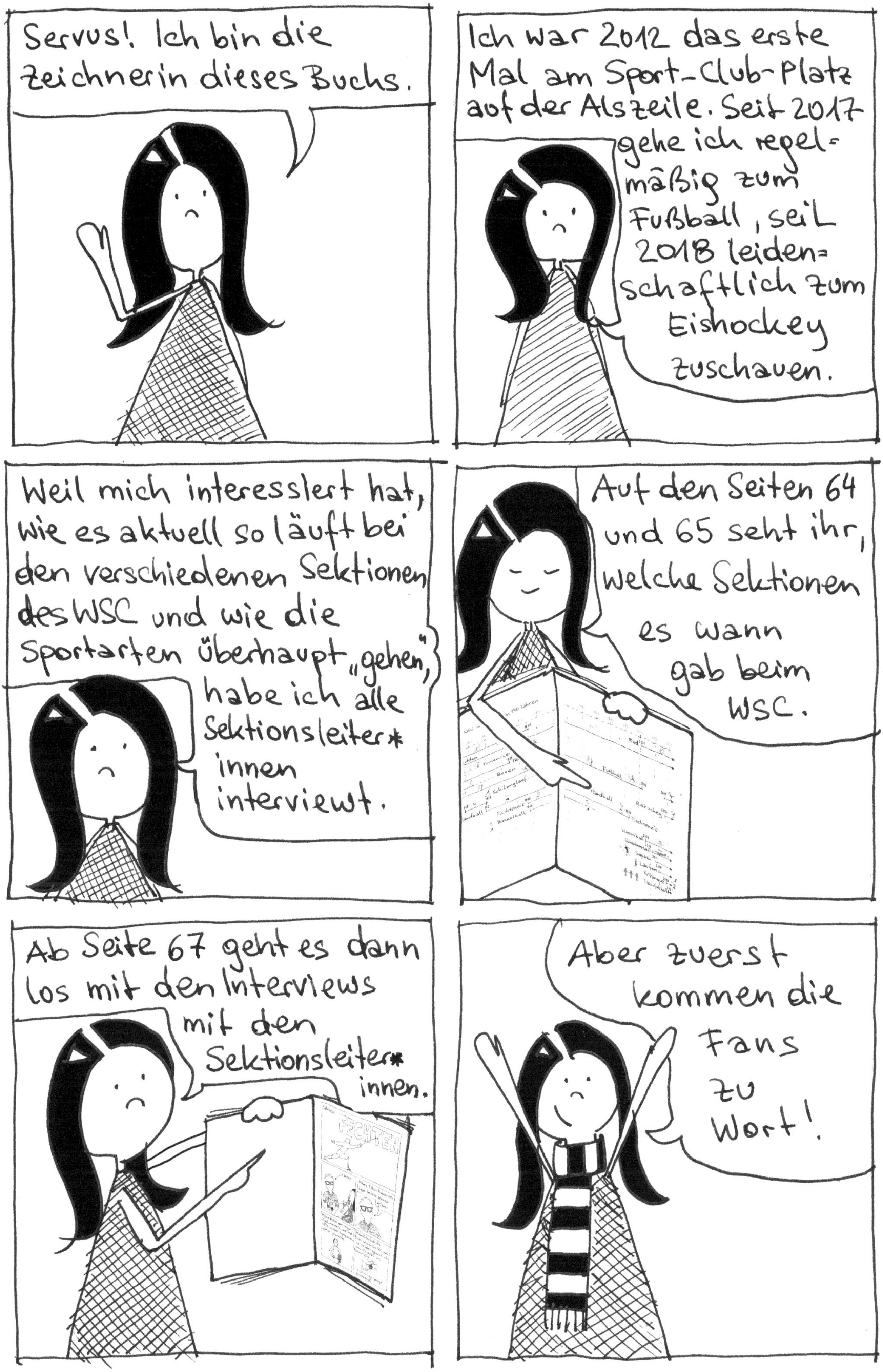
Servus! Ich bin die Zeichnerin dieses Buchs.
Ich war 2012 das erste Mal am Sport-Club-Platz auf der Alszeile. Seit 2017 gehe ich regel=mäßig zum Fußball, seit 2018 leiden=schaftlich zum Eishockey zuschauen.
Weil mich interessiert hat, wie es aktuell so läuft bei den verschiedenen Sektionen des WSC und wie die Sportarten überhaupt „gehen", habe ich alle Sektionsleiter*innen interviewt.
Auf den Seiten 64 und 65 seht ihr, welche Sektionen es wann gab beim WSC.
Ab Seite 67 geht es dann los mit den Interviews mit den Sektionsleiter*innen.
Aber zuerst kommen die Fans zu Wort!

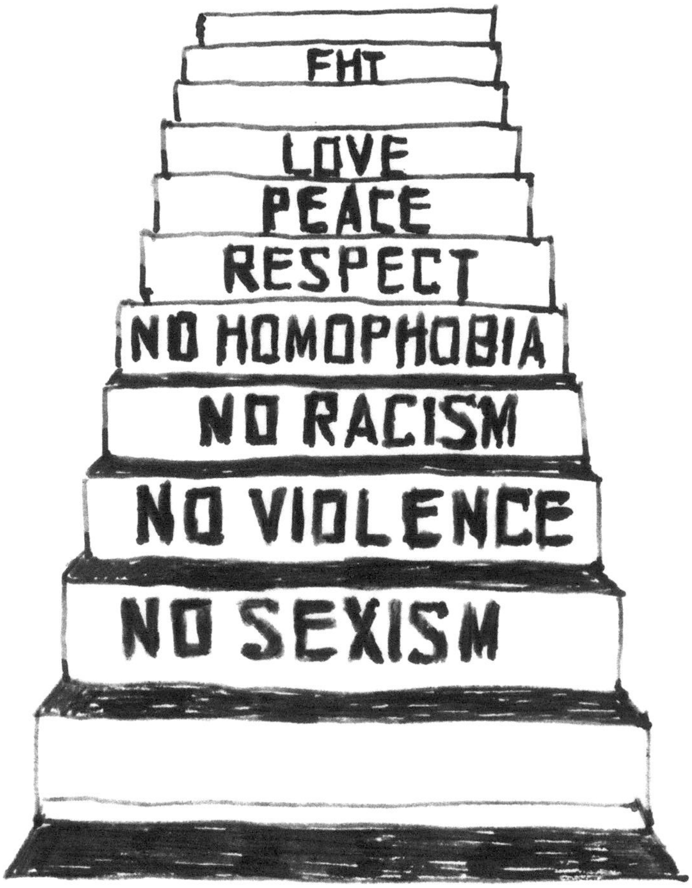
FHT
LOVE
PEACE
RESPECT
NO HOMOPHOBIA
NO RACISM
NO VIOLENCE
NO SEXISM

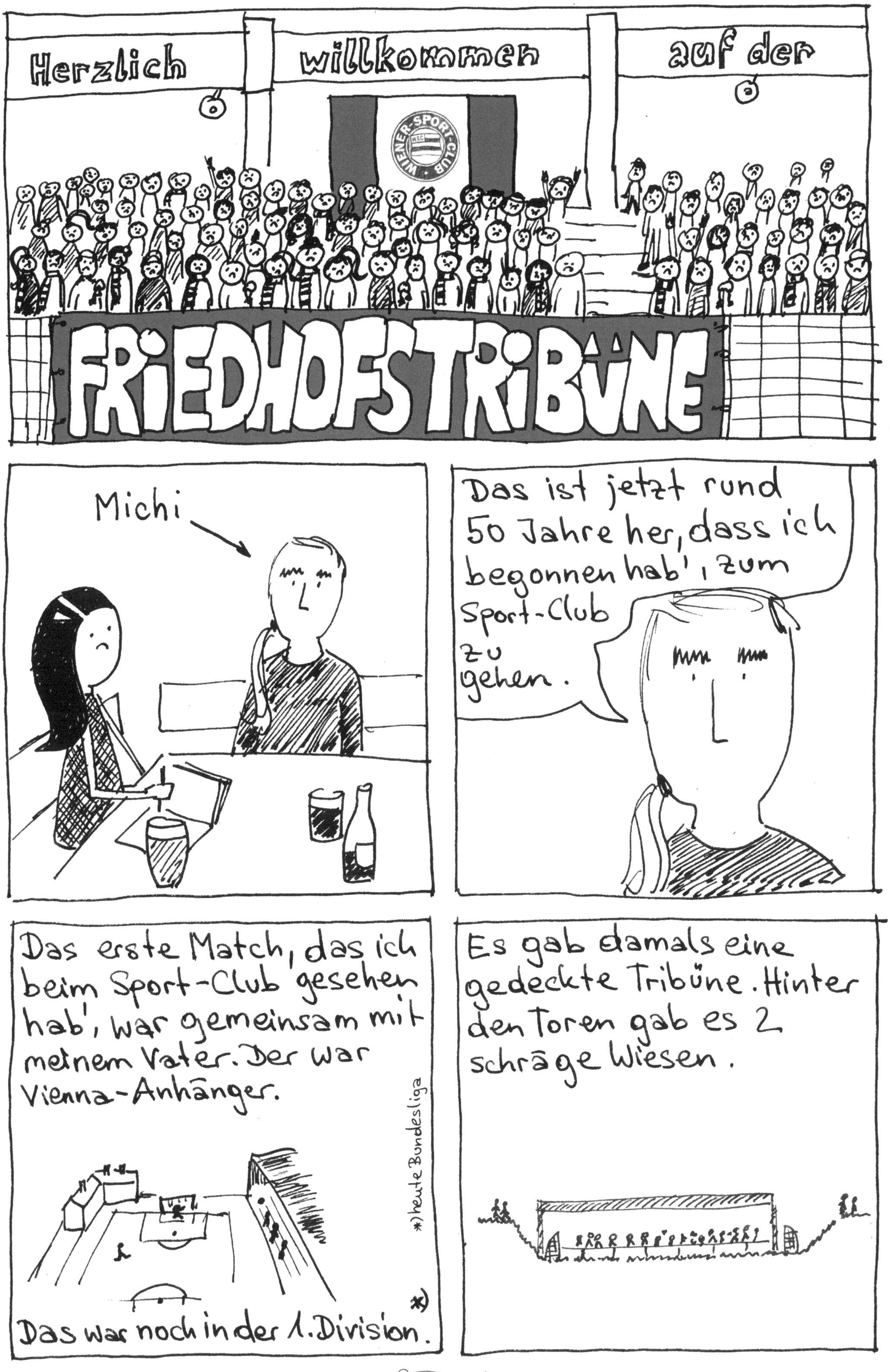
Herzlich willkommen auf der
FRIEDHOFSTRIBÜNE
Michi
Das ist jetzt rund 50 Jahre her, dass ich begonnen hab', zum Sport-Club zu gehen.
Das erste Match, das ich beim Sport-Club gesehen hab', war gemeinsam mit meinem Vater. Der war Vienna-Anhänger.
*) heute Bundesliga
Das war noch in der 1. Division *).
Es gab damals eine gedeckte Tribüne. Hinter den Toren gab es 2 schräge Wiesen.

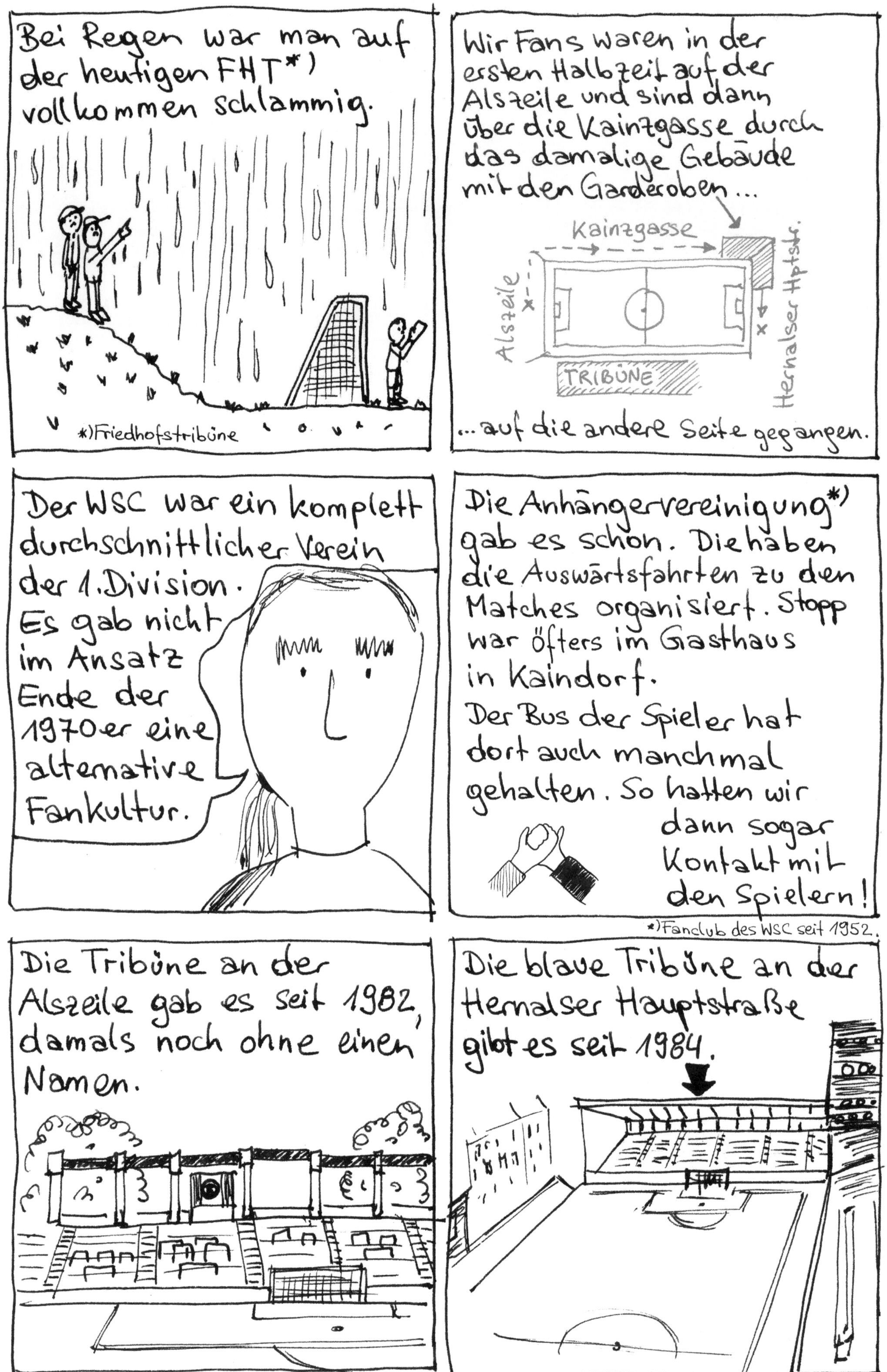
Bei Regen war man auf der heutigen FHT*) vollkommen schlammig.
*) Friedhofstribüne
Wir Fans waren in der ersten Halbzeit auf der Alszeile und sind dann über die Kainzgasse durch das damalige Gebäude mit den Garderoben ...
Kainzgasse
Alszeile
Hernalser Hptstr.
TRIBÜNE
... auf die andere Seite gegangen.
Der WSC war ein komplett durchschnittlicher Verein der 1. Division. Es gab nicht im Ansatz Ende der 1970er eine alternative Fankultur.
Die Anhängervereinigung*) gab es schon. Die haben die Auswärtsfahrten zu den Matches organisiert. Stopp war öfters im Gasthaus in Kaindorf.
Der Bus der Spieler hat dort auch manchmal gehalten. So hatten wir dann sogar Kontakt mit den Spielern!
*) Fanclub des WSC seit 1952.
Die Tribüne an der Alszeile gab es seit 1982, damals noch ohne einen Namen.
Die blaue Tribüne an der Hernalser Hauptstraße gibt es seit 1984.

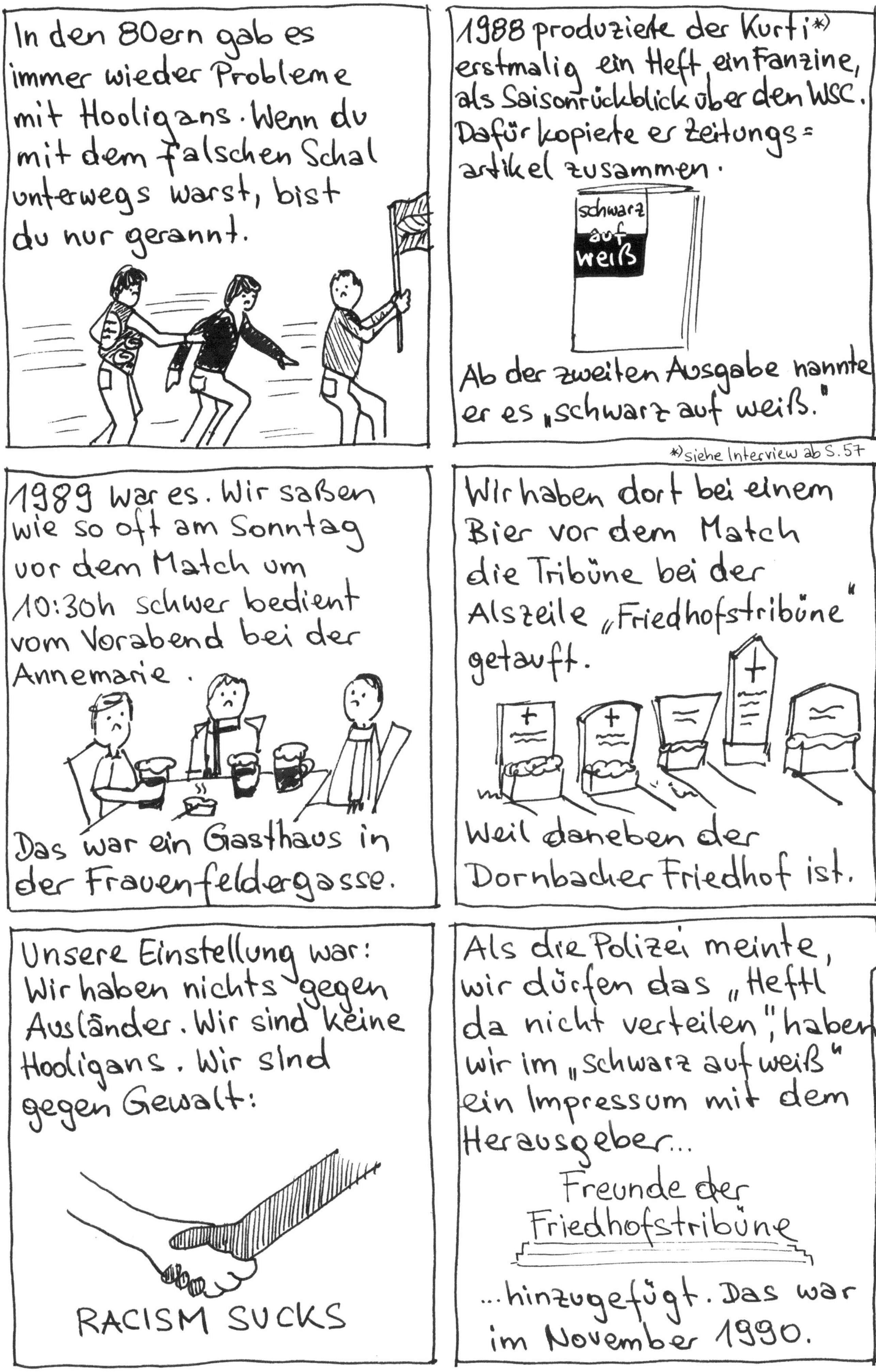
In den 80ern gab es immer wieder Probleme mit Hooligans. Wenn du mit dem falschen Schal unterwegs warst, bist du nur gerannt.
1988 produziete der Kurti*) erstmalig ein Heft, ein Fanzine, als Saisonrückblick über den WSC. Dafür kopiete er Zeitungs=artikel zusammen.
schwarz auf weiß
Ab der zweiten Ausgabe nannte er es „schwarz auf weiß."
*) siehe Interview ab S. 57
1989 war es. Wir saßen wie so oft am Sonntag vor dem Match um 10:30h schwer bedient vom Vorabend bei der Annemarie.
Das war ein Gasthaus in der Frauenfeldergasse.
Wir haben dort bei einem Bier vor dem Match die Tribüne bei der Alszeile „Friedhofstribüne" getauft.
Weil daneben der Dornbacher Friedhof ist.
Unsere Einstellung war: Wir haben nichts gegen Ausländer. Wir sind keine Hooligans. Wir sind gegen Gewalt:
RACISM SUCKS
Als die Polizei meinte, wir dürfen das „Heftl da nicht verteilen", haben wir im „schwarz auf weiß" ein Impressum mit dem Herausgeber...
Freunde der Friedhofstribüne
...hinzugefügt. Das war im November 1990.

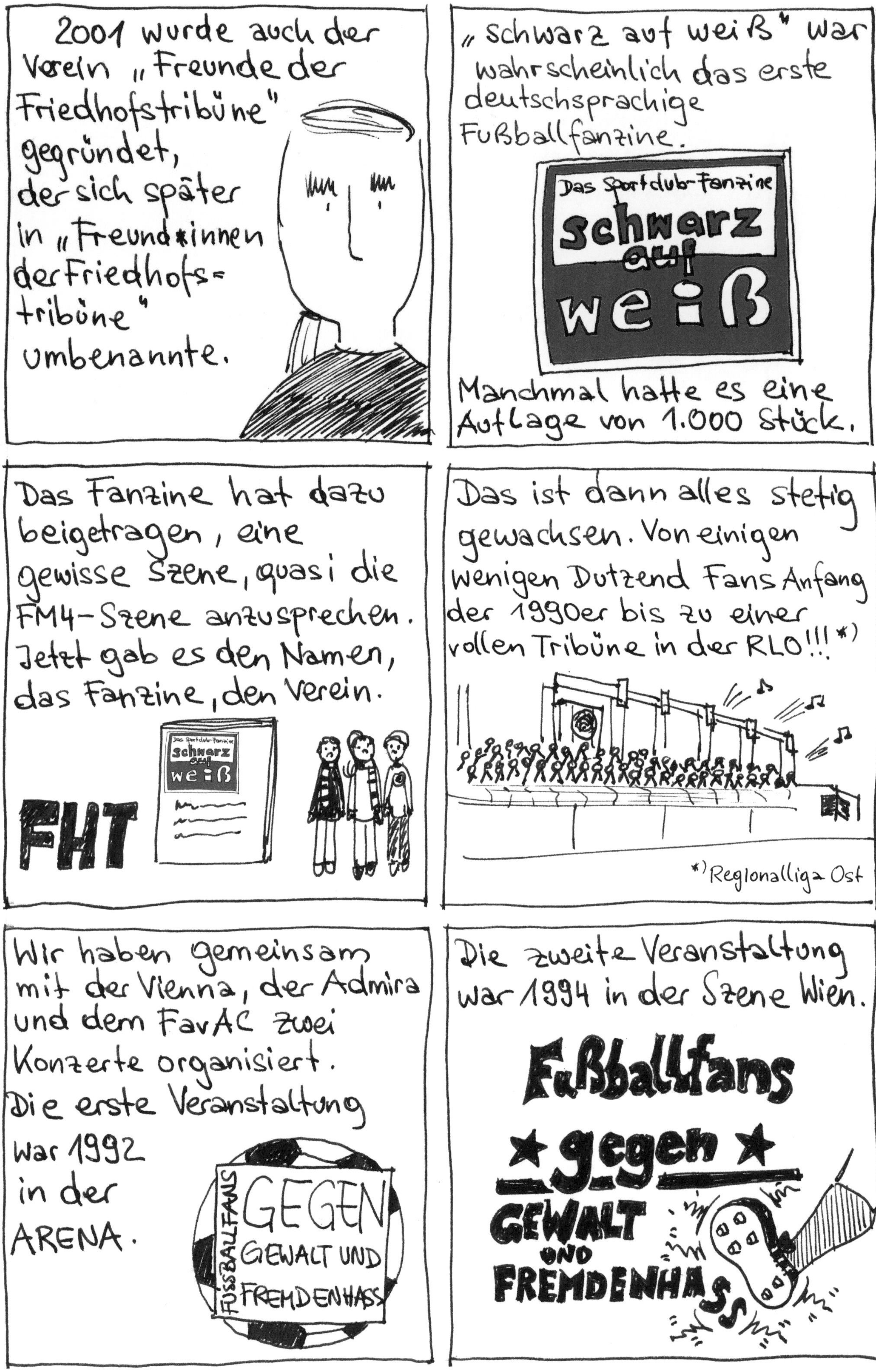
2001 wurde auch der Verein „Freunde der Friedhofstribüne" gegründet, der sich später in „Freund*innen der Friedhofs-tribüne" umbenannte.
„Schwarz auf weiß" war wahrscheinlich das erste deutschsprachige Fußballfanzine.
Das Sportclub-Fanzine schwarz auf weiß
Manchmal hatte es eine Auflage von 1.000 Stück.
Das Fanzine hat dazu beigetragen, eine gewisse Szene, quasi die FM4-Szene anzusprechen. Jetzt gab es den Namen, das Fanzine, den Verein.
FHT
schwarz auf weiß
Das ist dann alles stetig gewachsen. Von einigen wenigen Dutzend Fans Anfang der 1990er bis zu einer vollen Tribüne in der RLO!!! *)
*) Regionalliga Ost
Wir haben gemeinsam mit der Vienna, der Admira und dem FavAC zwei Konzerte organisiert. Die erste Veranstaltung war 1992 in der ARENA.
FUSSBALLFANS GEGEN GEWALT UND FREMDENHASS
Die zweite Veranstaltung war 1994 in der Szene Wien.
Fußballfans gegen GEWALT UND FREMDENHASS

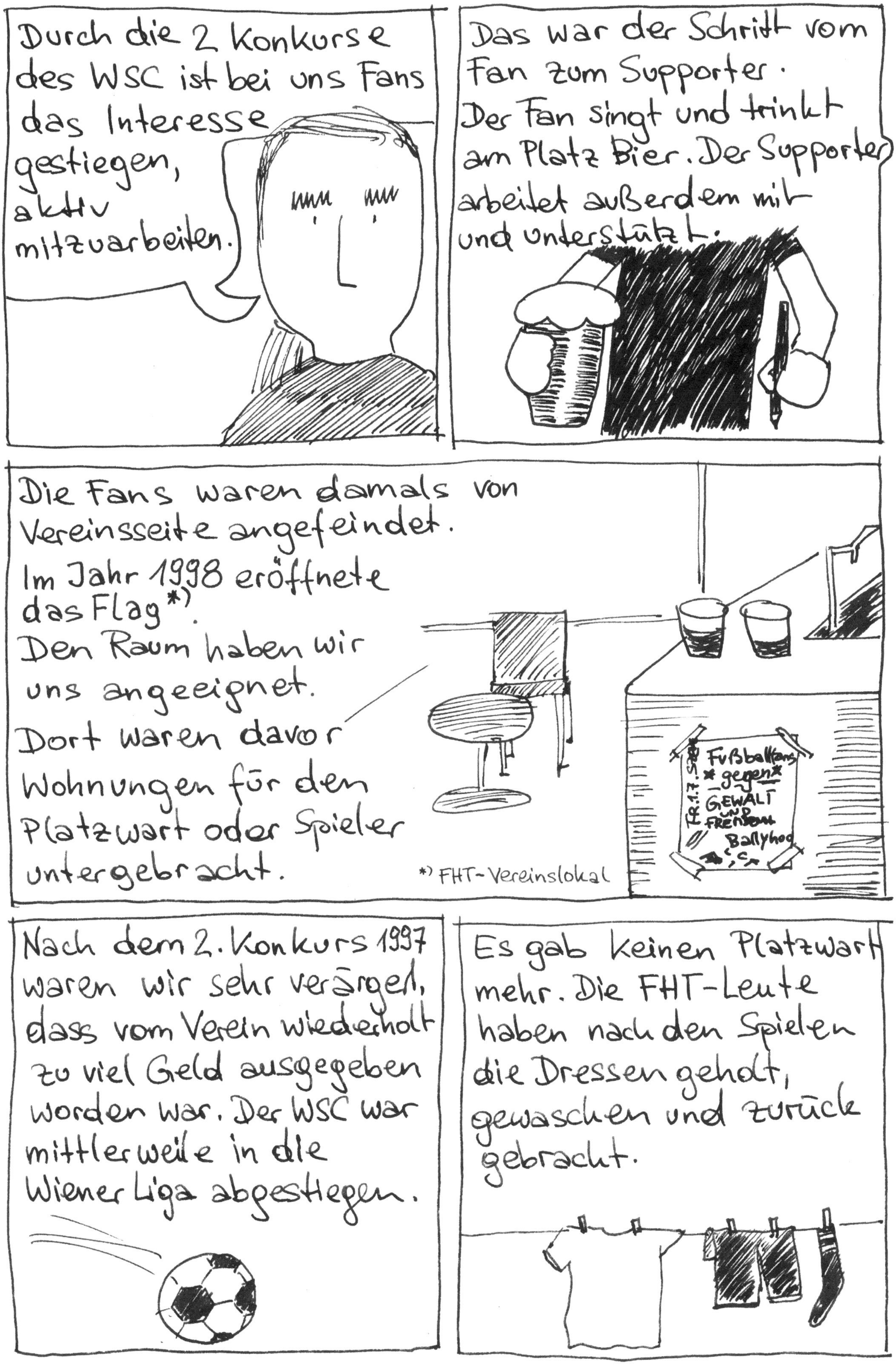
Durch die 2 Konkurse des WSC ist bei uns Fans das Interesse gestiegen, aktiv mitzuarbeiten.
Das war der Schritt vom Fan zum Supporter. Der Fan singt und trinkt am Platz Bier. Der Supporter arbeitet außerdem mit und unterstützt.
Die Fans waren damals von Vereinsseite angefeindet. Im Jahr 1998 eröffnete das Flag*). Den Raum haben wir uns angeeignet. Dort waren davor Wohnungen für den Platzwart oder Spieler untergebracht.
*) FHT-Vereinslokal
Fußballfans
gegen
GEWALT
UND
Ballyhoo
Nach dem 2. Konkurs 1997 waren wir sehr verärgert, dass vom Verein wiederholt zu viel Geld ausgegeben worden war. Der WSC war mittlerweile in die Wiener Liga abgestiegen.
Es gab keinen Platzwart mehr. Die FHT-Leute haben nach den Spielen die Dressen geholt, gewaschen und zurück gebracht.

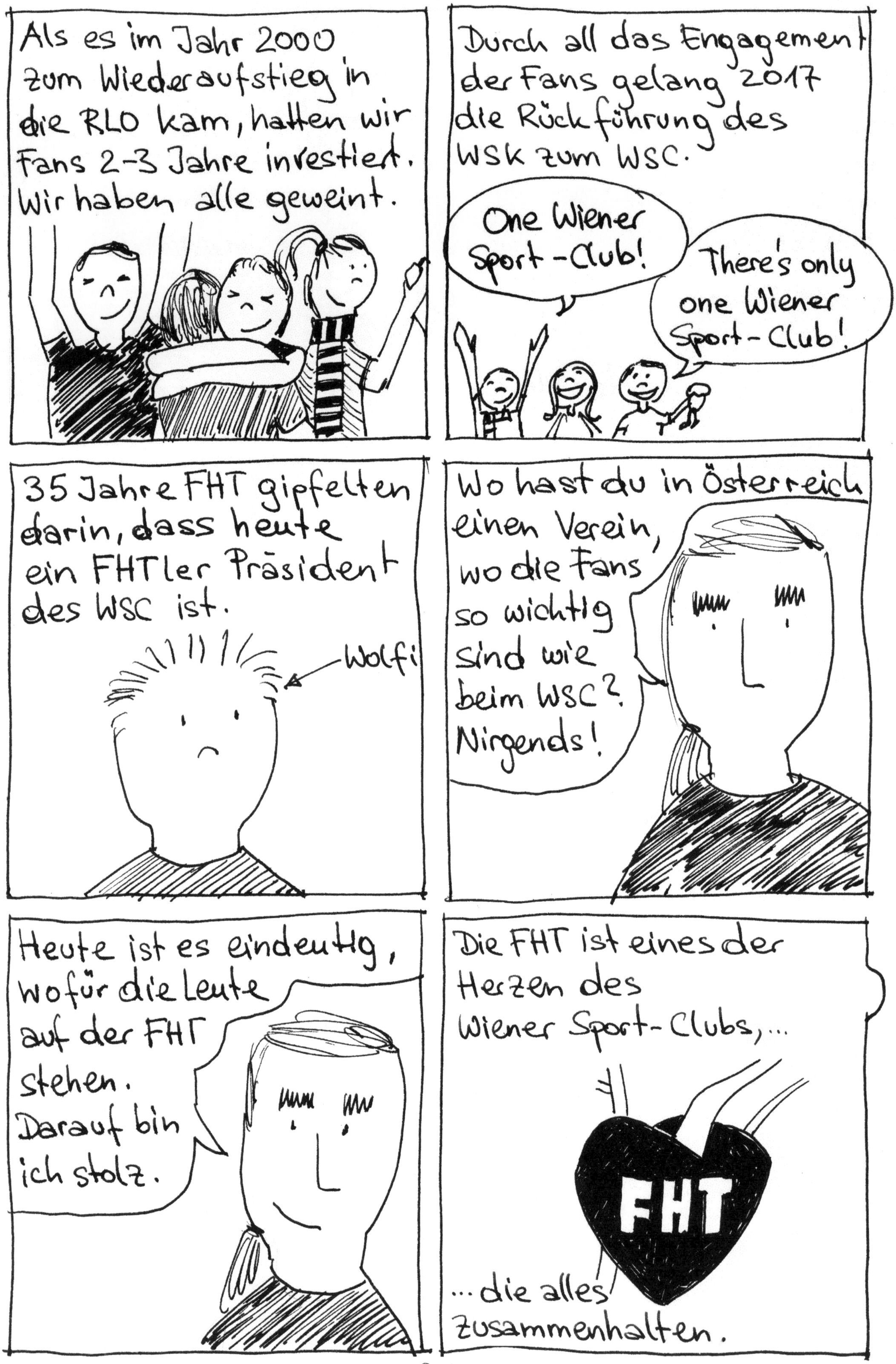

Als es im Jahr 2000 zum Wiederaufstieg in die RLO kam, hatten wir Fans 2-3 Jahre investiert. Wir haben alle geweint.
Durch all das Engagement der Fans gelang 2017 die Rückführung des WSK zum WSC.
One Wiener Sport-Club!
There's only one Wiener Sport-Club!
35 Jahre FHT gipfelten darin, dass heute ein FHTler Präsident des WSC ist.
Wolfi
Wo hast du in Österreich einen Verein, wo die Fans so wichtig sind wie beim WSC? Nirgends!
Heute ist es eindeutig, wofür die Leute auf der FHT stehen. Darauf bin ich stolz.
Die FHT ist eines der Herzen des Wiener Sport-Clubs, ...
FHT
... die alles zusammenhalten.

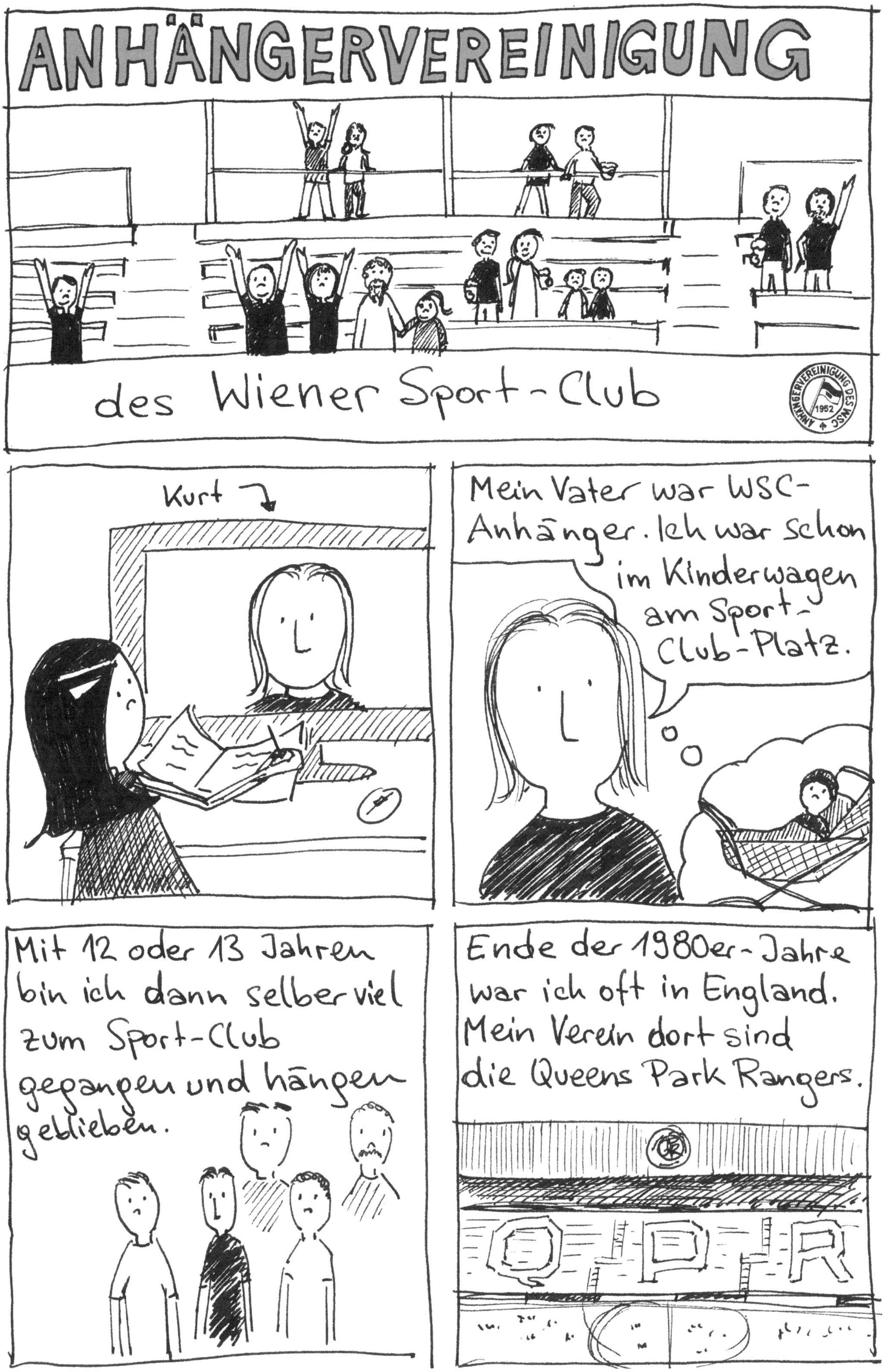

ANHÄNGERVEREINIGUNG
des Wiener Sport-Club
ANHÄNGERVEREINIGUNG DES WSC 1952
Kurt
Mein Vater war WSC-Anhänger. Ich war schon im Kinderwagen am Sport-Club-Platz.
Mit 12 oder 13 Jahren bin ich dann selber viel zum Sport-Club gegangen und hängen geblieben.
Ende der 1980er-Jahre war ich oft in England. Mein Verein dort sind die Queens Park Rangers.
QPR

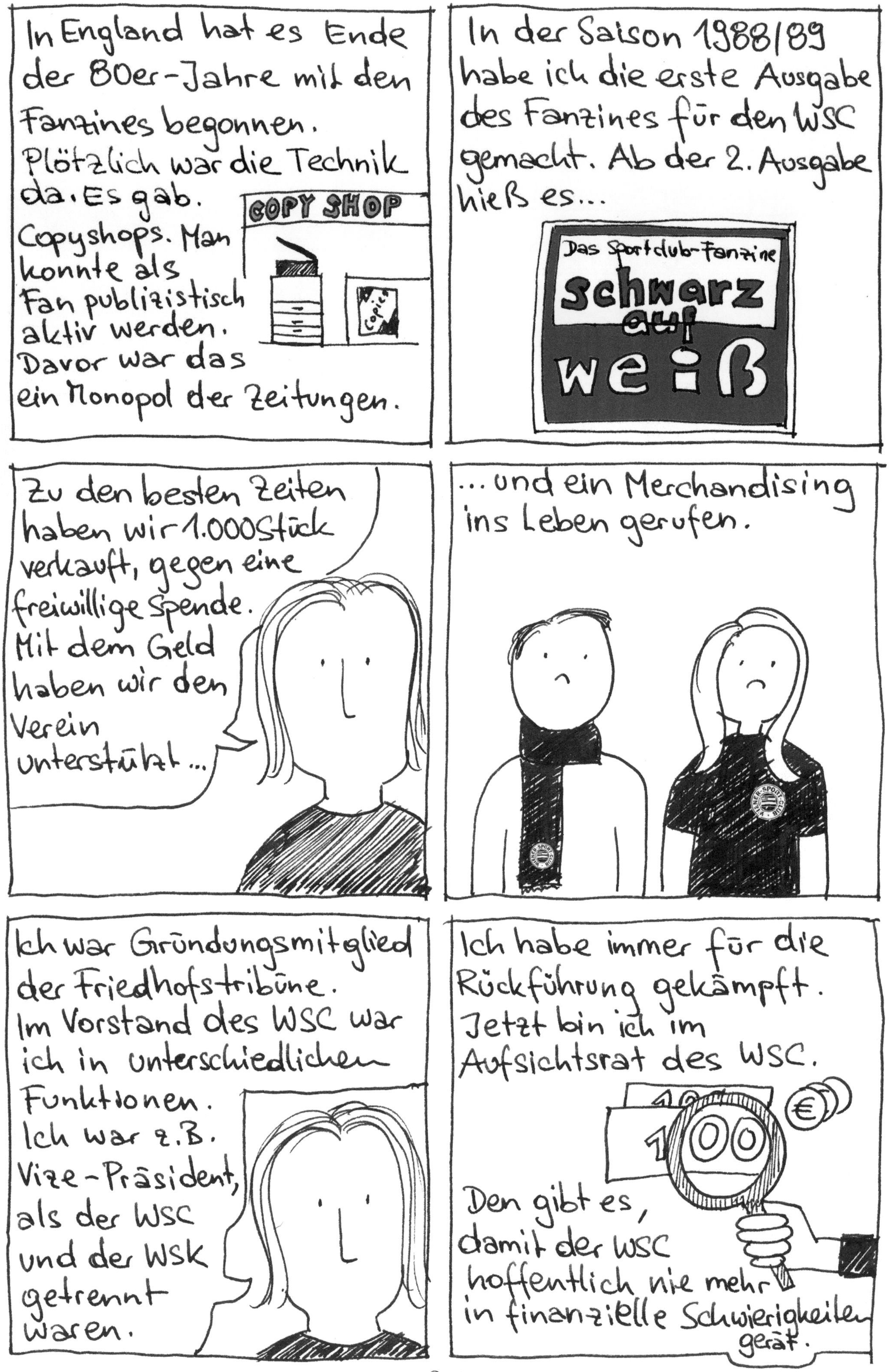
In England hat es Ende der 80er-Jahre mit den Fanzines begonnen. Plötzlich war die Technik da. Es gab Copyshops. Man konnte als Fan publizistisch aktiv werden. Davor war das ein Monopol der Zeitungen.
COPY SHOP
In der Saison 1988/89 habe ich die erste Ausgabe des Fanzines für den WSC gemacht. Ab der 2. Ausgabe hieß es...
Das Sportclub-Fanzine
schwarz auf weiß
Zu den besten Zeiten haben wir 1.000 Stück verkauft, gegen eine freiwillige Spende. Mit dem Geld haben wir den Verein unterstützt...
...und ein Merchandising ins Leben gerufen.
Ich war Gründungsmitglied der Friedhofstribüne. Im Vorstand des WSC war ich in unterschiedlichen Funktionen. Ich war z.B. Vize-Präsident, als der WSC und der WSK getrennt waren.
Ich habe immer für die Rückführung gekämpft. Jetzt bin ich im Aufsichtsrat des WSC.
100
Den gibt es, damit der WSC hoffentlich nie mehr in finanzielle Schwierigkeiten gerät.

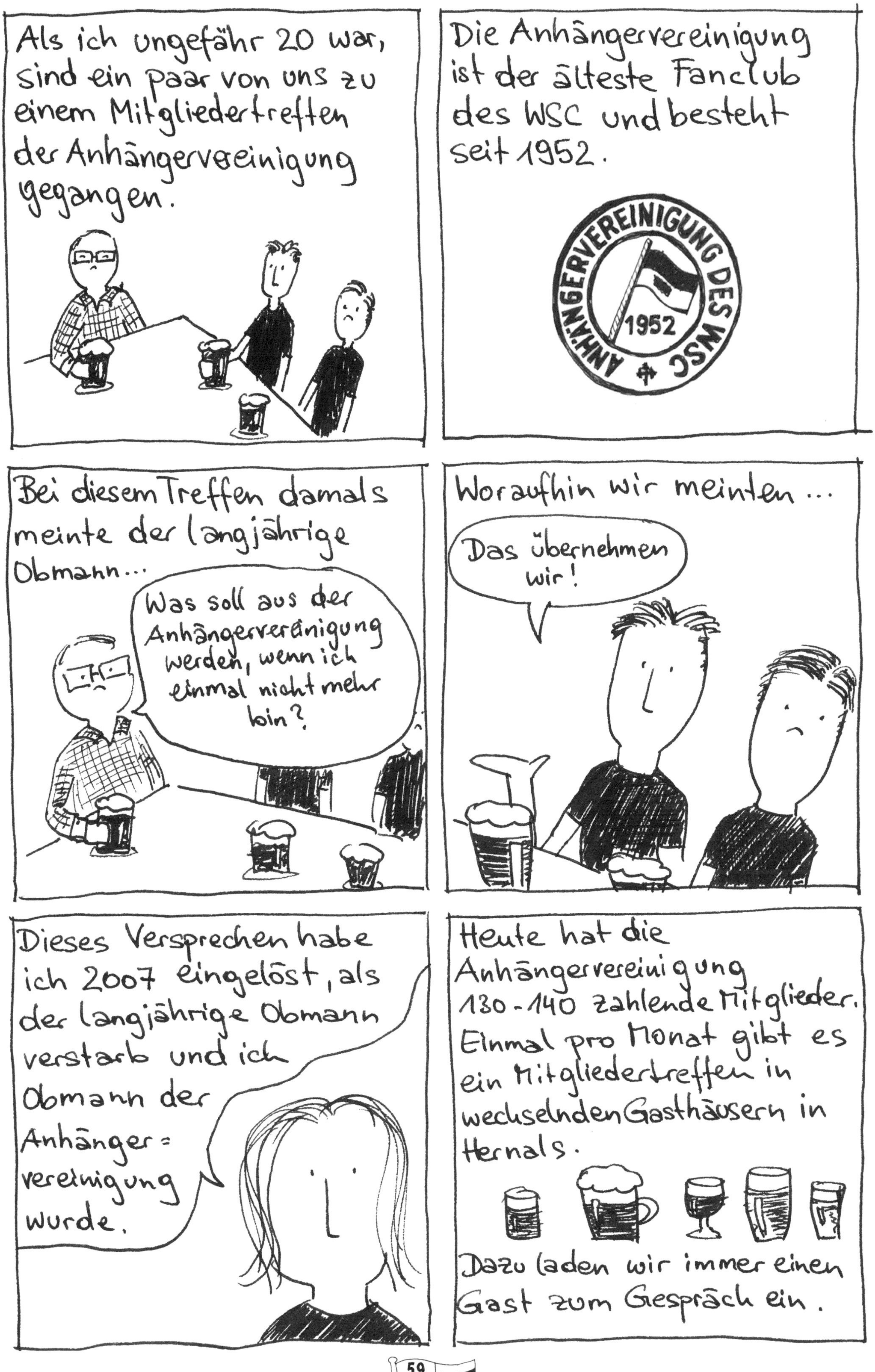
Als ich ungefähr 20 war, sind ein paar von uns zu einem Mitgliedertreffen der Anhängervereinigung gegangen.
Die Anhängervereinigung ist der älteste Fanclub des WSC und besteht seit 1952.
ANHÄNGERVEREINIGUNG DES WSC
1952
Bei diesem Treffen damals meinte der langjährige Obmann...
Was soll aus der Anhängervereinigung werden, wenn ich einmal nicht mehr bin?
Woraufhin wir meinten...
Das übernehmen wir!
Dieses Versprechen habe ich 2007 eingelöst, als der langjährige Obmann verstarb und ich Obmann der Anhänger-vereinigung wurde.
Heute hat die Anhängervereinigung 130-140 zahlende Mitglieder. Einmal pro Monat gibt es ein Mitgliedertreffen in wechselnden Gasthäusern in Hernals.
Dazu laden wir immer einen Gast zum Gespräch ein.

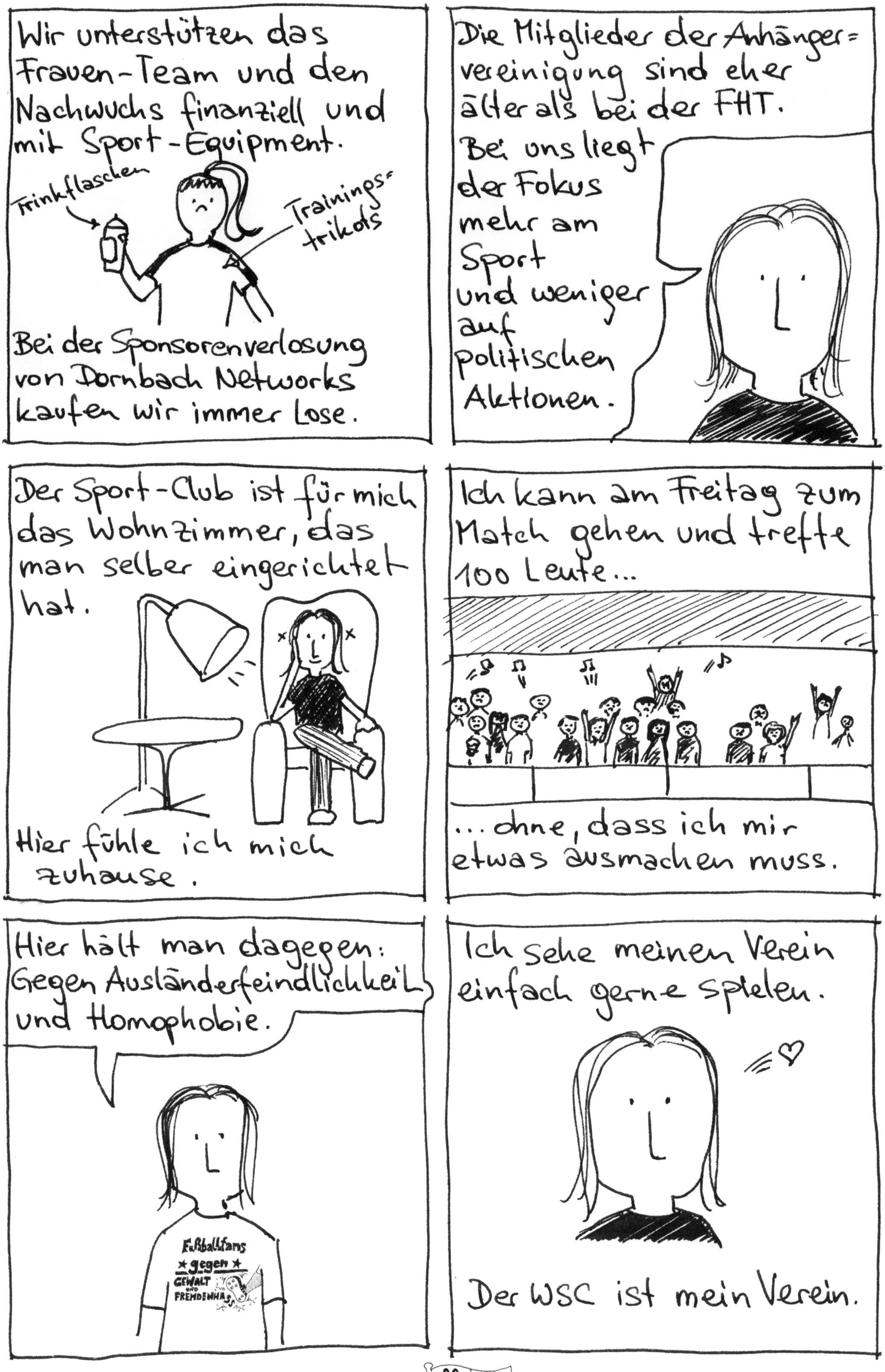
Wir unterstützen das Frauen-Team und den Nachwuchs finanziell und mit Sport-Equipment.
Trinkflaschen
Trainings=trikots
Bei der Sponsorenverlosung von Dornbach Networks kaufen wir immer Lose.
Die Mitglieder der Anhänger=vereinigung sind eher älter als bei der FHT.
Bei uns liegt der Fokus mehr am Sport und weniger auf politischen Aktionen.
Der Sport-Club ist für mich das Wohnzimmer, das man selber eingerichtet hat.
Hier fühle ich mich zuhause.
Ich kann am Freitag zum Match gehen und treffe 100 Leute...
...ohne, dass ich mir etwas ausmachen muss.
Hier hält man dagegen: Gegen Ausländerfeindlichkeit und Homophobie.
Fußballfans gegen GEWALT UND FREMDENHAS
Ich sehe meinen Verein einfach gerne spielen.
Der WSC ist mein Verein.

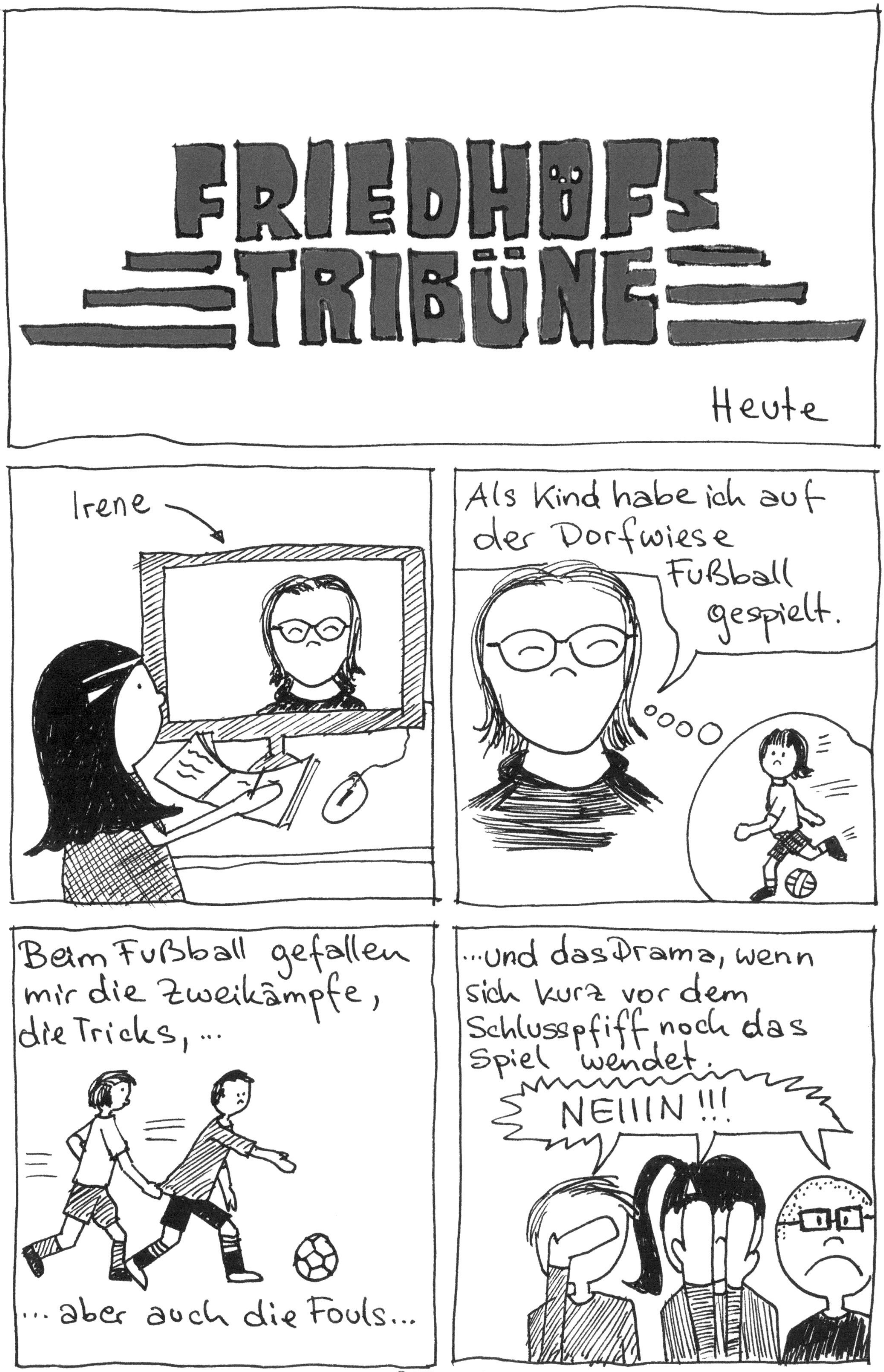
FRIEDHOFS TRIBÜNE
Heute
Irene
Als Kind habe ich auf der Dorfwiese Fußball gespielt.
Beim Fußball gefallen mir die Zweikämpfe, die Tricks, …
… aber auch die Fouls …
… und das Drama, wenn sich kurz vor dem Schlusspfiff noch das Spiel wendet.
NEIIIN !!!

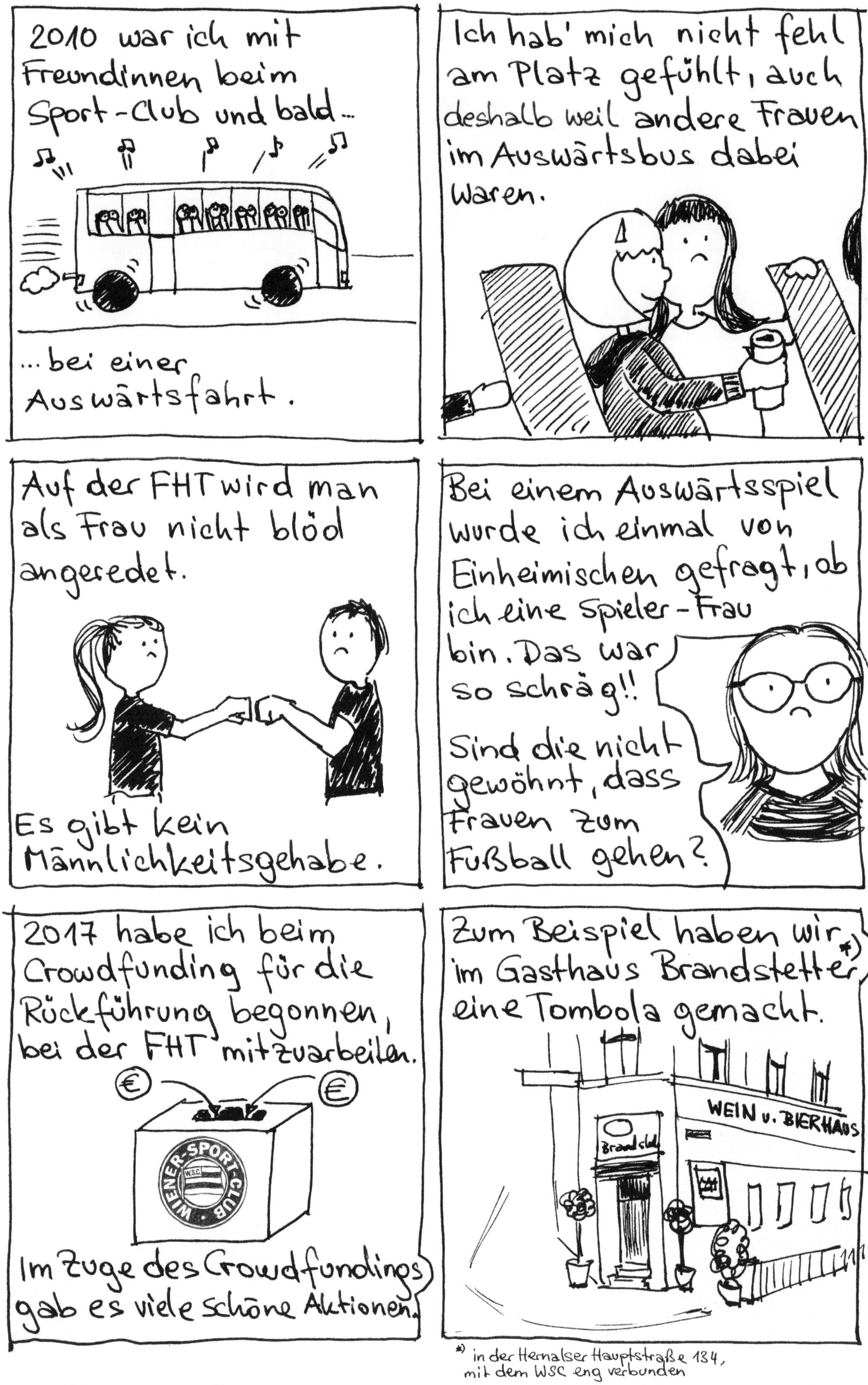

*) in der Hernalser Hauptstraße 134, mit dem WSC eng verbunden

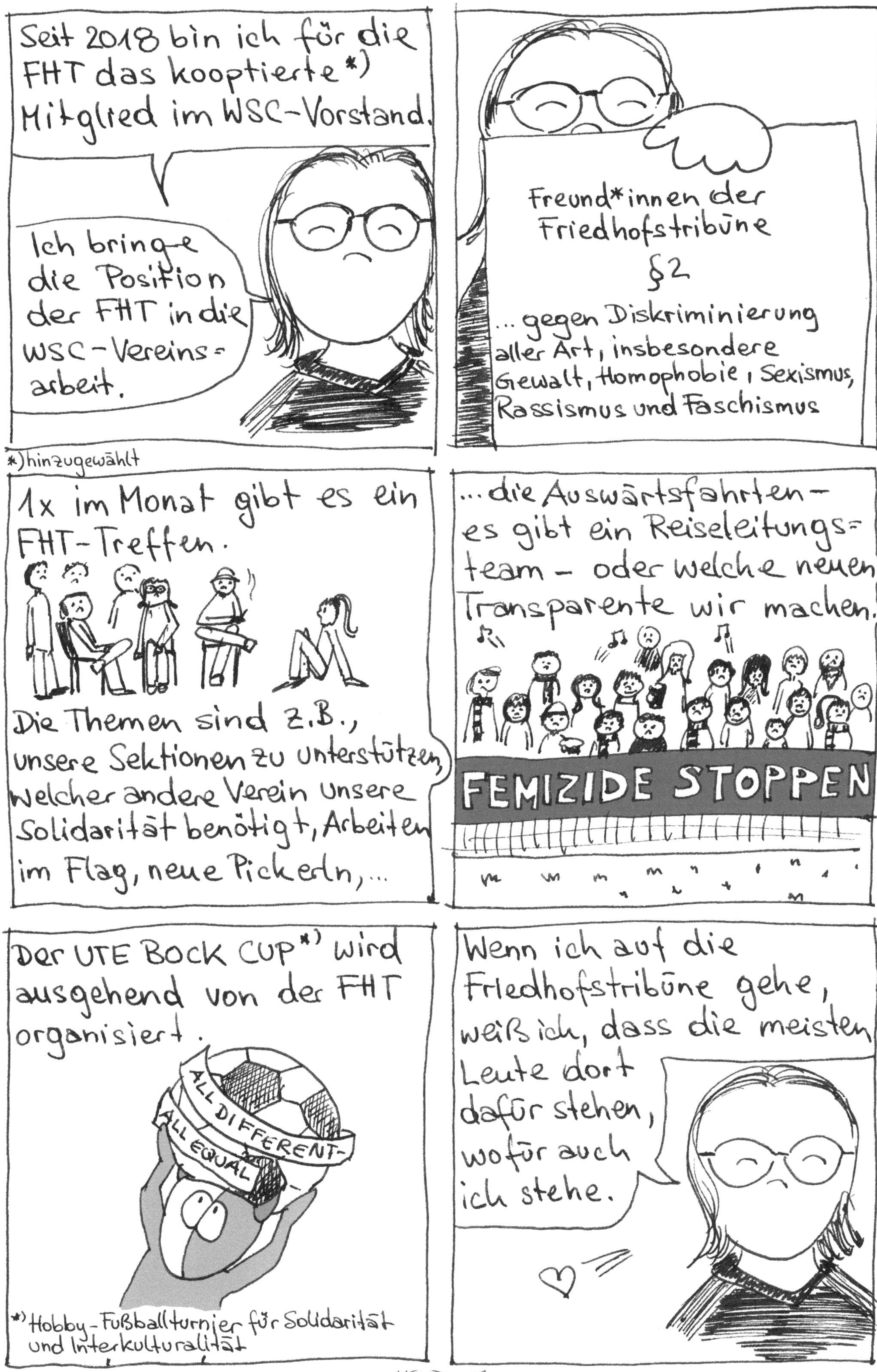

Seit 2018 bin ich für die FHT das kooptierte*) Mitglied im WSC-Vorstand.
Ich bringe die Position der FHT in die WSC-Vereins-arbeit.
Freund*innen der Friedhofstribüne
§2
... gegen Diskriminierung aller Art, insbesondere Gewalt, Homophobie, Sexismus, Rassismus und Faschismus
*) hinzugewählt
1x im Monat gibt es ein FHT-Treffen.
Die Themen sind z.B., unsere Sektionen zu unterstützen, welcher andere Verein unsere Solidarität benötigt, Arbeiten im Flag, neue Pickerln, ...
... die Auswärtsfahrten – es gibt ein Reiseleitungs-team – oder welche neuen Transparente wir machen.
FEMIZIDE STOPPEN
Der UTE BOCK CUP*) wird ausgehend von der FHT organisiert.
ALL DIFFERENT-ALL EQUAL
*) Hobby-Fußballturnier für Solidarität und Interkulturalität
Wenn ich auf die Friedhofstribüne gehe, weiß ich, dass die meisten Leute dort dafür stehen, wofür auch ich stehe.

Die Sektionen des WSC in den letzten 140 Jahren

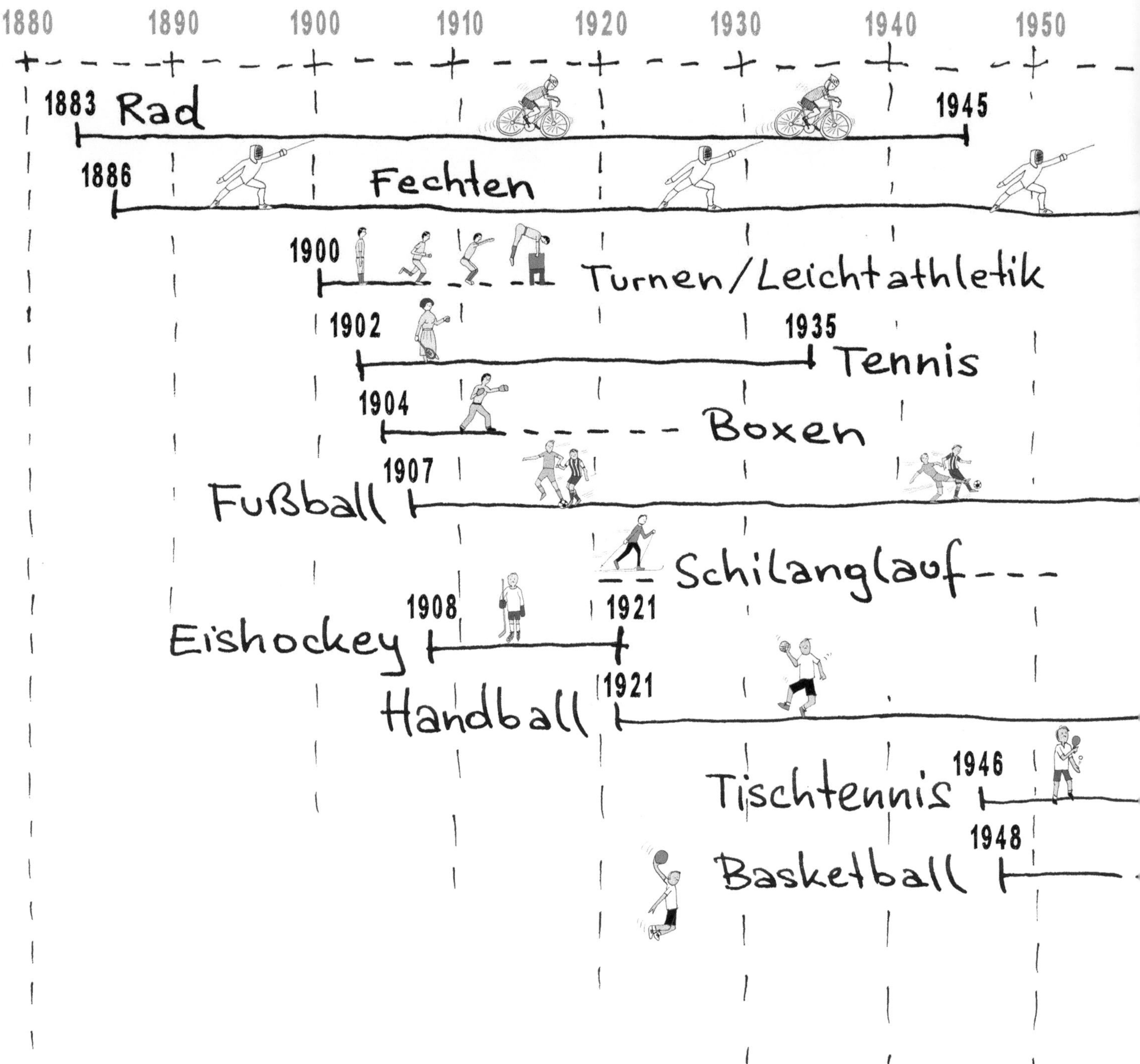

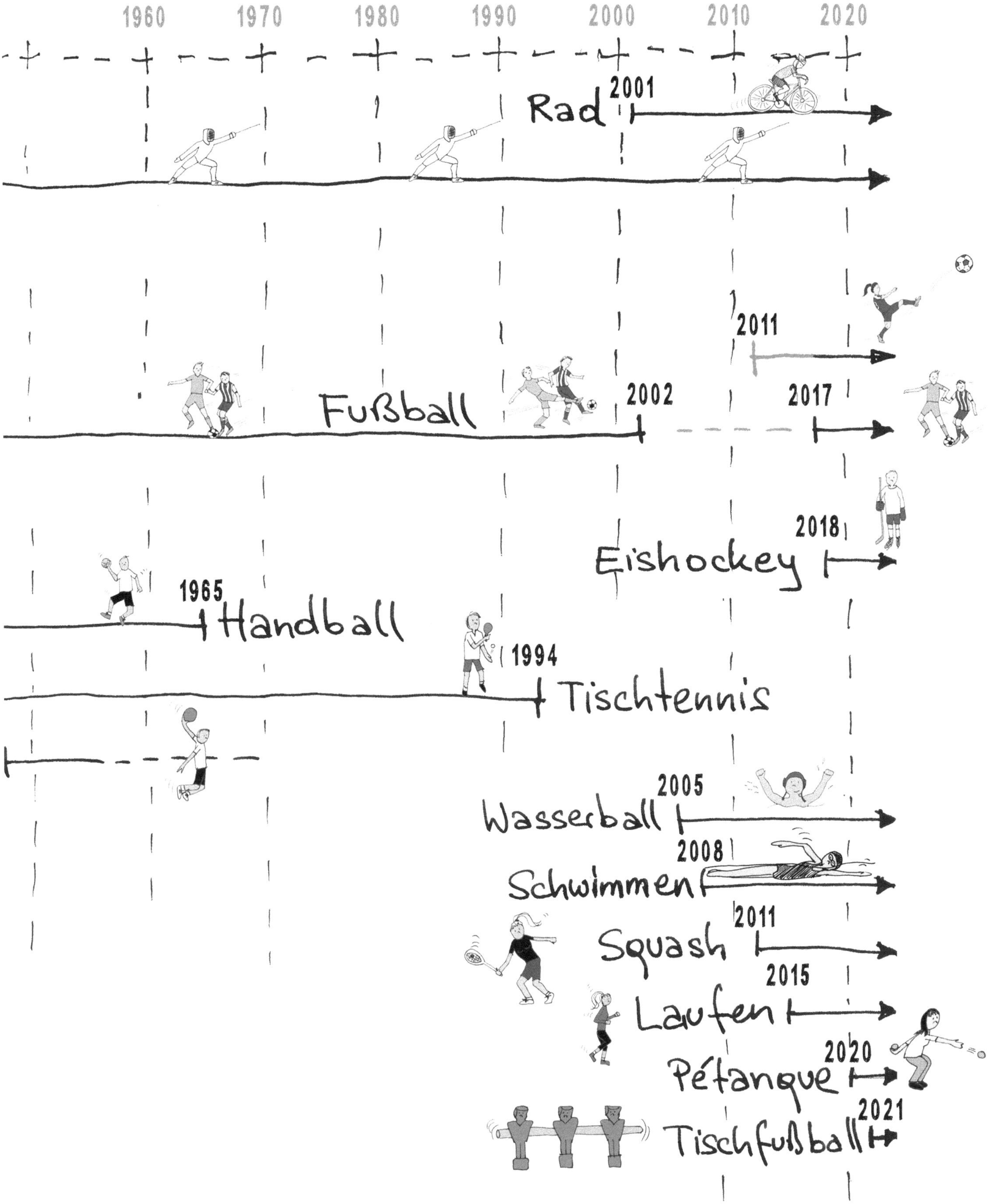

1960
1970
1980
1990
2000
2010
2020
Rad
2001
2011
Fußball
2002
2017
2018
Eishockey
1965
Handball
1994
Tischtennis
2005
Wasserball
2008
Schwimmen
2011
Squash
2015
Laufen
2020
Pétanque
2021
Tischfußball

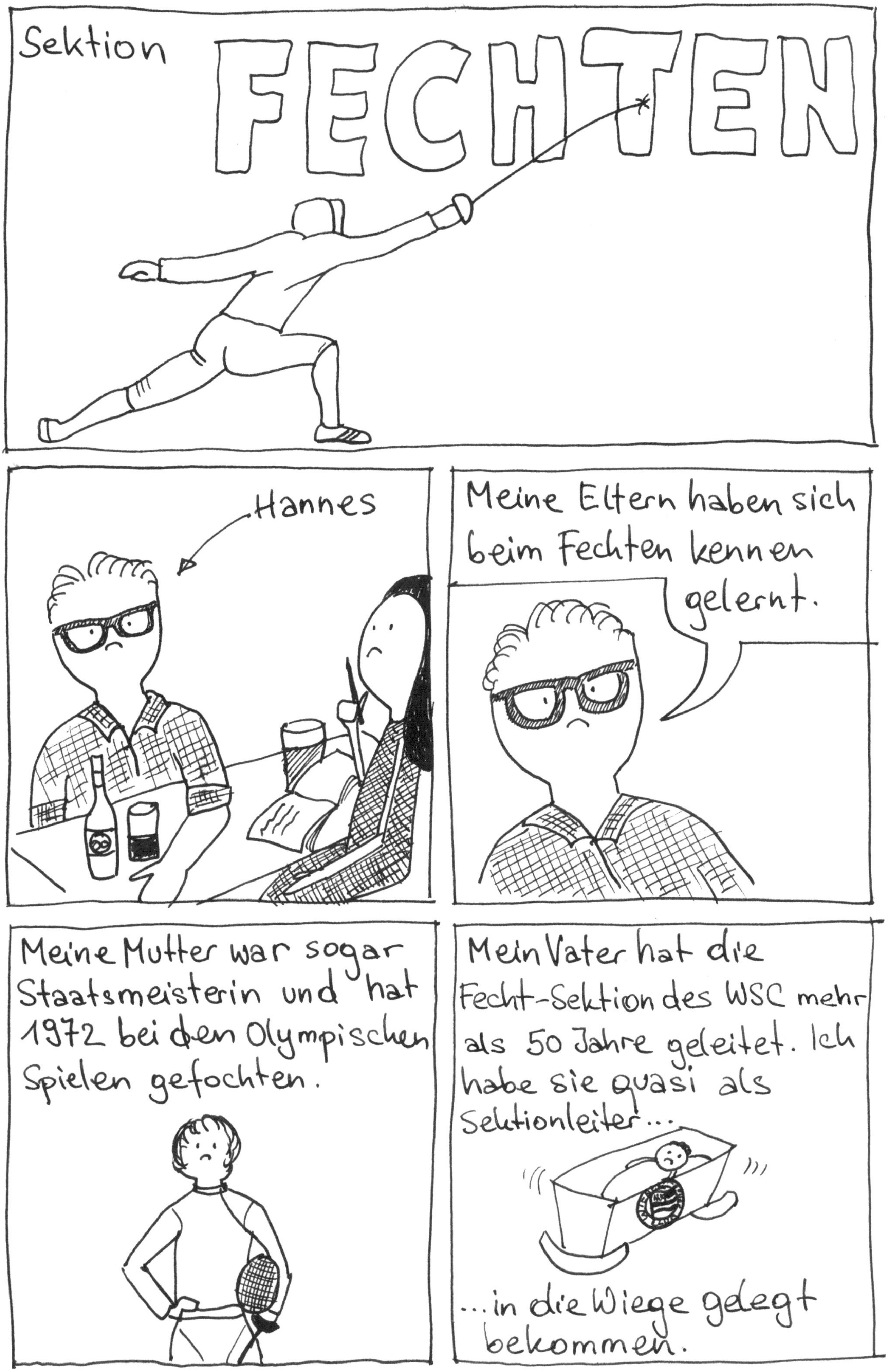
Sektion
FECHTEN
Hannes
Meine Eltern haben sich beim Fechten kennen gelernt.
Meine Mutter war sogar Staatsmeisterin und hat 1972 bei den Olympischen Spielen gefochten.
Mein Vater hat die Fecht-Sektion des WSC mehr als 50 Jahre geleitet. Ich habe sie quasi als Sektionleiter...
...in die Wiege gelegt bekommen.

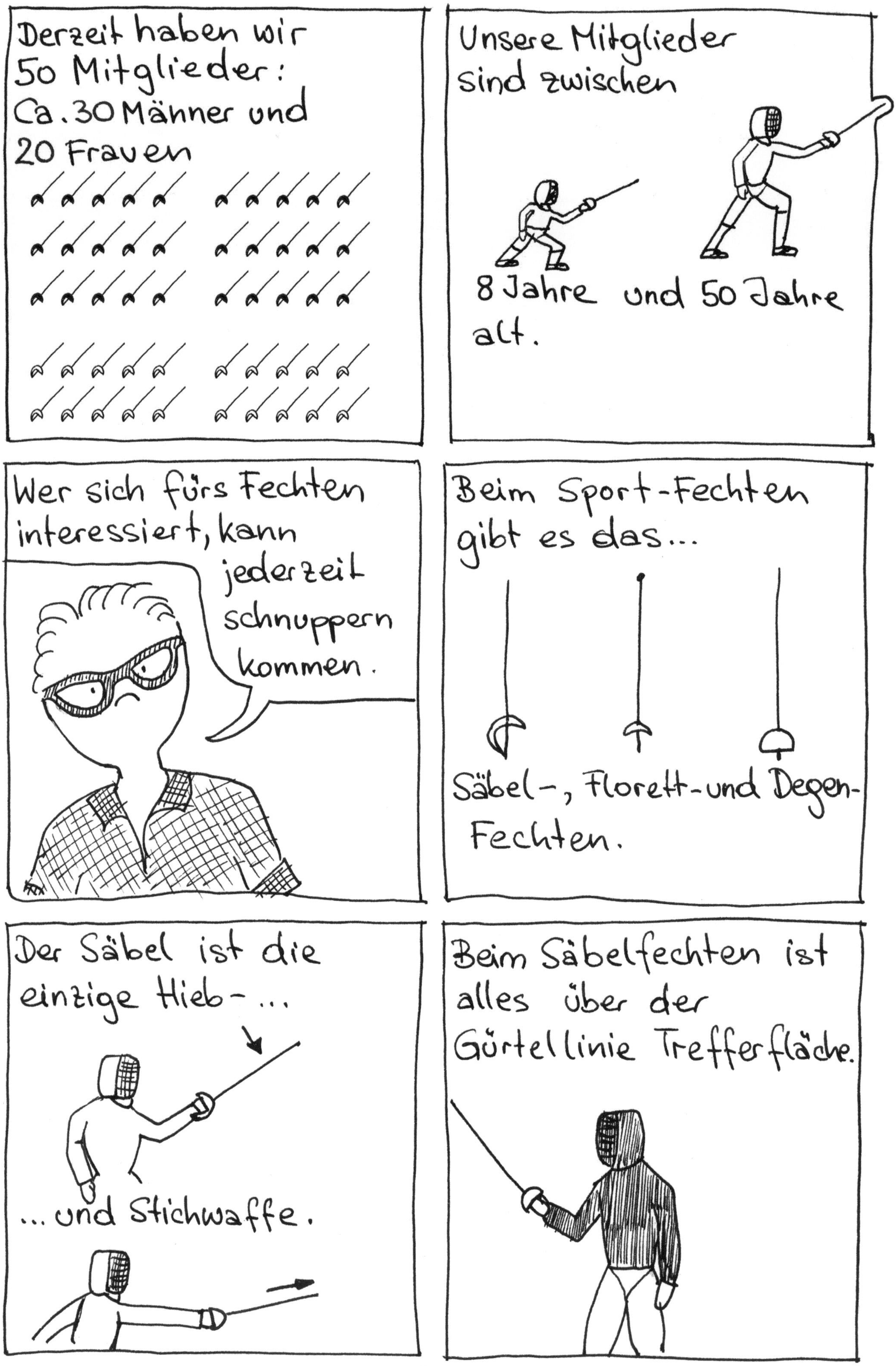
Derzeit haben wir 50 Mitglieder: Ca. 30 Männer und 20 Frauen
Unsere Mitglieder sind zwischen
8 Jahre und 50 Jahre alt.
Wer sich fürs Fechten interessiert, kann
jederzeit schnuppern kommen.
Beim Sport-Fechten gibt es das...
Säbel-, Florett- und Degen-Fechten.
Der Säbel ist die einzige Hieb-...
...und Stichwaffe.
Beim Säbelfechten ist alles über der Gürtellinie Trefferfläche.

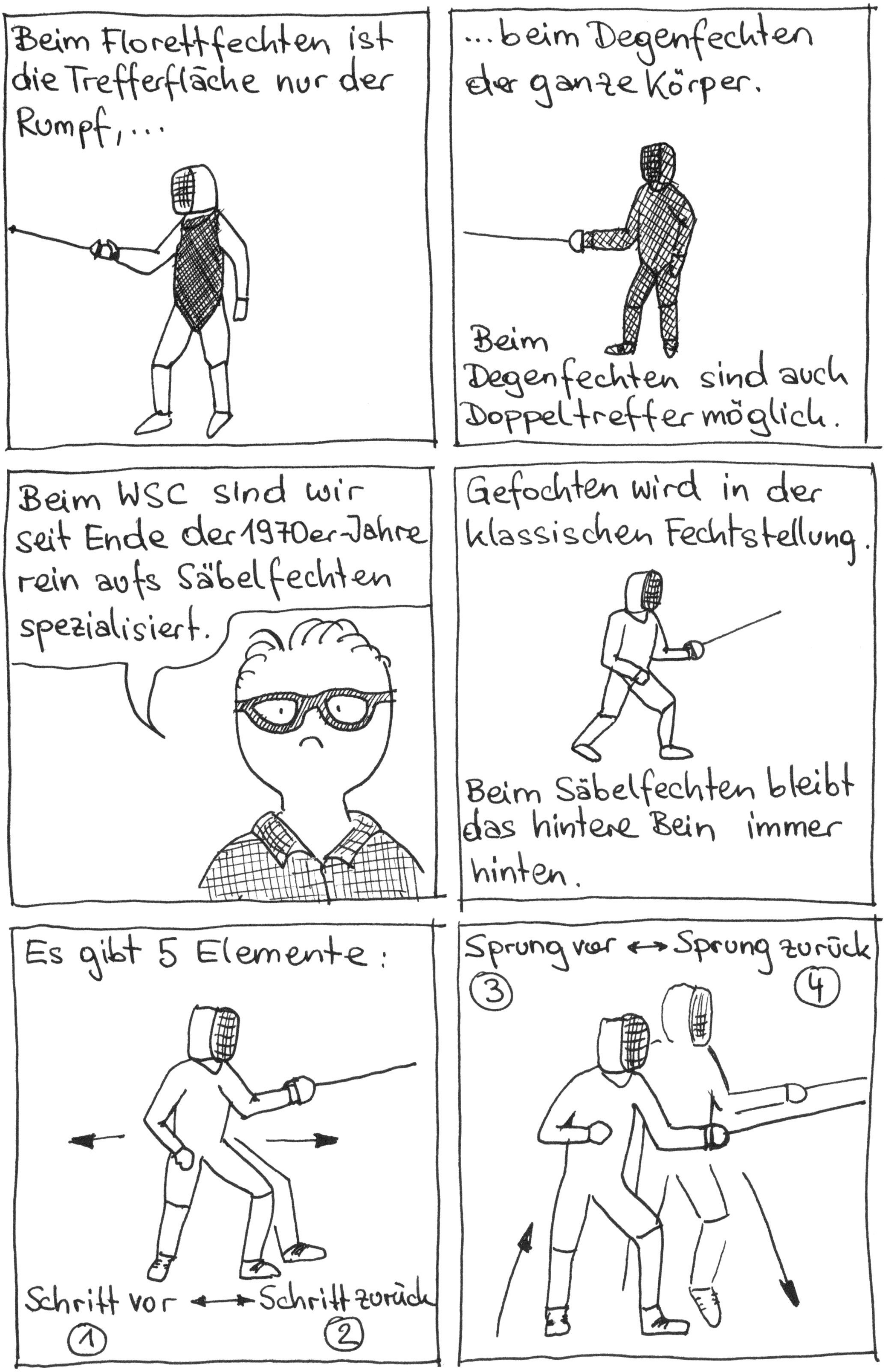

Beim Florettfechten ist die Trefferfläche nur der Rumpf, …
… beim Degenfechten der ganze Körper.
Beim Degenfechten sind auch Doppeltreffer möglich.
Beim WSC sind wir seit Ende der 1970er-Jahre rein aufs Säbelfechten spezialisiert.
Gefochten wird in der klassischen Fechtstellung.
Beim Säbelfechten bleibt das hintere Bein immer hinten.
Es gibt 5 Elemente:
Schritt vor ↔ Schritt zurück
①
②
Sprung vor ↔ Sprung zurück
③
④

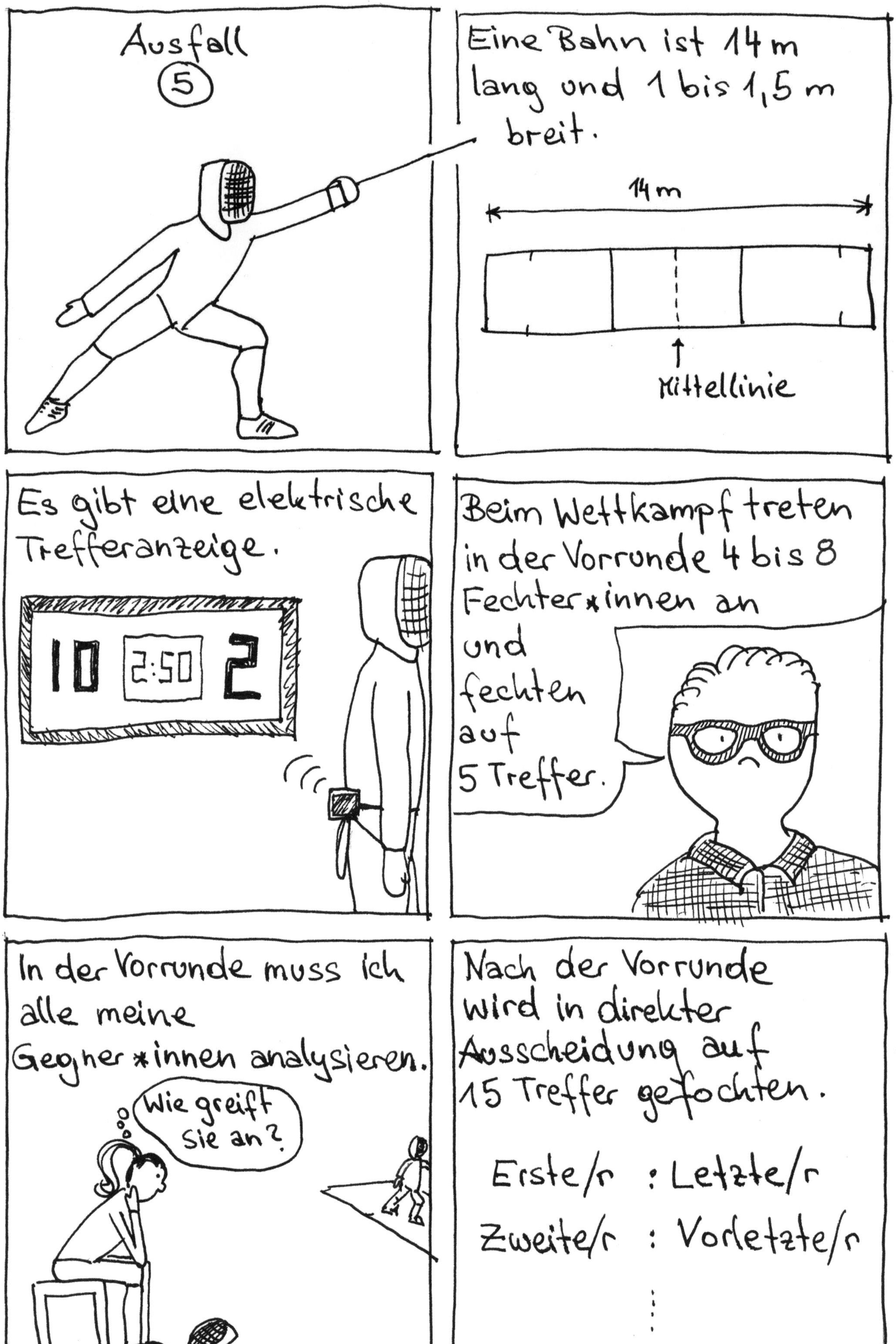
Ausfall
5
Eine Bahn ist 14 m lang und 1 bis 1,5 m breit.
14 m
Mittellinie
Es gibt eine elektrische Trefferanzeige.
10 2:50 2
Beim Wettkampf treten in der Vorrunde 4 bis 8 Fechter*innen an und fechten auf 5 Treffer.
In der Vorrunde muss ich alle meine Gegner*innen analysieren.
Wie greift sie an?
Nach der Vorrunde wird in direkter Ausscheidung auf 15 Treffer gefochten.
Erste/r : Letzte/r
Zweite/r : Vorletzte/r
⋮

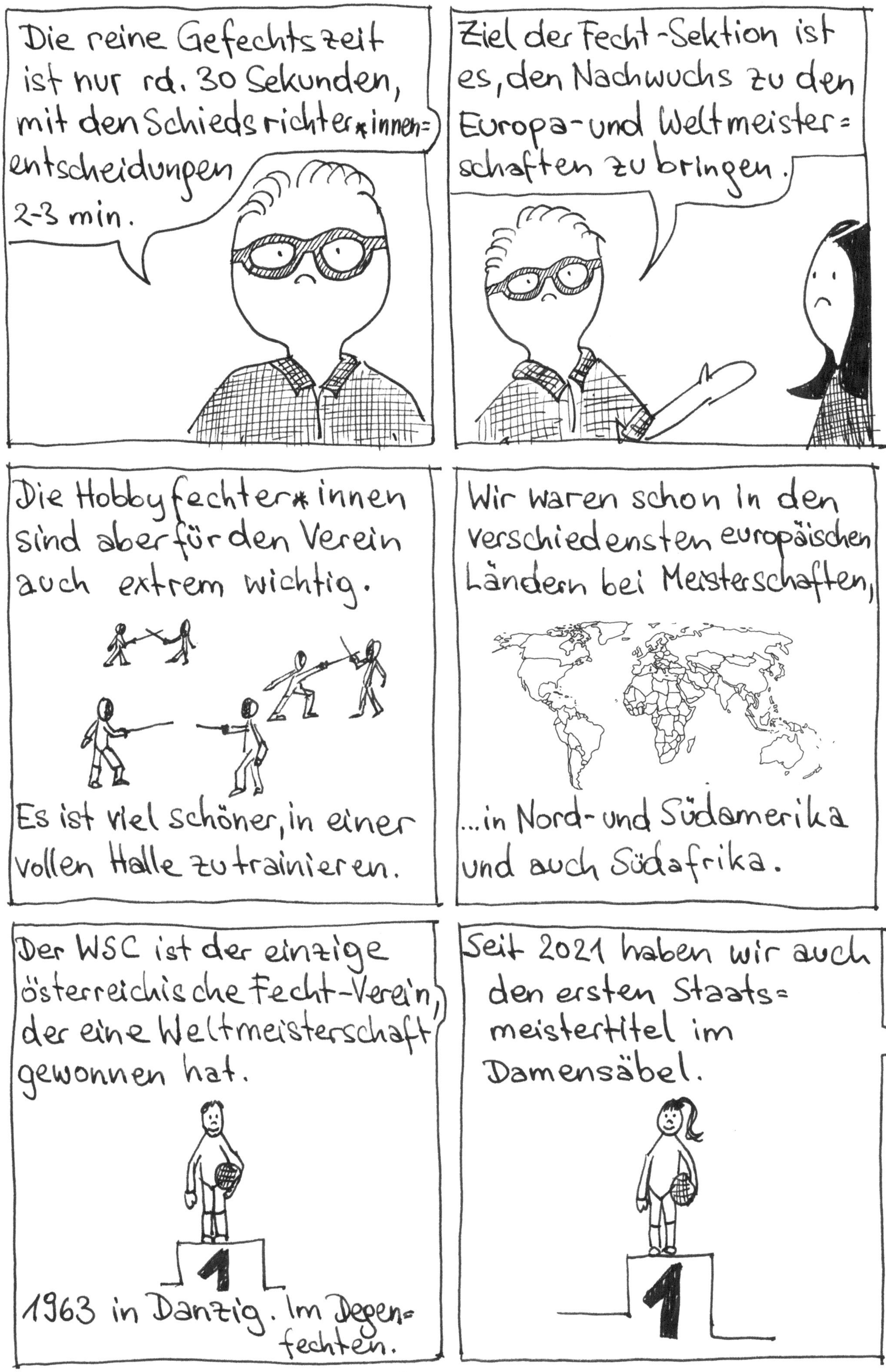
Die reine Gefechtszeit ist nur rd. 30 Sekunden, mit den Schiedsrichter*innen=entscheidungen 2-3 min.
Ziel der Fecht-Sektion ist es, den Nachwuchs zu den Europa- und Weltmeister=schaften zu bringen.
Die Hobbyfechter*innen sind aber für den Verein auch extrem wichtig.
Es ist viel schöner, in einer vollen Halle zu trainieren.
Wir waren schon in den verschiedensten europäischen Ländern bei Meisterschaften,
...in Nord- und Südamerika und auch Südafrika.
Der WSC ist der einzige österreichische Fecht-Verein, der eine Weltmeisterschaft gewonnen hat.
1
1963 in Danzig. Im Degen=fechten.
Seit 2021 haben wir auch den ersten Staats=meistertitel im Damensäbel.
1

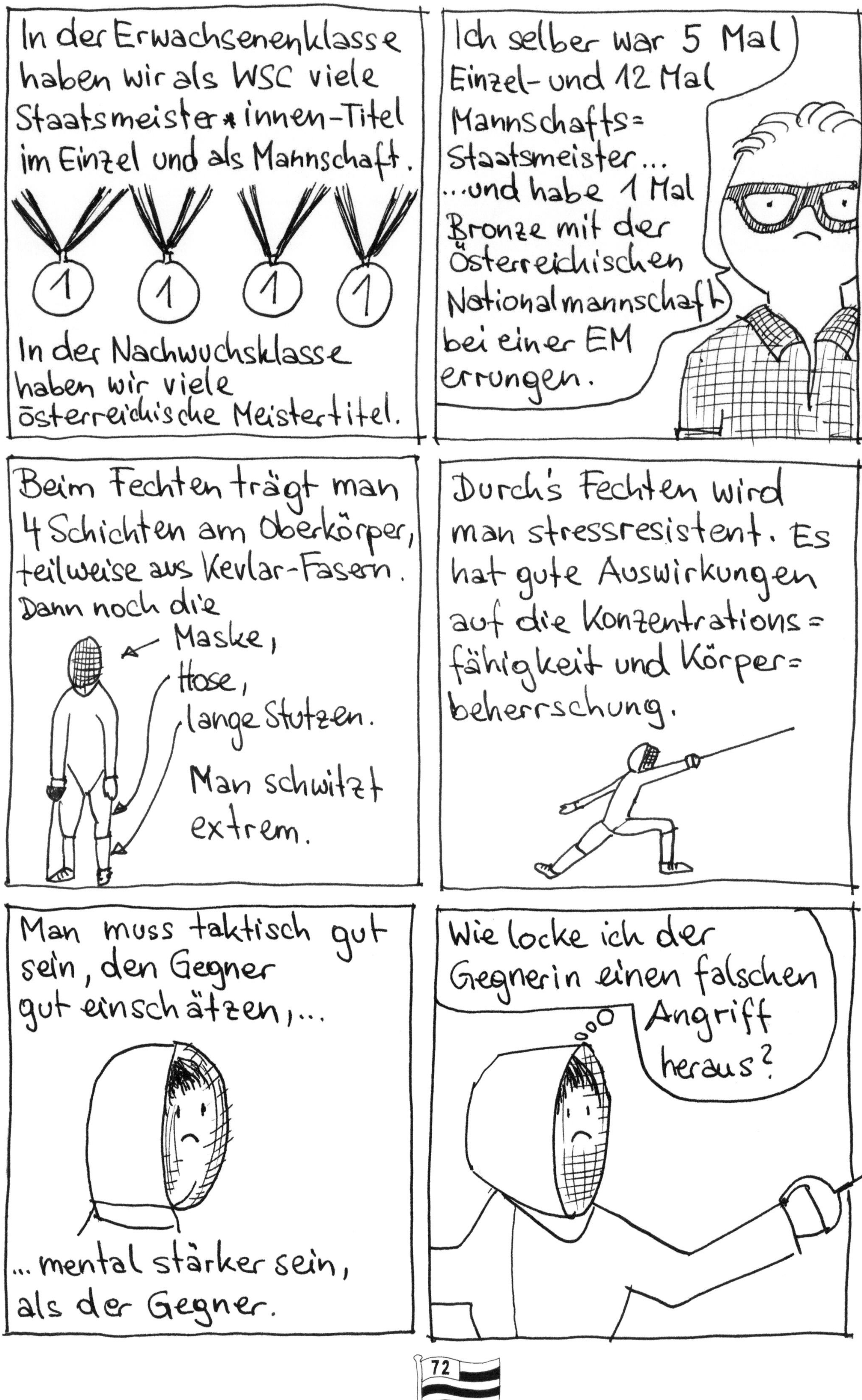
In der Erwachsenenklasse haben wir als WSC viele Staatsmeister*innen-Titel im Einzel und als Mannschaft.
1
1
1
1
In der Nachwuchsklasse haben wir viele österreichische Meistertitel.
Ich selber war 5 Mal Einzel- und 12 Mal Mannschafts=Staatsmeister… …und habe 1 Mal Bronze mit der Österreichischen Nationalmannschaft bei einer EM errungen.
Beim Fechten trägt man 4 Schichten am Oberkörper, teilweise aus Kevlar-Fasern. Dann noch die
Maske,
Hose,
lange Stutzen.
Man schwitzt extrem.
Durch's Fechten wird man stressresistent. Es hat gute Auswirkungen auf die Konzentrations=fähigkeit und Körper=beherrschung.
Man muss taktisch gut sein, den Gegner gut einschätzen,…
…mental stärker sein, als der Gegner.
Wie locke ich der Gegnerin einen falschen Angriff heraus?

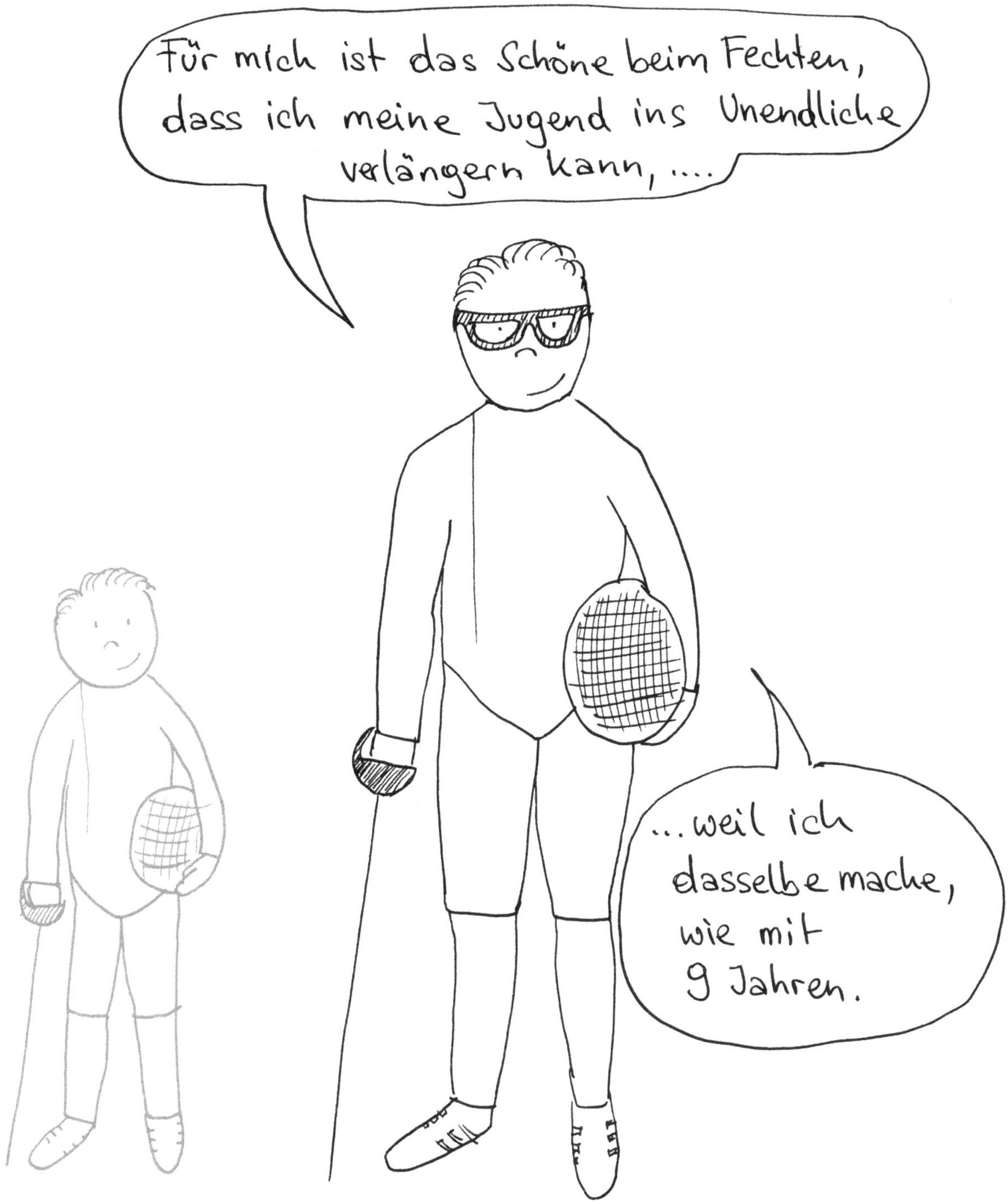
Für mich ist das Schöne beim Fechten, dass ich meine Jugend ins Unendliche verlängern kann, ...
...weil ich dasselbe mache, wie mit 9 Jahren.

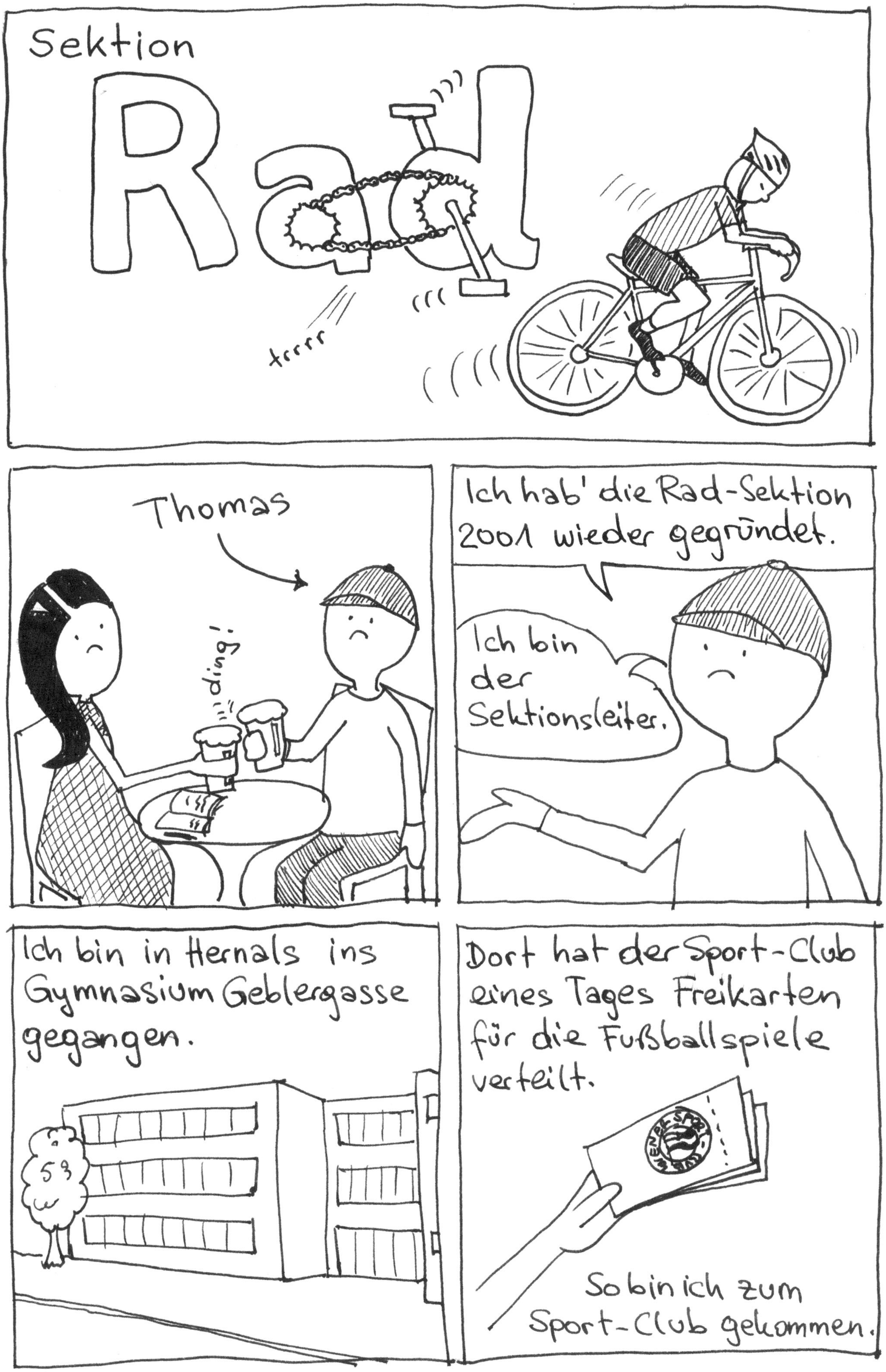
Sektion
Rad
trrrr
Thomas
ding!
Ich hab' die Rad-Sektion 2001 wieder gegründet.
Ich bin der Sektionsleiter.
Ich bin in Hernals ins Gymnasium Geblergasse gegangen.
Dort hat der Sport-Club eines Tages Freikarten für die Fußballspiele verteilt.
So bin ich zum Sport-Club gekommen.

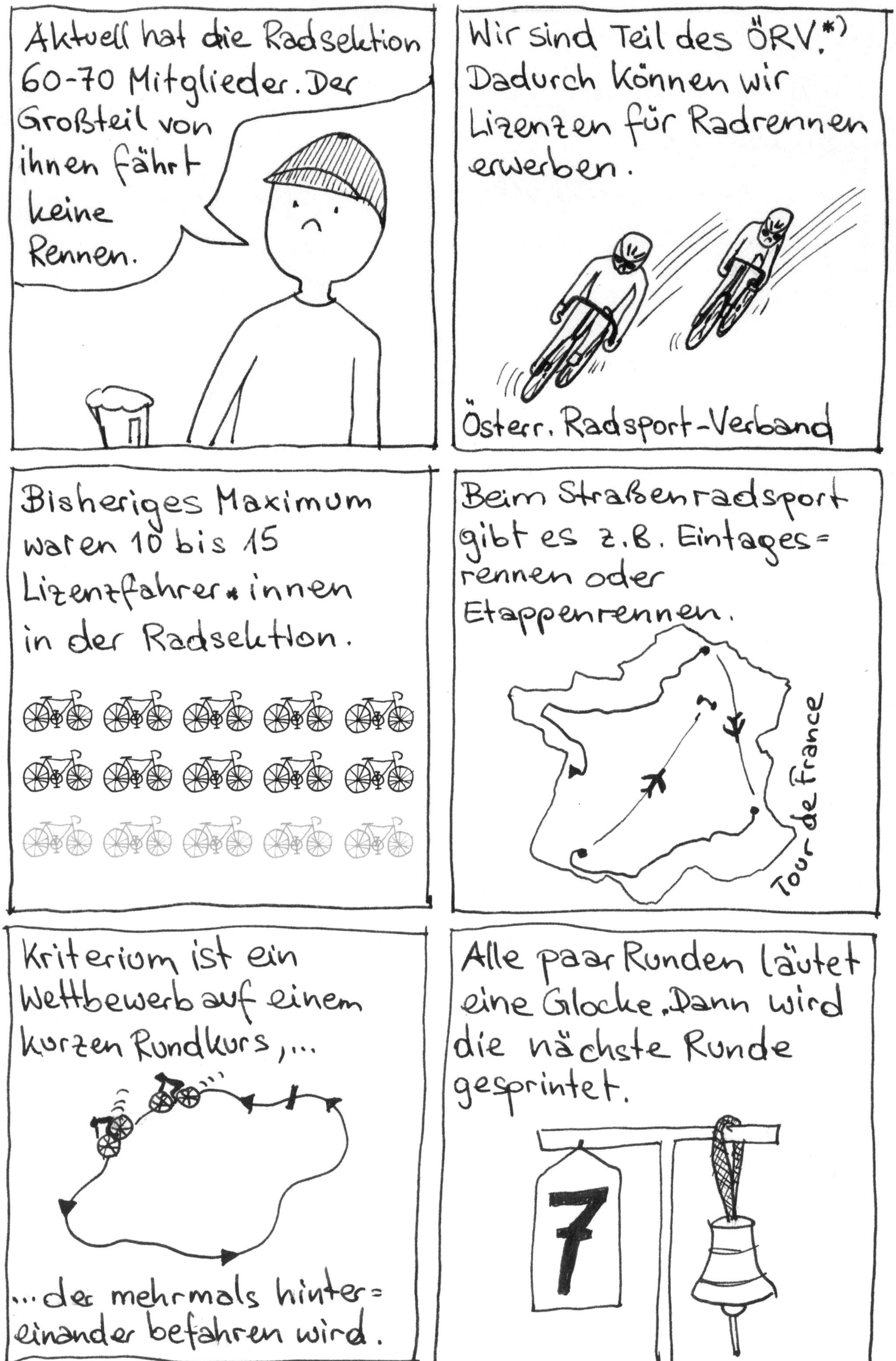
Aktuell hat die Radsektion 60-70 Mitglieder. Der Großteil von ihnen fährt keine Rennen.
Wir sind Teil des ÖRV.*) Dadurch können wir Lizenzen für Radrennen erwerben.
*) Österr. Radsport-Verband
Bisheriges Maximum waren 10 bis 15 Lizenzfahrer*innen in der Radsektion.
Beim Straßenradsport gibt es z.B. Eintages= rennen oder Etappenrennen.
Tour de France
Kriterium ist ein Wettbewerb auf einem kurzen Rundkurs, ...
... der mehrmals hinter= einander befahren wird.
Alle paar Runden läutet eine Glocke. Dann wird die nächste Runde gesprintet.
7

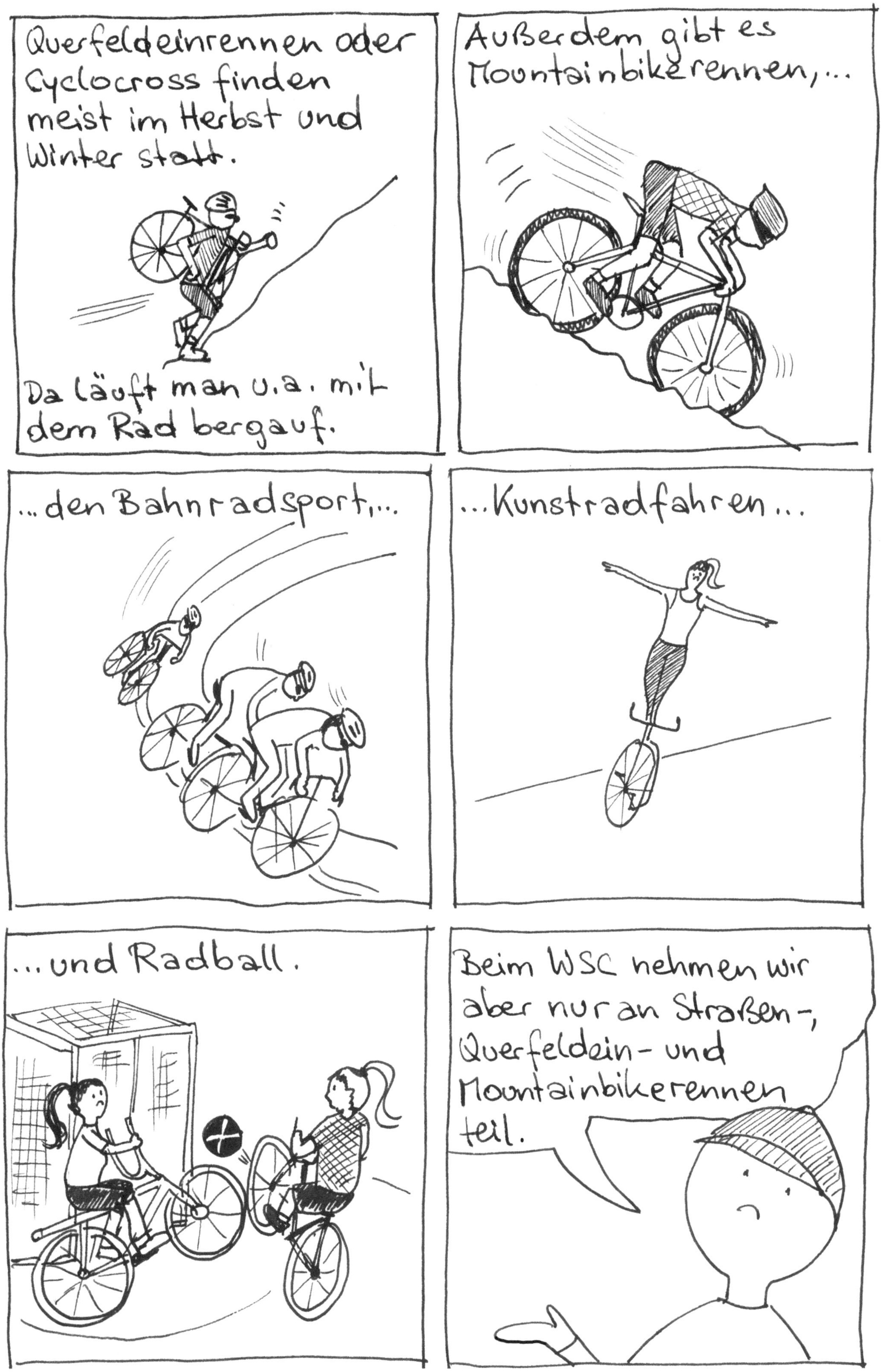
Querfeldeinrennen oder Cyclocross finden meist im Herbst und Winter statt.
Da läuft man u.a. mit dem Rad bergauf.
Außerdem gibt es Mountainbikerennen, ...
... den Bahnradsport, ...
... Kunstradfahren ...
... und Radball.
Beim WSC nehmen wir aber nur an Straßen-, Querfeldein- und Mountainbikerennen teil.

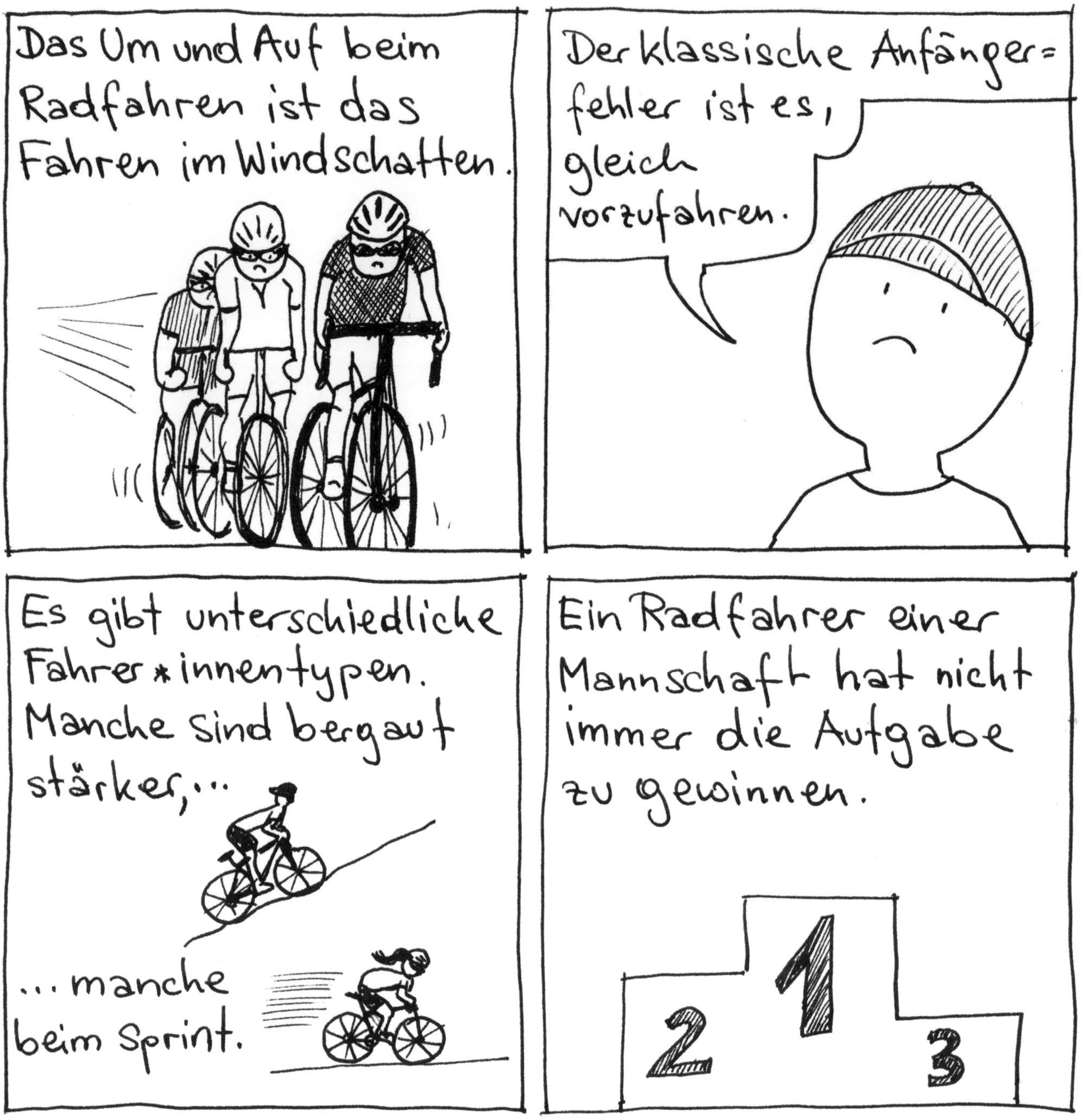
Das Um und Auf beim Radfahren ist das Fahren im Windschatten.
Der klassische Anfänger=fehler ist es, gleich vorzufahren.
Es gibt unterschiedliche Fahrer*innentypen. Manche sind bergauf stärker, ...
... manche beim Sprint.
Ein Radfahrer einer Mannschaft hat nicht immer die Aufgabe zu gewinnen.
2
1
3

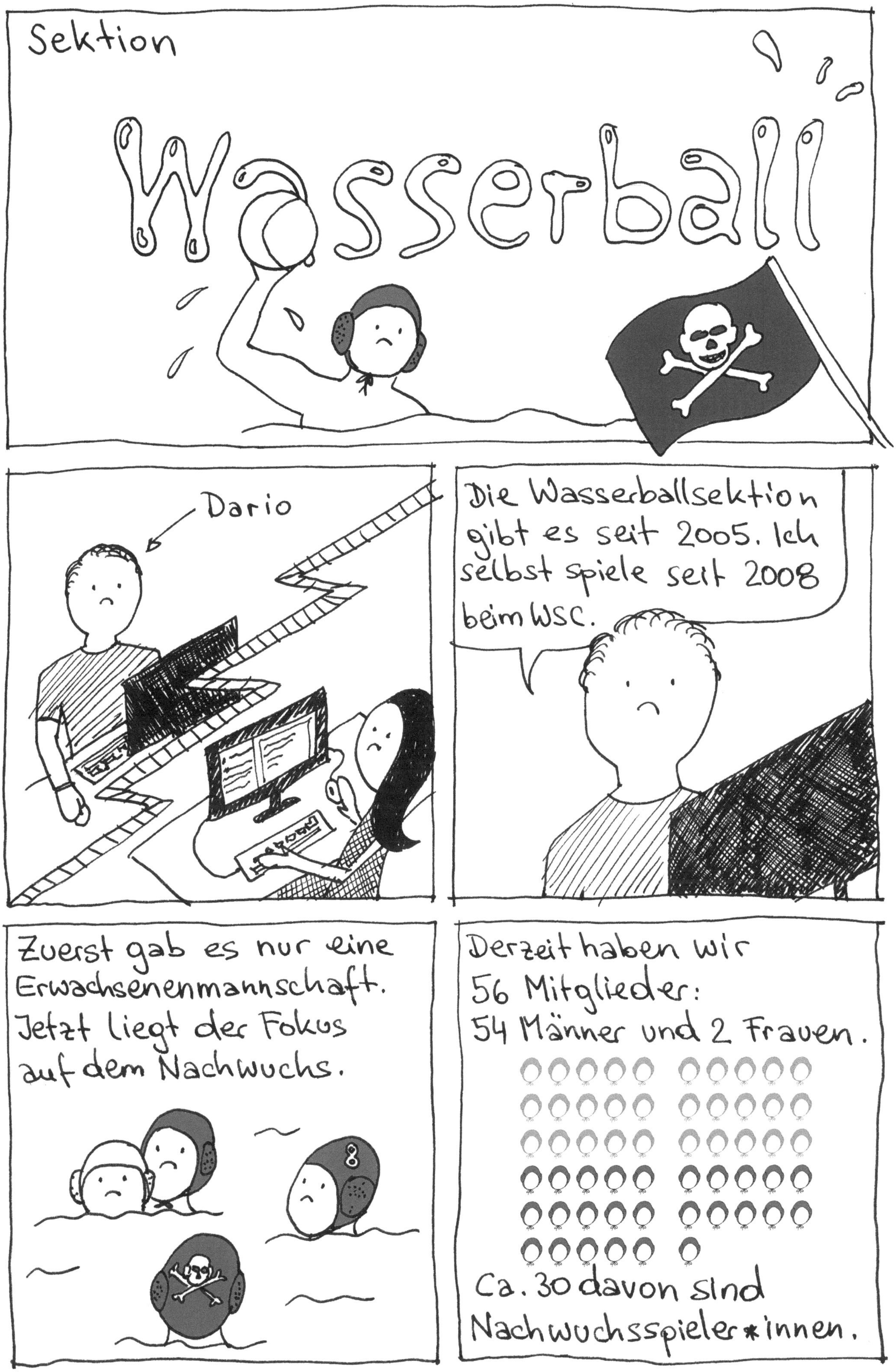
Sektion
Wasserball
Dario
Die Wasserballsektion gibt es seit 2005. Ich selbst spiele seit 2008 beim WSC.
Zuerst gab es nur eine Erwachsenenmannschaft. Jetzt liegt der Fokus auf dem Nachwuchs.
Derzeit haben wir 56 Mitglieder: 54 Männer und 2 Frauen.
Ca. 30 davon sind Nachwuchsspieler*innen.

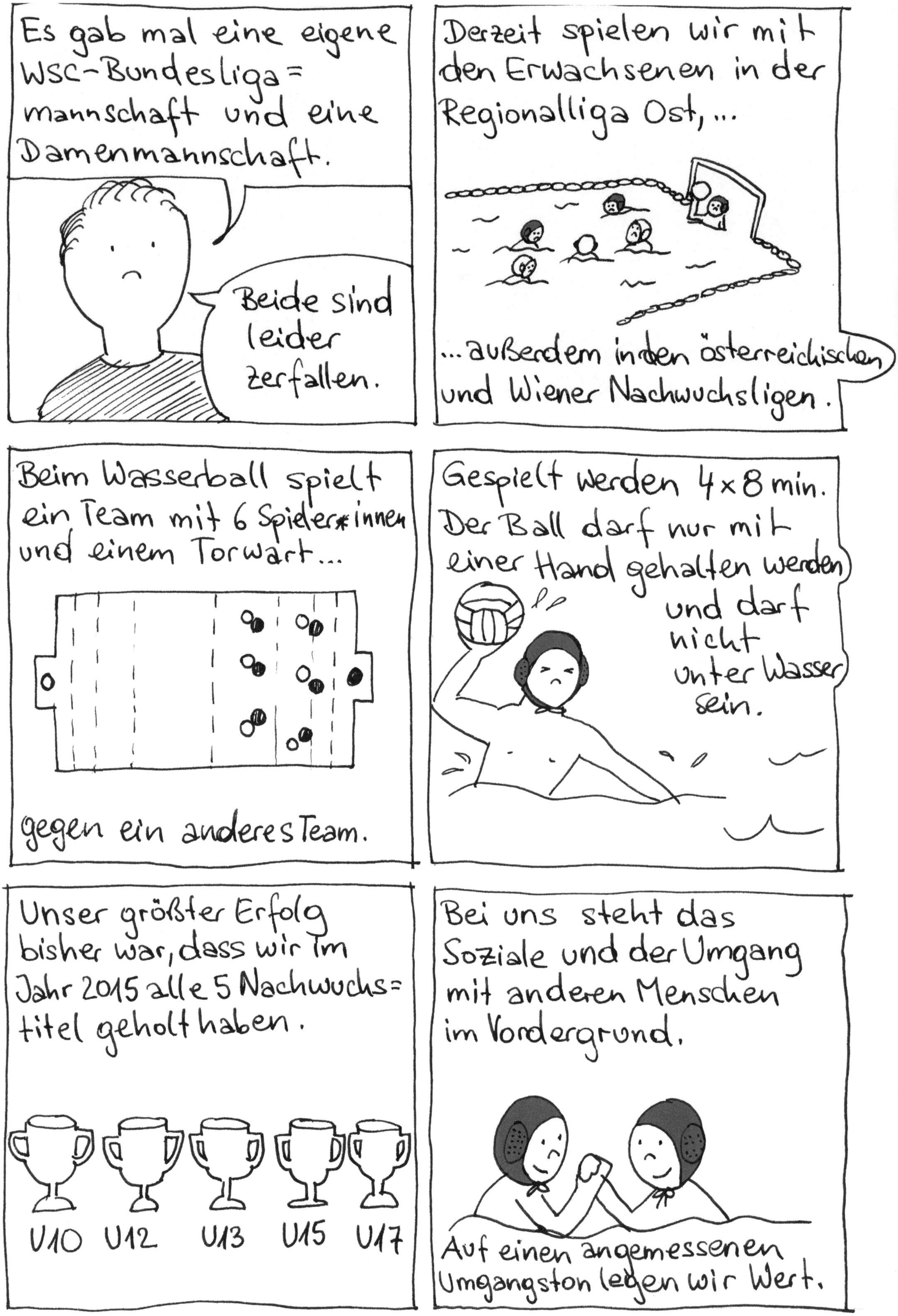
Es gab mal eine eigene WSC-Bundesliga= mannschaft und eine Damenmannschaft.
Beide sind leider zerfallen.
Derzeit spielen wir mit den Erwachsenen in der Regionalliga Ost, ...
... außerdem in den österreichischen und Wiener Nachwuchsligen.
Beim Wasserball spielt ein Team mit 6 Spieler*innen und einem Torwart ...
gegen ein anderes Team.
Gespielt werden 4 x 8 min. Der Ball darf nur mit einer Hand gehalten werden
und darf nicht unter Wasser sein.
Unser größter Erfolg bisher war, dass wir im Jahr 2015 alle 5 Nachwuchs= titel geholt haben.
U10
U12
U13
U15
U17
Bei uns steht das Soziale und der Umgang mit anderen Menschen im Vordergrund.
Auf einen angemessenen Umgangston legen wir Wert.

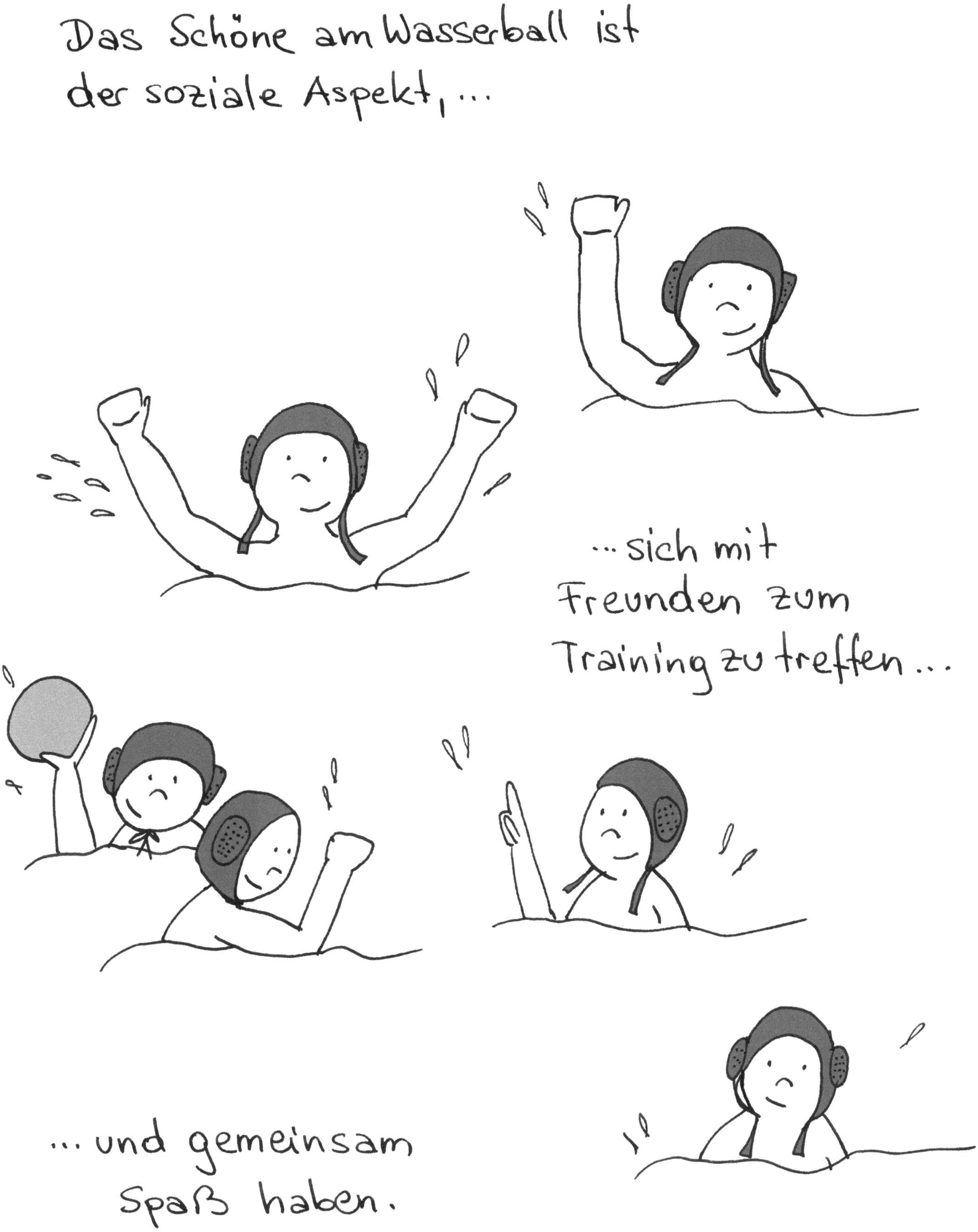
Das Schöne am Wasserball ist der soziale Aspekt, ...
... sich mit Freunden zum Training zu treffen ...
... und gemeinsam Spaß haben.

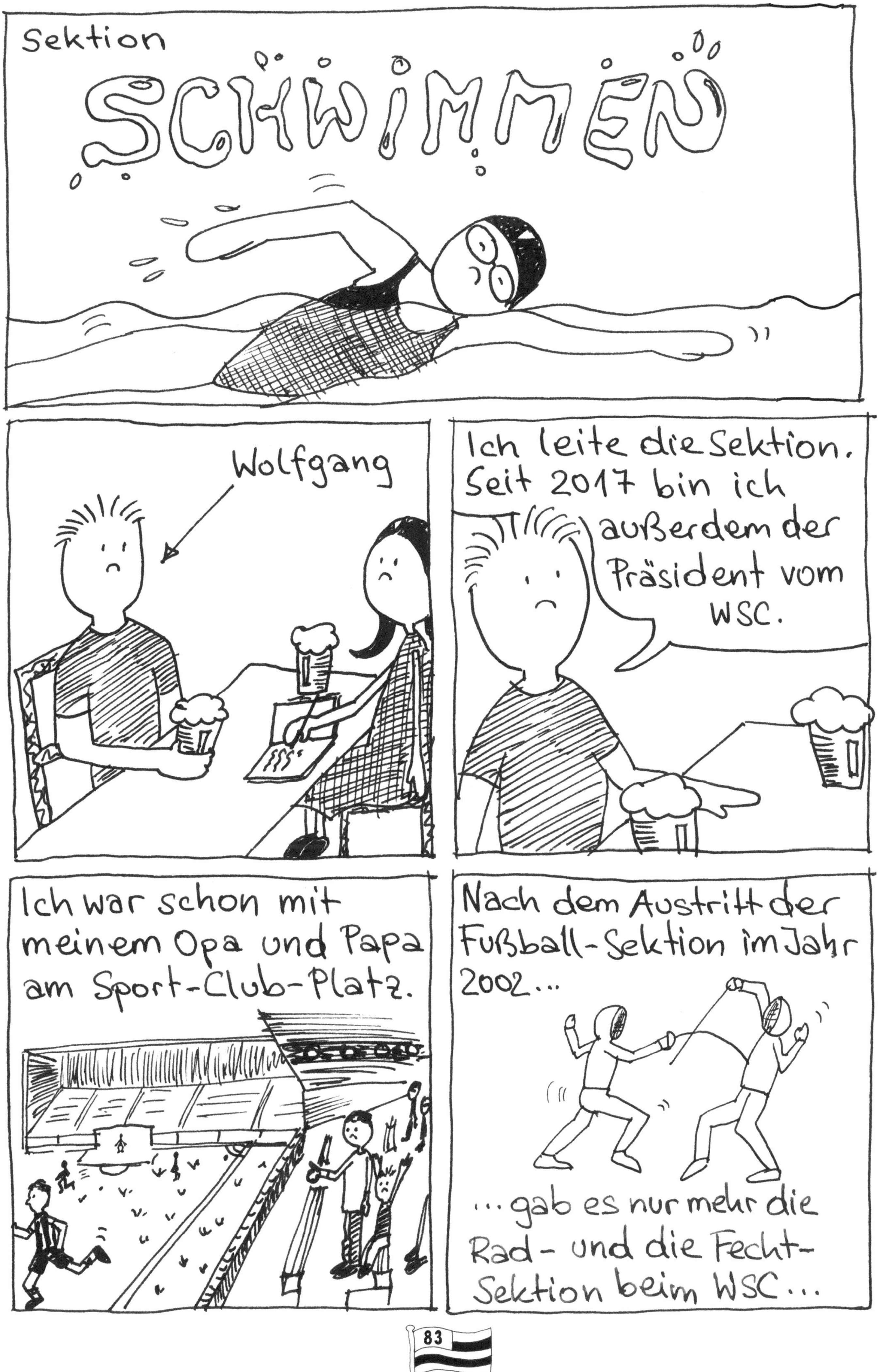

Sektion
SCHWIMMEN
Wolfgang
Ich leite die Sektion. Seit 2017 bin ich außerdem der Präsident vom WSC.
Ich war schon mit meinem Opa und Papa am Sport-Club-Platz.
Nach dem Austritt der Fußball-Sektion im Jahr 2002...
...gab es nur mehr die Rad- und die Fecht-Sektion beim WSC...

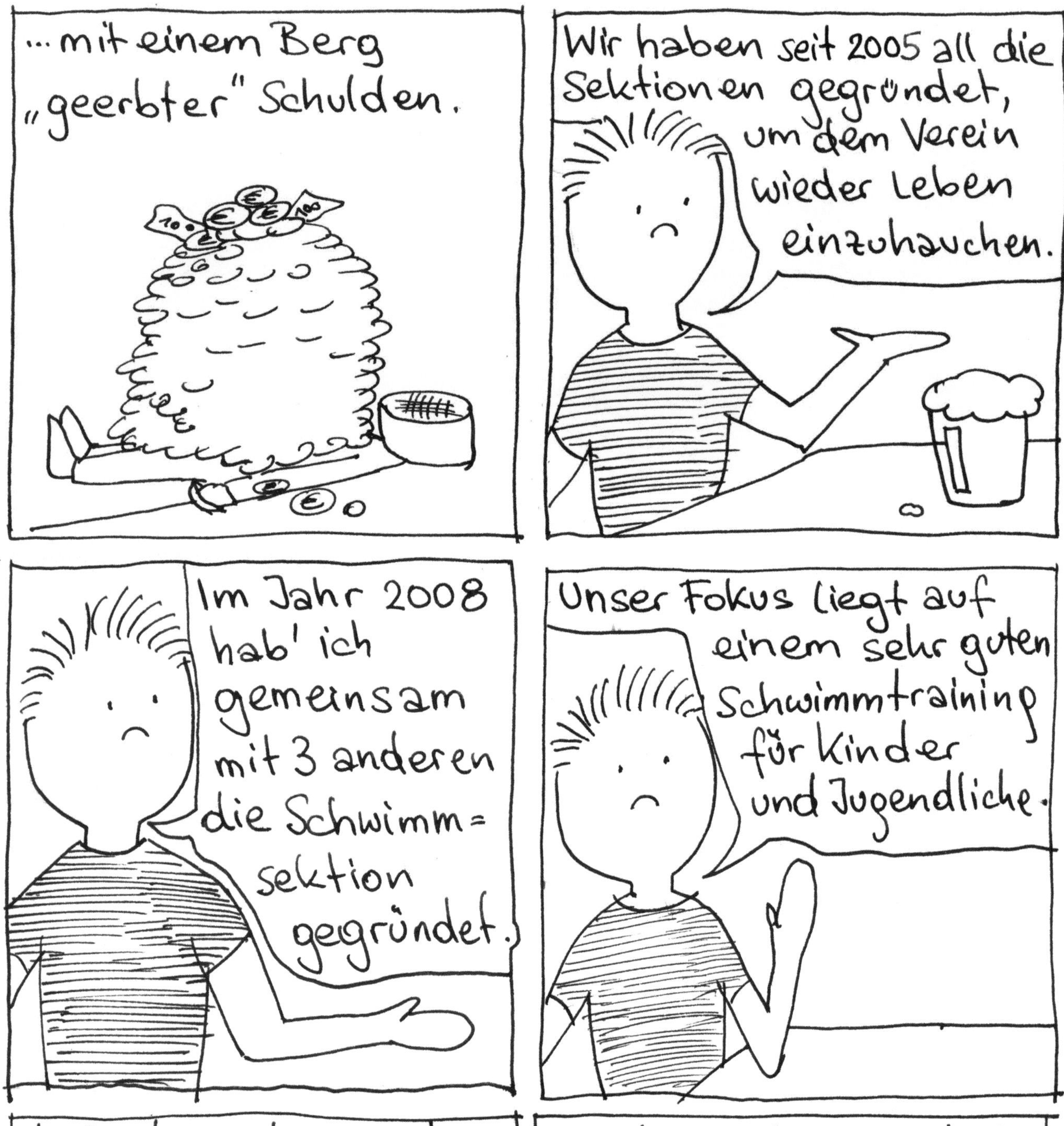
...mit einem Berg „geerbter" Schulden.
Wir haben seit 2005 all die Sektionen gegründet, um dem Verein wieder Leben einzuhauchen.
Im Jahr 2008 hab' ich gemeinsam mit 3 anderen die Schwimm=sektion gegründet.
Unser Fokus liegt auf einem sehr guten Schwimmtraining für Kinder und Jugendliche.
Außerdem nehmen wir an vielen nationalen und internationalen Wettkämpfen teil.
Jetzt, im Jahr 2021, hat die Schwimm-Sektion rd. 40 Mitglieder, etwa gleich viele Frauen wie Männer.
Darunter 13 Kinder und 27 Erwachsene.

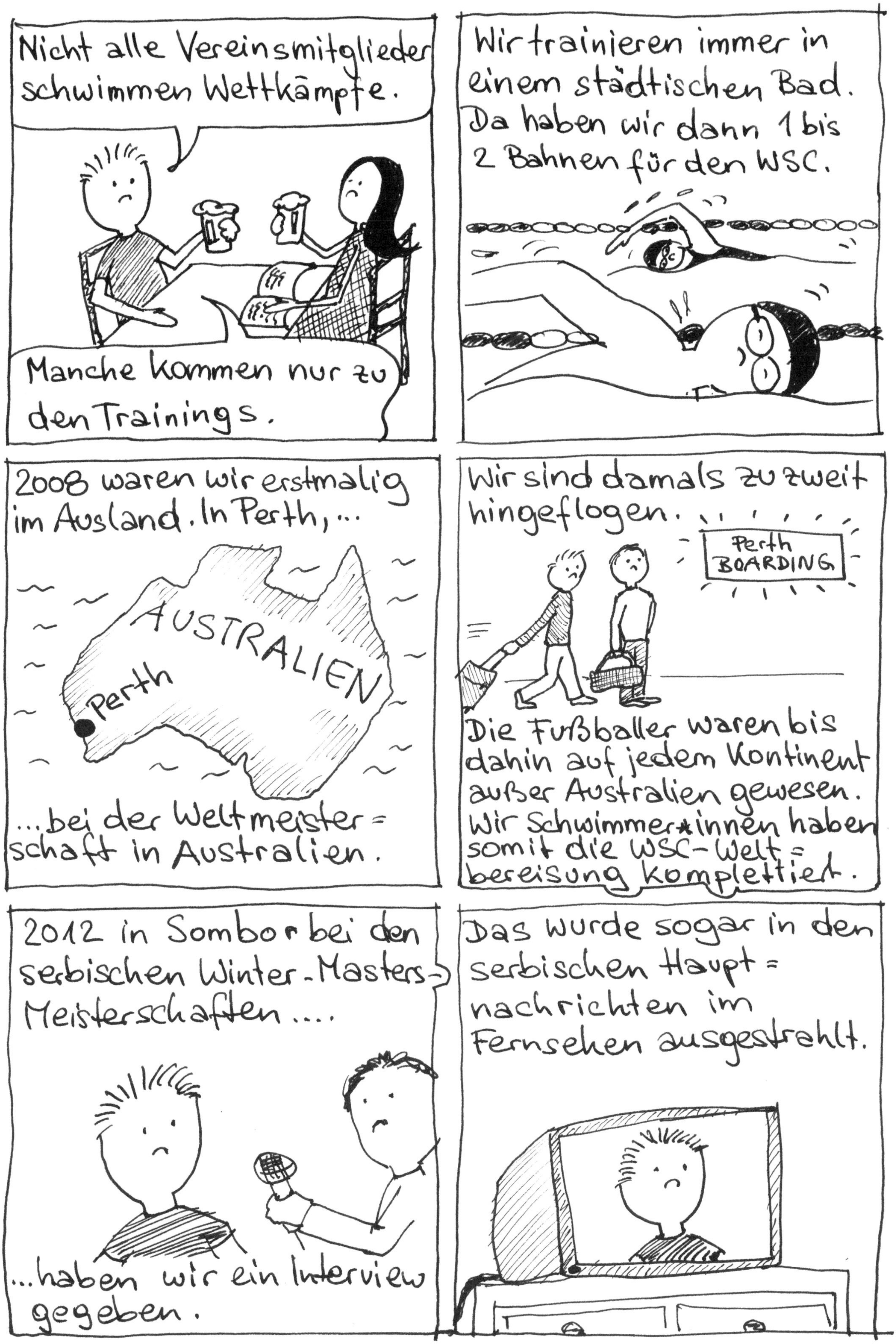
Nicht alle Vereinsmitglieder schwimmen Wettkämpfe.
Manche kommen nur zu den Trainings.
Wir trainieren immer in einem städtischen Bad. Da haben wir dann 1 bis 2 Bahnen für den WSC.
2008 waren wir erstmalig im Ausland. In Perth, ...
AUSTRALIEN
Perth
... bei der Weltmeister= schaft in Australien.
Wir sind damals zu zweit hingeflogen.
Perth BOARDING
Die Fußballer waren bis dahin auf jedem Kontinent außer Australien gewesen. Wir Schwimmer*innen haben somit die WSC-Welt= bereisung komplettiert.
2012 in Sombor bei den serbischen Winter-Masters-Meisterschaften ....
... haben wir ein Interview gegeben.
Das wurde sogar in den serbischen Haupt= nachrichten im Fernsehen ausgestrahlt.

Die Schwimmer*innen des WSC haben bisher an diesen Wettkämpfen teilgenommen:

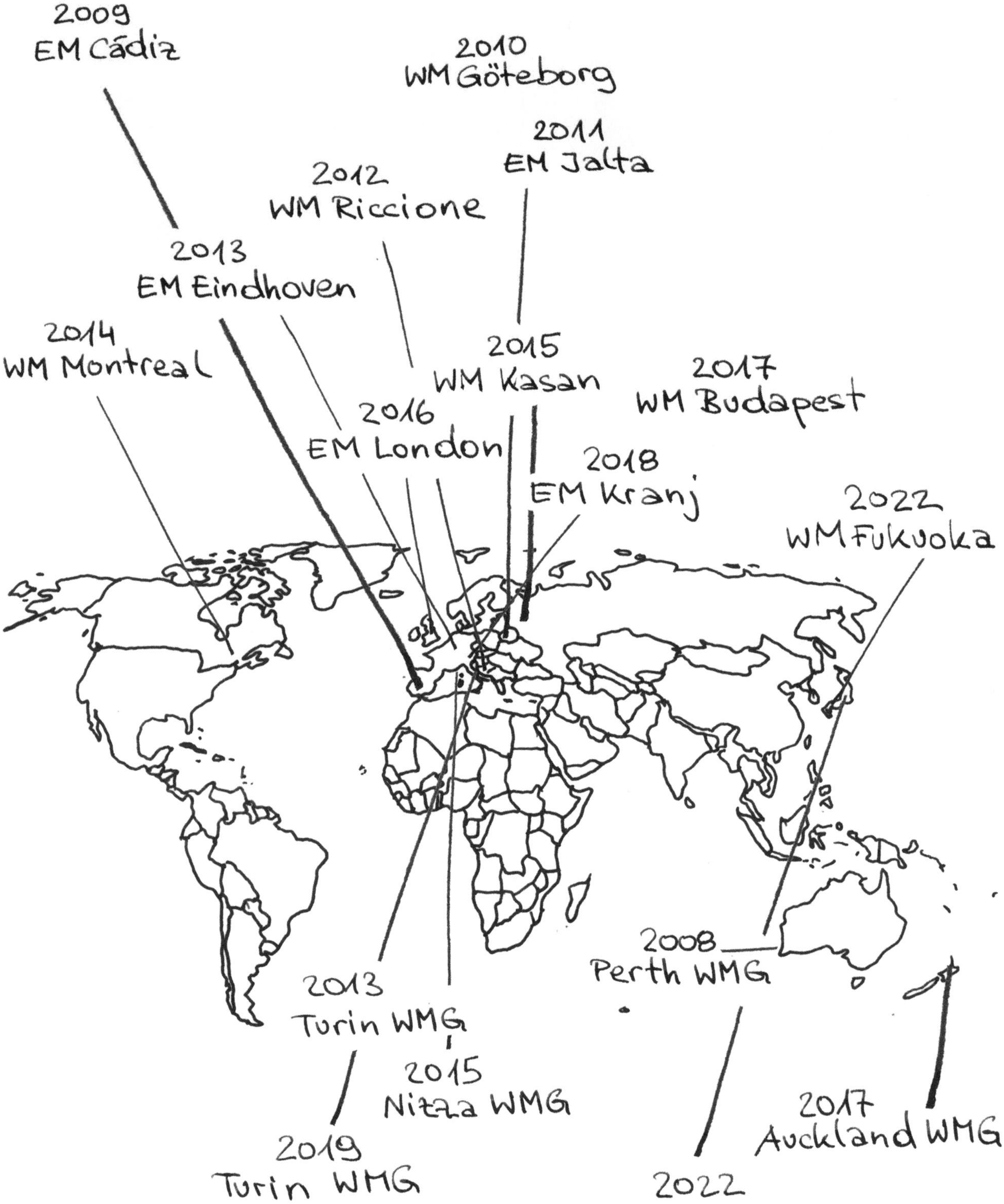

WMG = World Masters Games

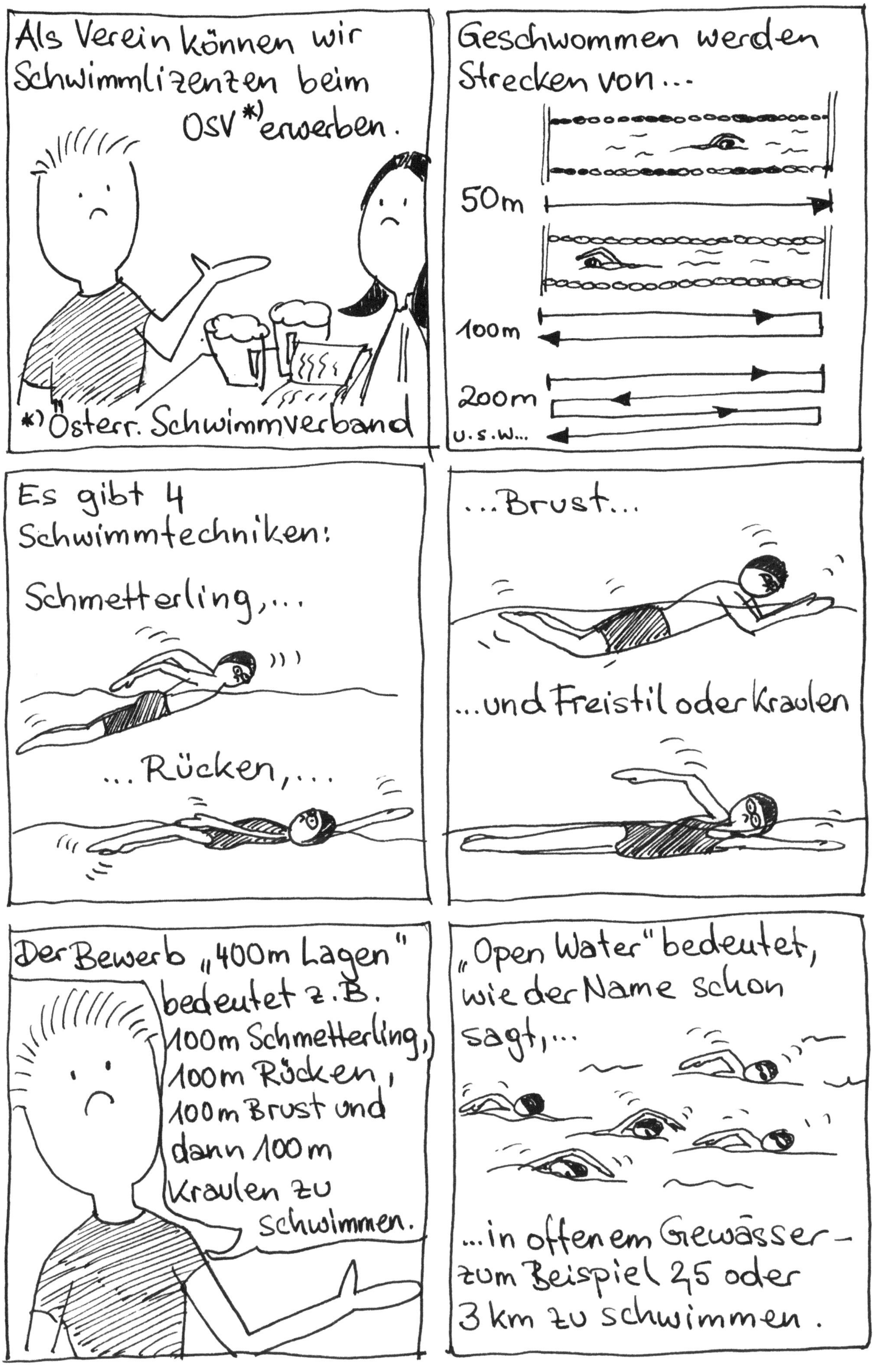
Als Verein können wir Schwimmlizenzen beim OSV*) erwerben.
*) Österr. Schwimmverband
Geschwommen werden Strecken von ...
50m
100m
200m
u.s.w...
Es gibt 4 Schwimmtechniken:
Schmetterling, ...
... Rücken, ...
... Brust ...
... und Freistil oder Kraulen
Der Bewerb „400m Lagen" bedeutet z.B. 100m Schmetterling, 100m Rücken, 100m Brust und dann 100m Kraulen zu schwimmen.
„Open Water" bedeutet, wie der Name schon sagt, ...
... in offenem Gewässer – zum Beispiel 2,5 oder 3 km zu schwimmen.

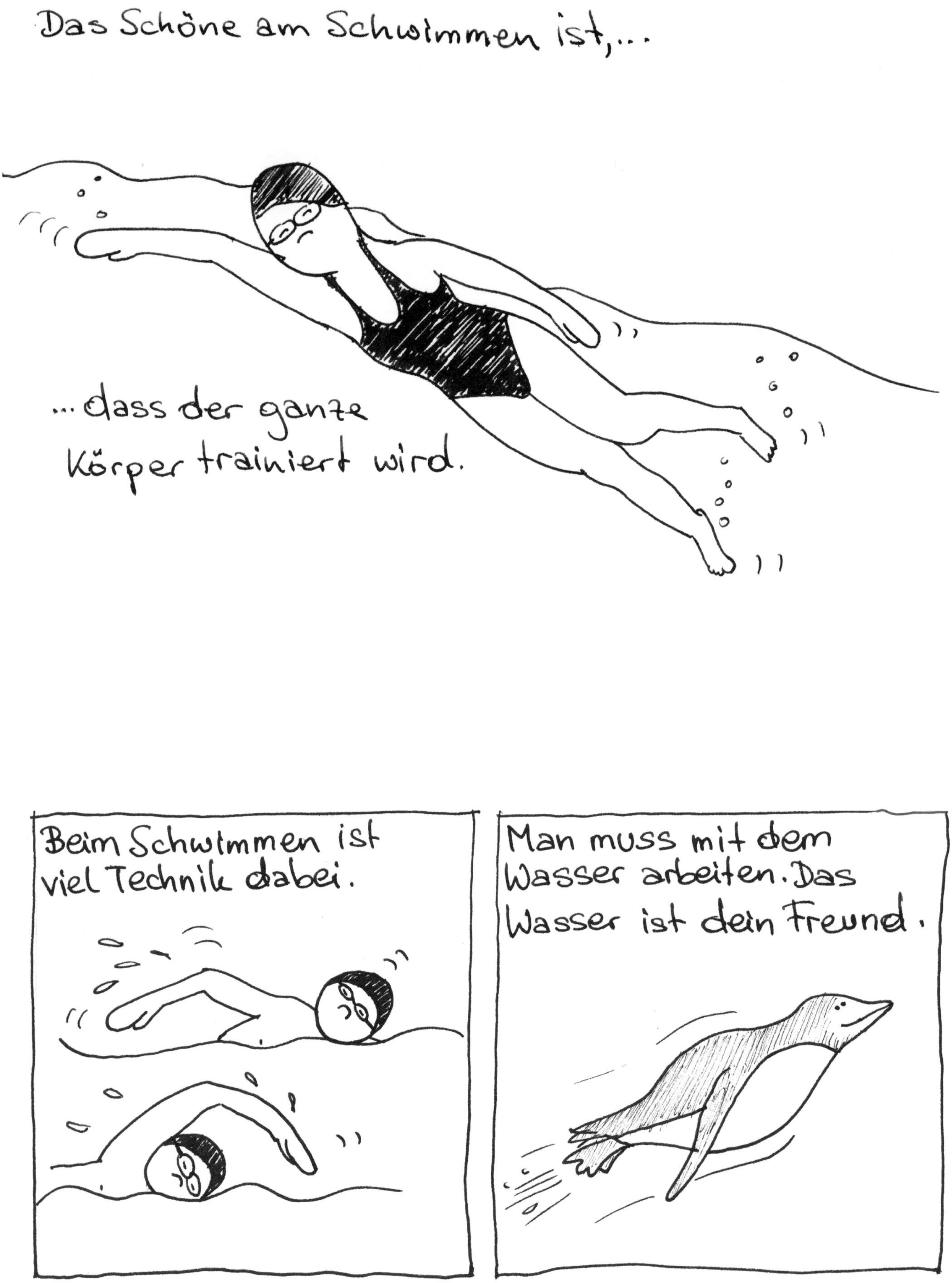
Das Schöne am Schwimmen ist,...
...dass der ganze Körper trainiert wird.
Beim Schwimmen ist viel Technik dabei.
Man muss mit dem Wasser arbeiten. Das Wasser ist dein Freund.

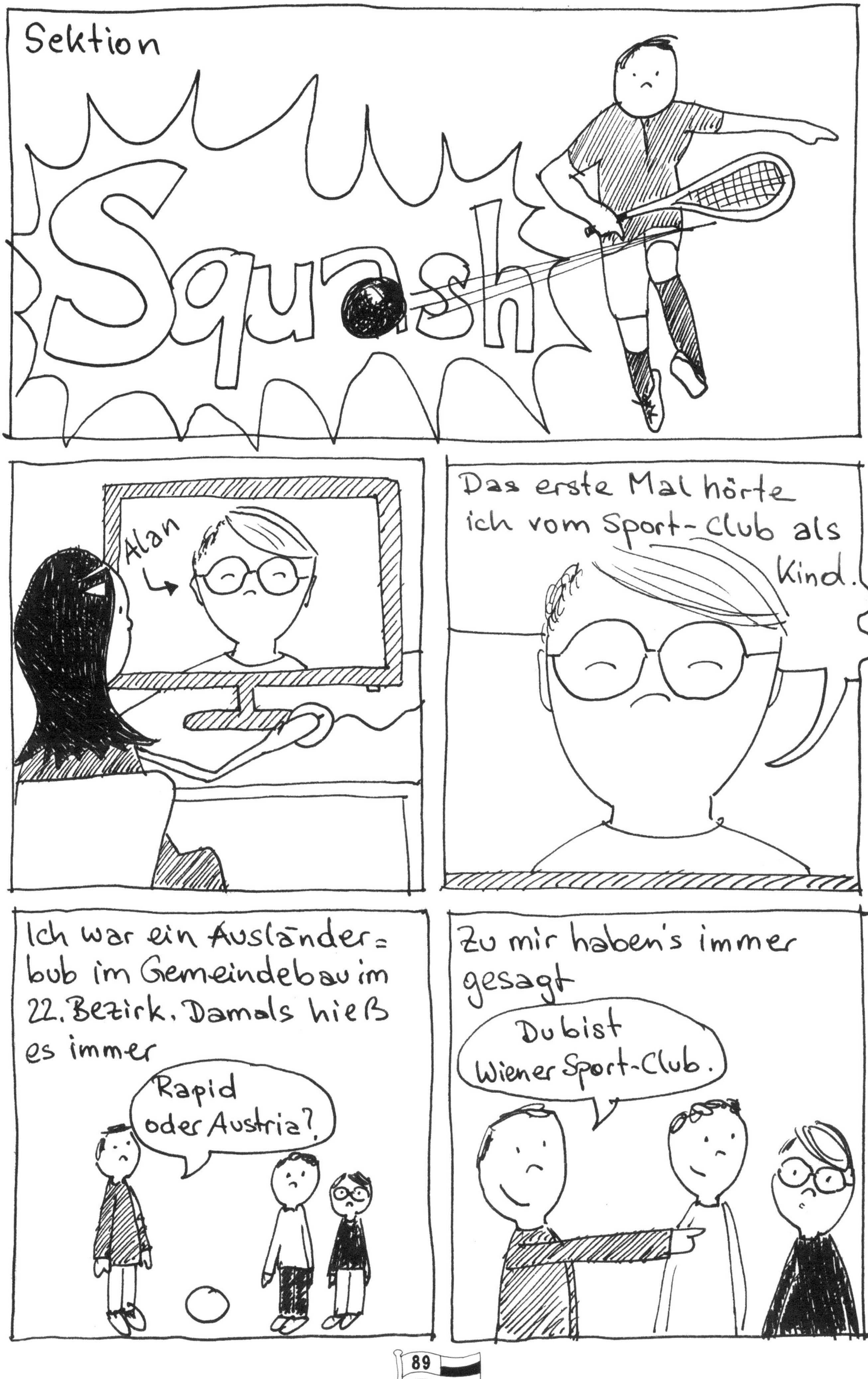
Sektion
Squash
Alan
Das erste Mal hörte ich vom Sport-Club als Kind.
Ich war ein Ausländer=bub im Gemeindebau im 22. Bezirk. Damals hieß es immer
Rapid oder Austria?
Zu mir haben's immer gesagt
Du bist Wiener Sport-Club.

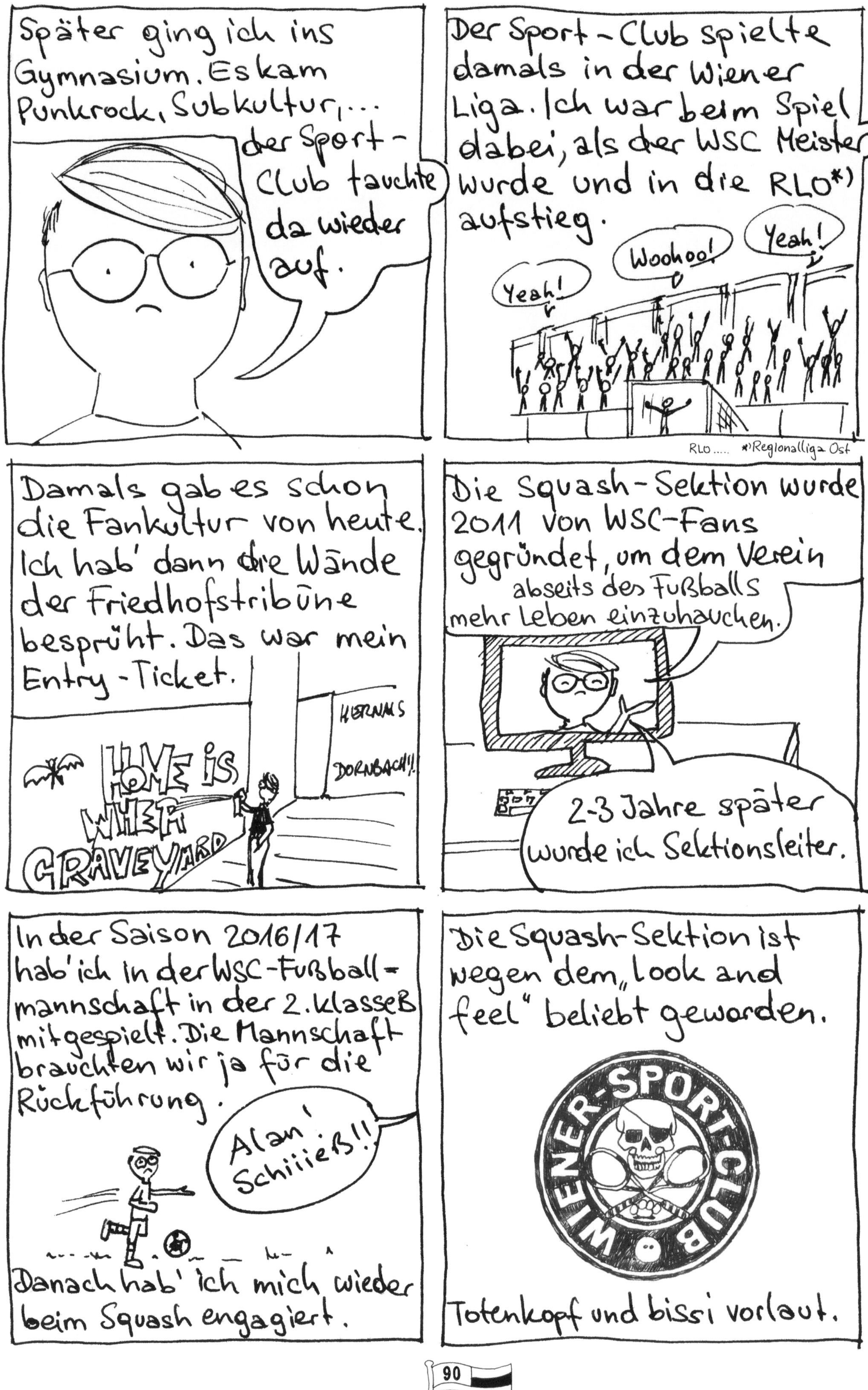
Später ging ich ins Gymnasium. Es kam Punkrock, Subkultur, ...
der Sport-Club tauchte da wieder auf.
Der Sport-Club spielte damals in der Wiener Liga. Ich war beim Spiel dabei, als der WSC Meister wurde und in die RLO*) aufstieg.
Yeah!
Woohoo!
Yeah!
RLO..... *) Regionalliga Ost
Damals gab es schon die Fankultur von heute. Ich hab' dann die Wände der Friedhofstribüne besprüht. Das war mein Entry-Ticket.
HOME IS WHERE GRAVEYARD
DORNBACH!!
Die Squash-Sektion wurde 2011 von WSC-Fans gegründet, um dem Verein abseits des Fußballs mehr Leben einzuhauchen.
2-3 Jahre später wurde ich Sektionsleiter.
In der Saison 2016/17 hab' ich in der WSC-Fußballmannschaft in der 2. Klasse B mitgespielt. Die Mannschaft brauchten wir ja für die Rückführung.
Alan! Schiiieß!!
Danach hab' ich mich wieder beim Squash engagiert.
Die Squash-Sektion ist wegen dem „Look and feel" beliebt geworden.
WIENER-SPORT-CLUB
Totenkopf und bissi vorlaut.

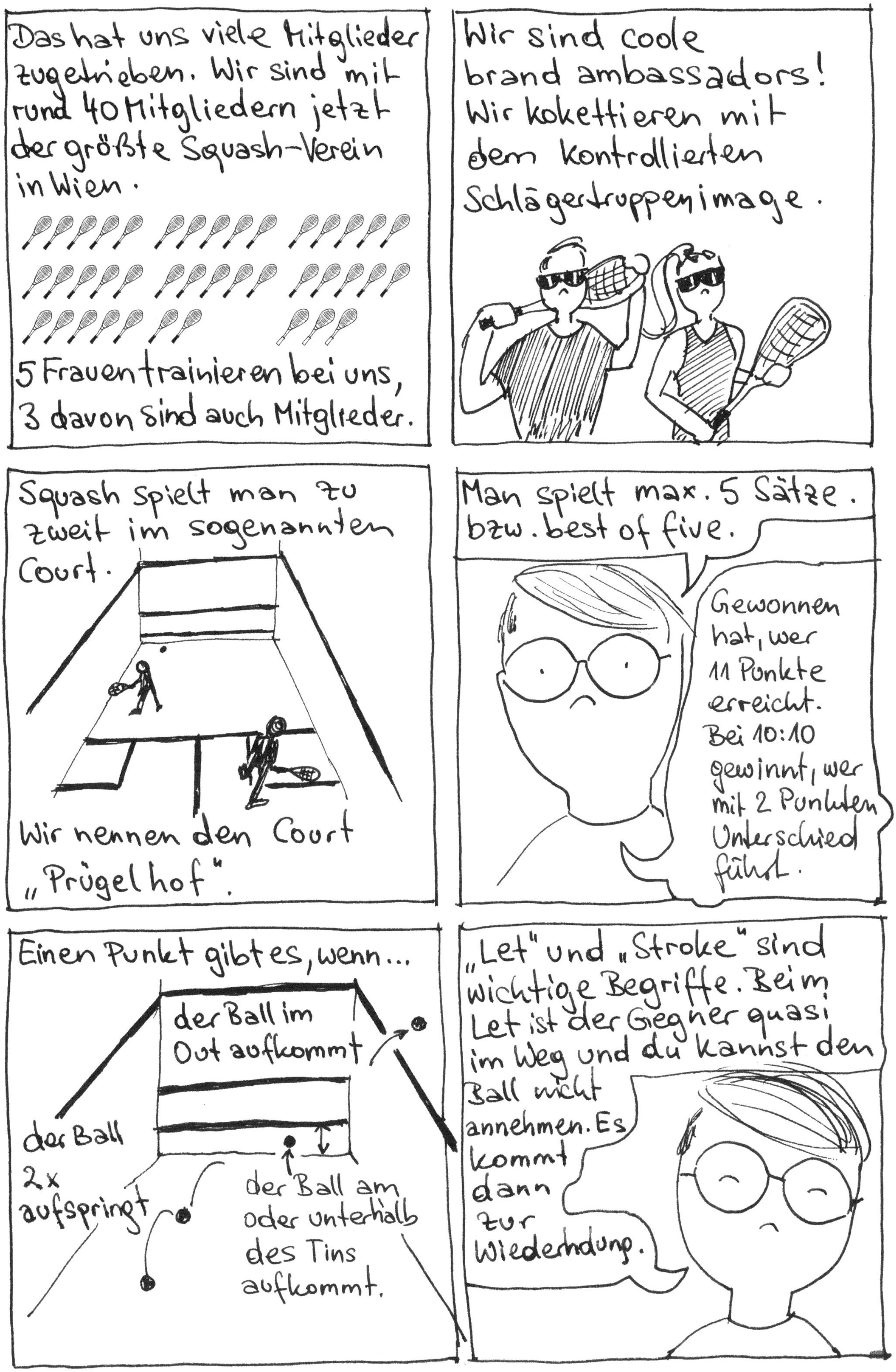
Das hat uns viele Mitglieder zugetrieben. Wir sind mit rund 40 Mitgliedern jetzt der größte Squash-Verein in Wien.
5 Frauen trainieren bei uns, 3 davon sind auch Mitglieder.
Wir sind coole brand ambassadors! Wir kokettieren mit dem kontrollierten Schlägertruppenimage.
Squash spielt man zu zweit im sogenannten Court.
Wir nennen den Court „Prügelhof".
Man spielt max. 5 Sätze. bzw. best of five.
Gewonnen hat, wer 11 Punkte erreicht. Bei 10:10 gewinnt, wer mit 2 Punkten Unterschied führt.
Einen Punkt gibt es, wenn...
der Ball im Out aufkommt
der Ball 2x aufspringt
der Ball am oder unterhalb des Tins aufkommt.
„Let" und „Stroke" sind wichtige Begriffe. Beim Let ist der Gegner quasi im Weg und du kannst den Ball nicht annehmen. Es kommt dann zur Wiederholung.

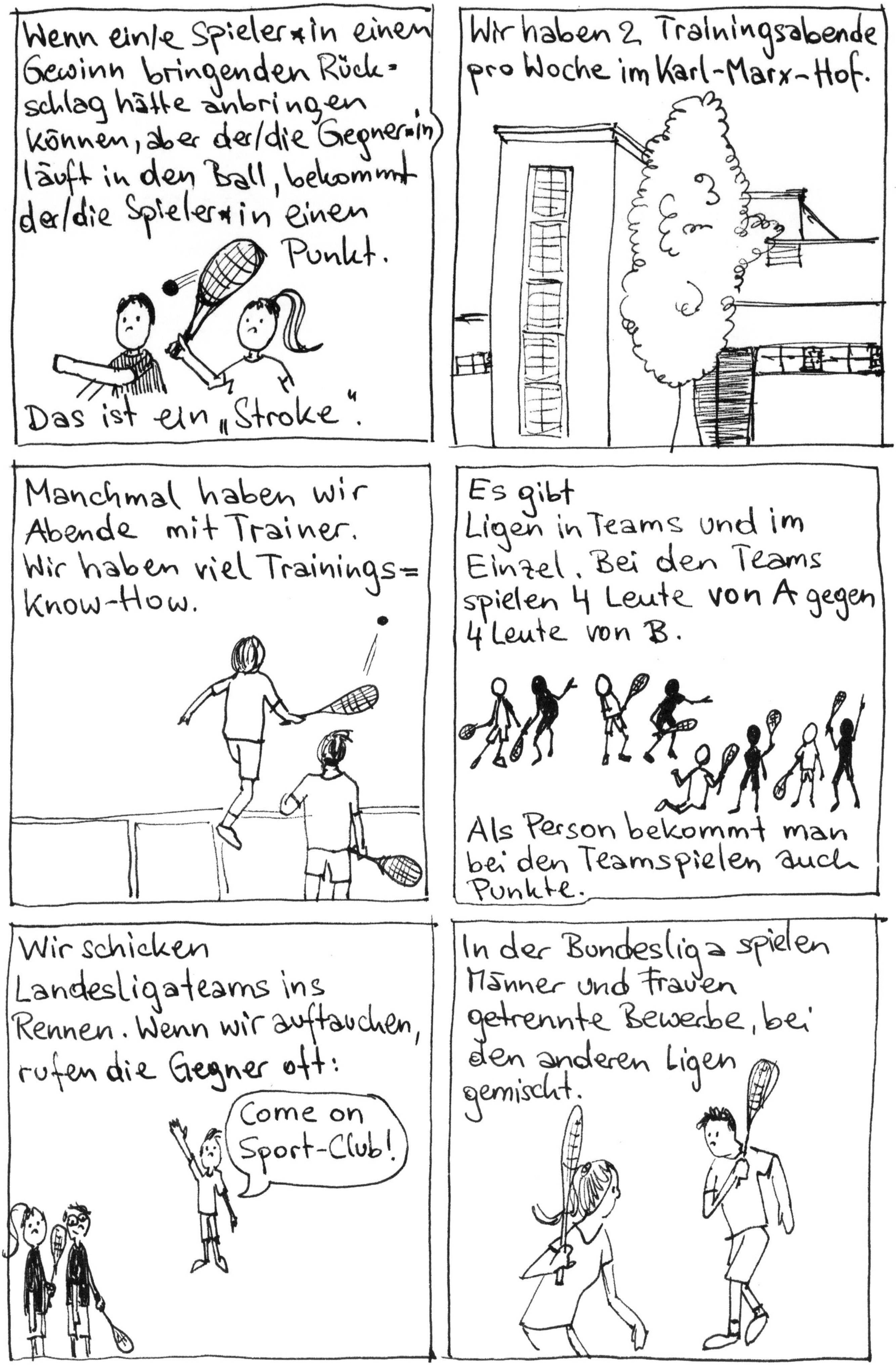
Wenn ein/e Spieler*in einen Gewinn bringenden Rück=schlag hätte anbringen können, aber der/die Gegner*in läuft in den Ball, bekommt der/die Spieler*in einen Punkt.
Das ist ein „Stroke".
Wir haben 2 Trainingsabende pro Woche im Karl-Marx-Hof.
Manchmal haben wir Abende mit Trainer. Wir haben viel Trainings=Know-How.
Es gibt Ligen in Teams und im Einzel. Bei den Teams spielen 4 Leute von A gegen 4 Leute von B.
Als Person bekommt man bei den Teamspielen auch Punkte.
Wir schicken Landesligateams ins Rennen. Wenn wir auftauchen, rufen die Gegner oft:
Come on Sport-Club!
In der Bundesliga spielen Männer und Frauen getrennte Bewerbe, bei den anderen Ligen gemischt.

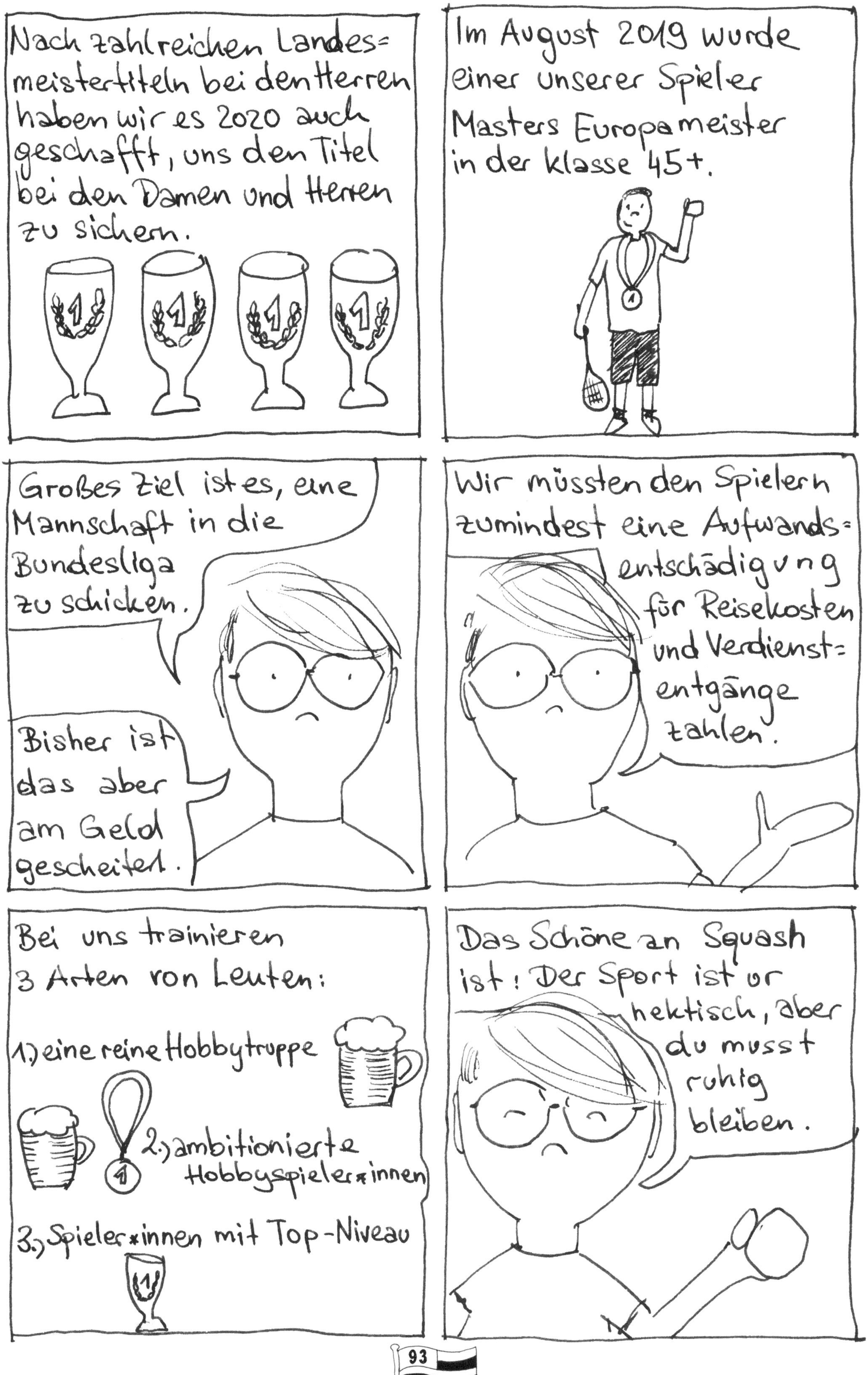
Nach zahlreichen Landes=meistertiteln bei den Herren haben wir es 2020 auch geschafft, uns den Titel bei den Damen und Herren zu sichern.
Im August 2019 wurde einer unserer Spieler Masters Europameister in der klasse 45+.
Großes Ziel ist es, eine Mannschaft in die Bundesliga zu schicken.
Bisher ist das aber am Geld gescheitert.
Wir müssten den Spielern zumindest eine Aufwands=entschädigung für Reisekosten und Verdienst=entgänge zahlen.
Bei uns trainieren 3 Arten von Leuten:
1.) eine reine Hobbytruppe
2.) ambitionierte Hobbyspieler*innen
3.) Spieler*innen mit Top-Niveau
Das Schöne an Squash ist: Der Sport ist or hektisch, aber du musst ruhig bleiben.

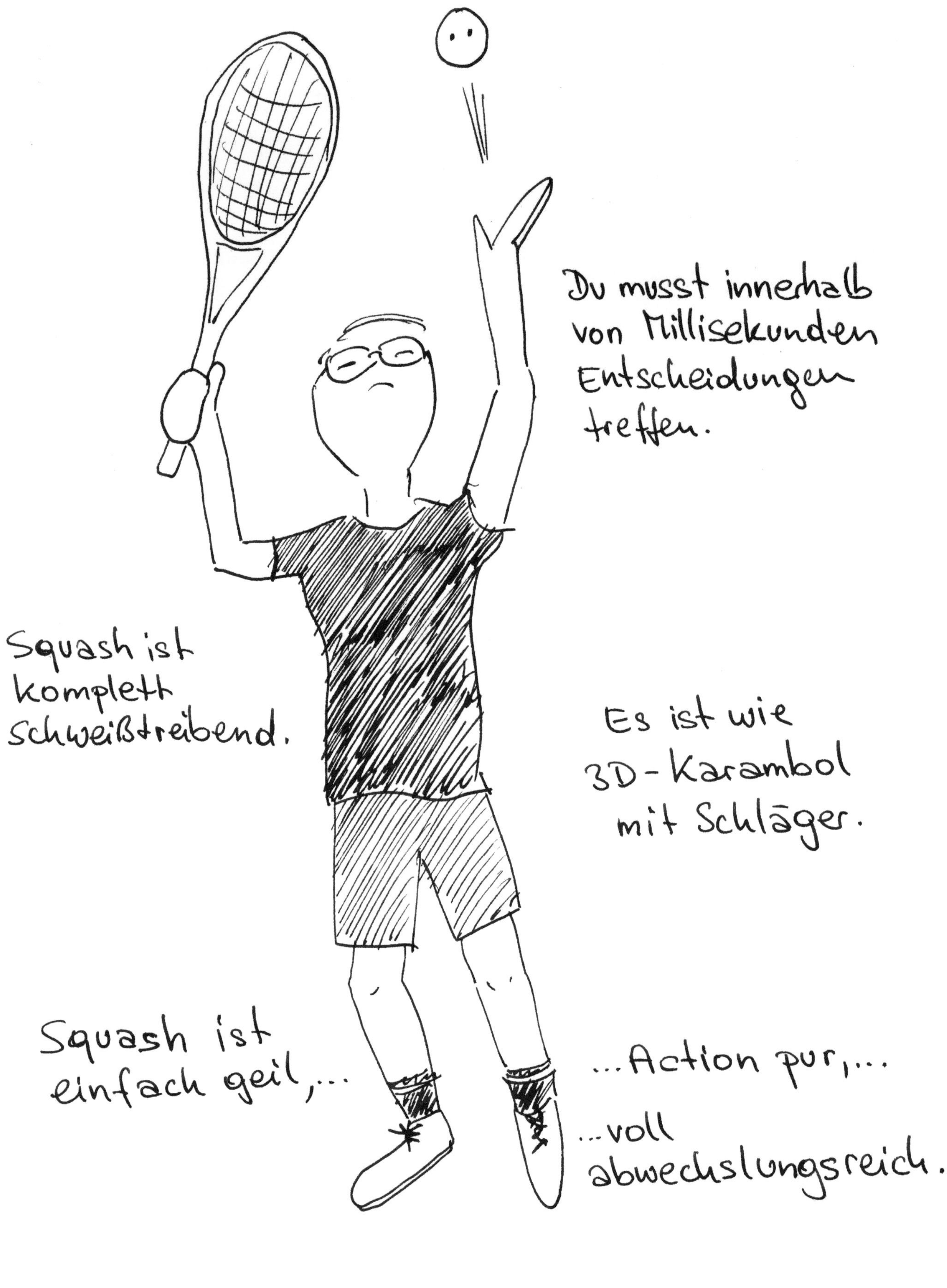
Du musst innerhalb von Millisekunden Entscheidungen treffen.
Squash ist komplett schweißtreibend.
Es ist wie 3D-Karambol mit Schläger.
Squash ist einfach geil,...
...Action pur,...
...voll abwechslungsreich.

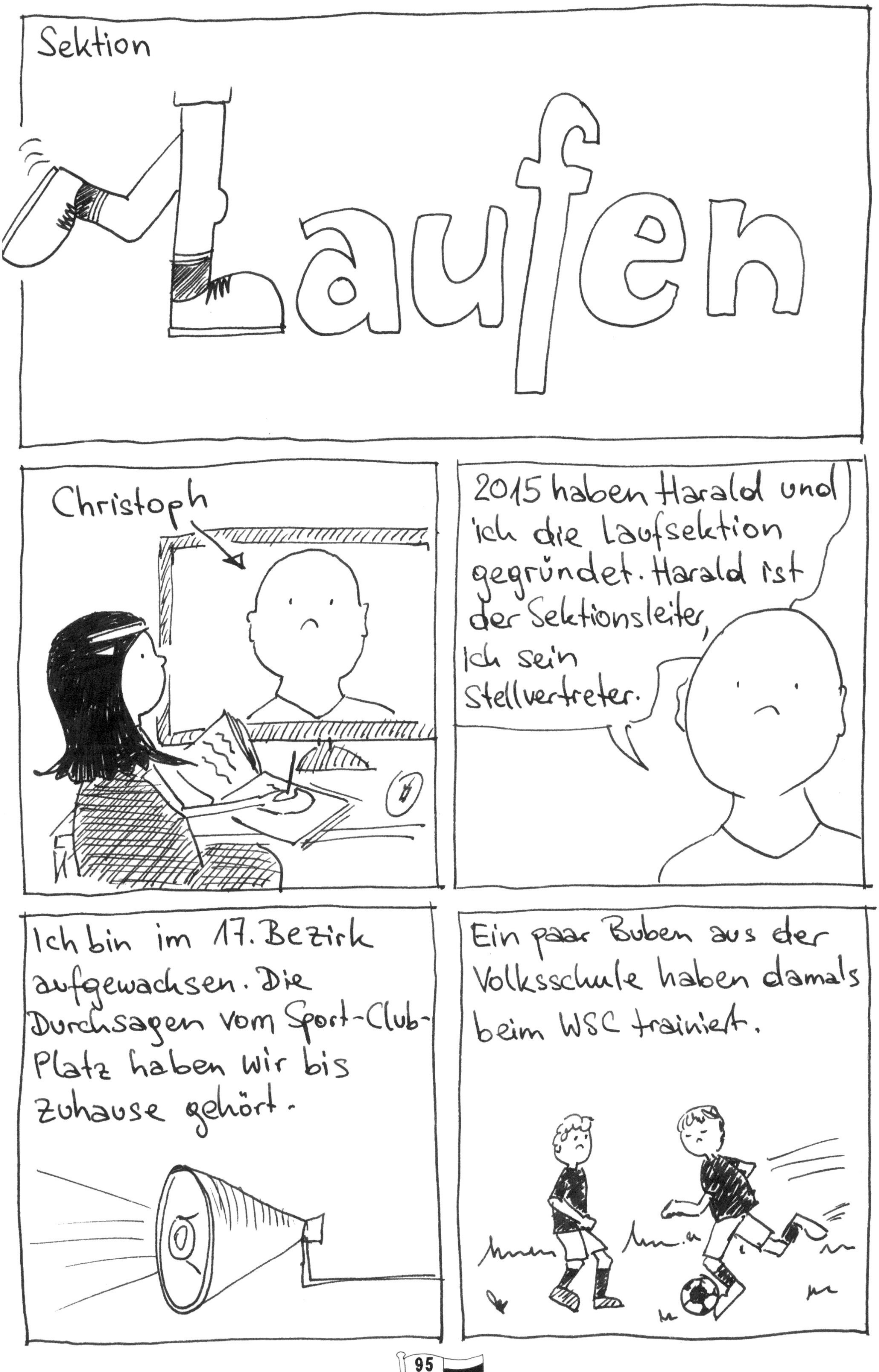

Sektion
Laufen
Christoph
2015 haben Harald und ich die Laufsektion gegründet. Harald ist der Sektionsleiter, ich sein Stellvertreter.
Ich bin im 17. Bezirk aufgewachsen. Die Durchsagen vom Sport-Club-Platz haben wir bis zuhause gehört.
Ein paar Buben aus der Volksschule haben damals beim WSC trainiert.

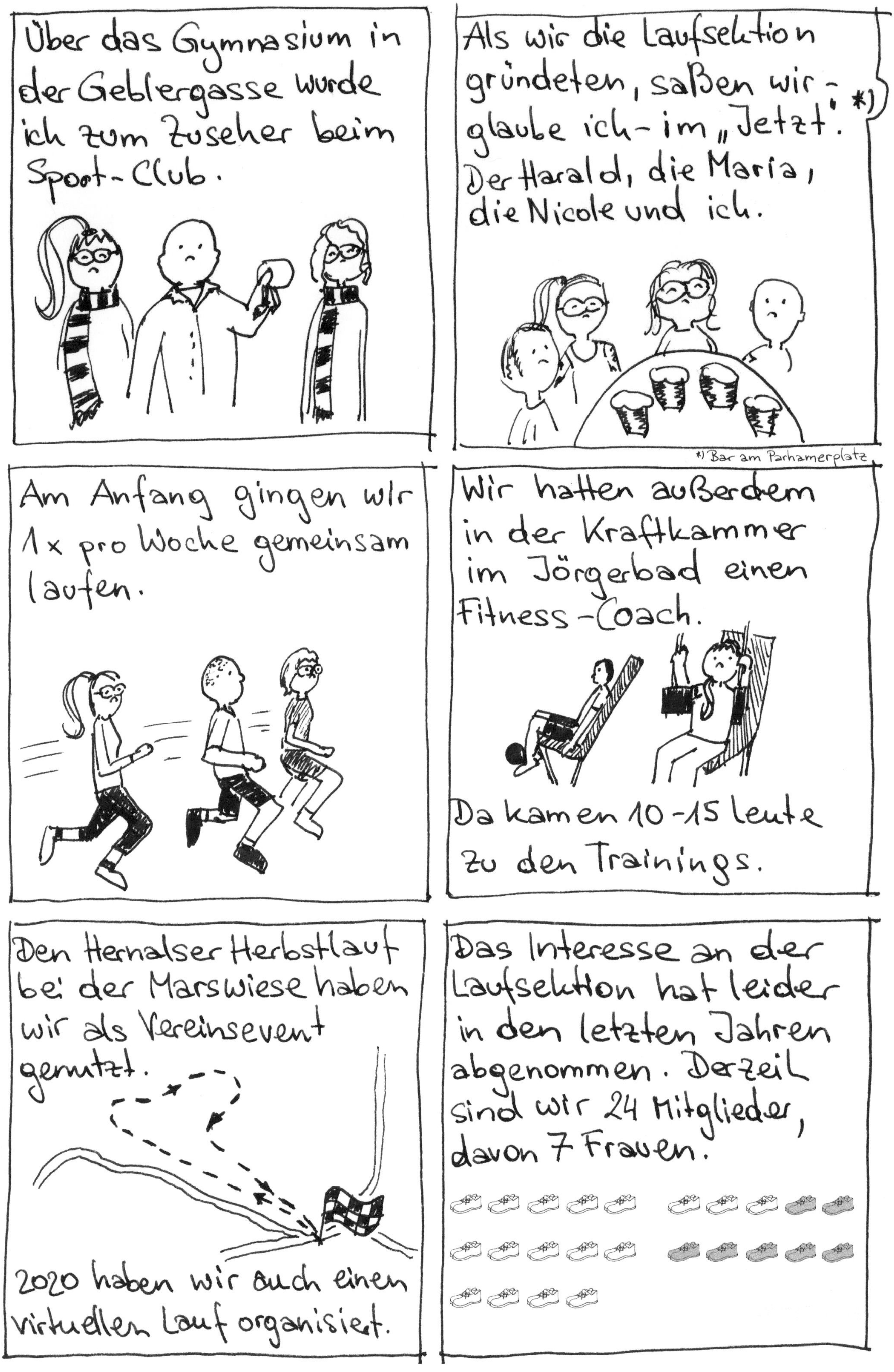
Über das Gymnasium in der Geblergasse wurde ich zum Zuseher beim Sport-Club.
Als wir die Laufsektion gründeten, saßen wir – glaube ich – im „Jetzt“. *)
Der Harald, die Maria, die Nicole und ich.
*) Bar am Parhamerplatz
Am Anfang gingen wir 1x pro Woche gemeinsam laufen.
Wir hatten außerdem in der Kraftkammer im Jörgerbad einen Fitness-Coach.
Da kamen 10-15 Leute zu den Trainings.
Den Hernalser Herbstlauf bei der Marswiese haben wir als Vereinsevent genutzt.
2020 haben wir auch einen virtuellen Lauf organisiert.
Das Interesse an der Laufsektion hat leider in den letzten Jahren abgenommen. Derzeit sind wir 24 Mitglieder, davon 7 Frauen.

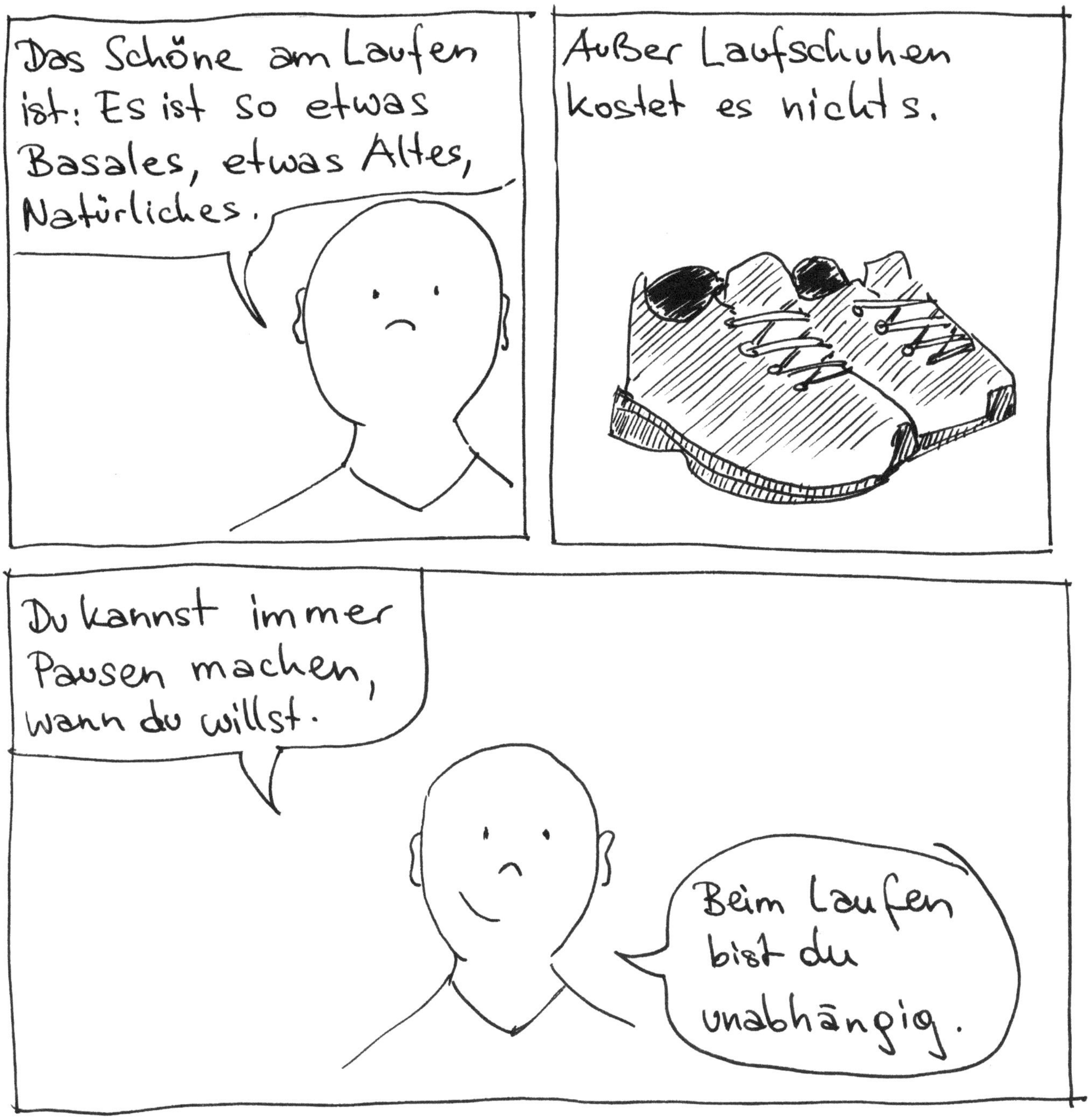
Das Schöne am Laufen ist: Es ist so etwas Basales, etwas Altes, Natürliches.
Außer Laufschuhen kostet es nichts.
Du kannst immer Pausen machen, wann du willst.
Beim Laufen bist du unabhängig.

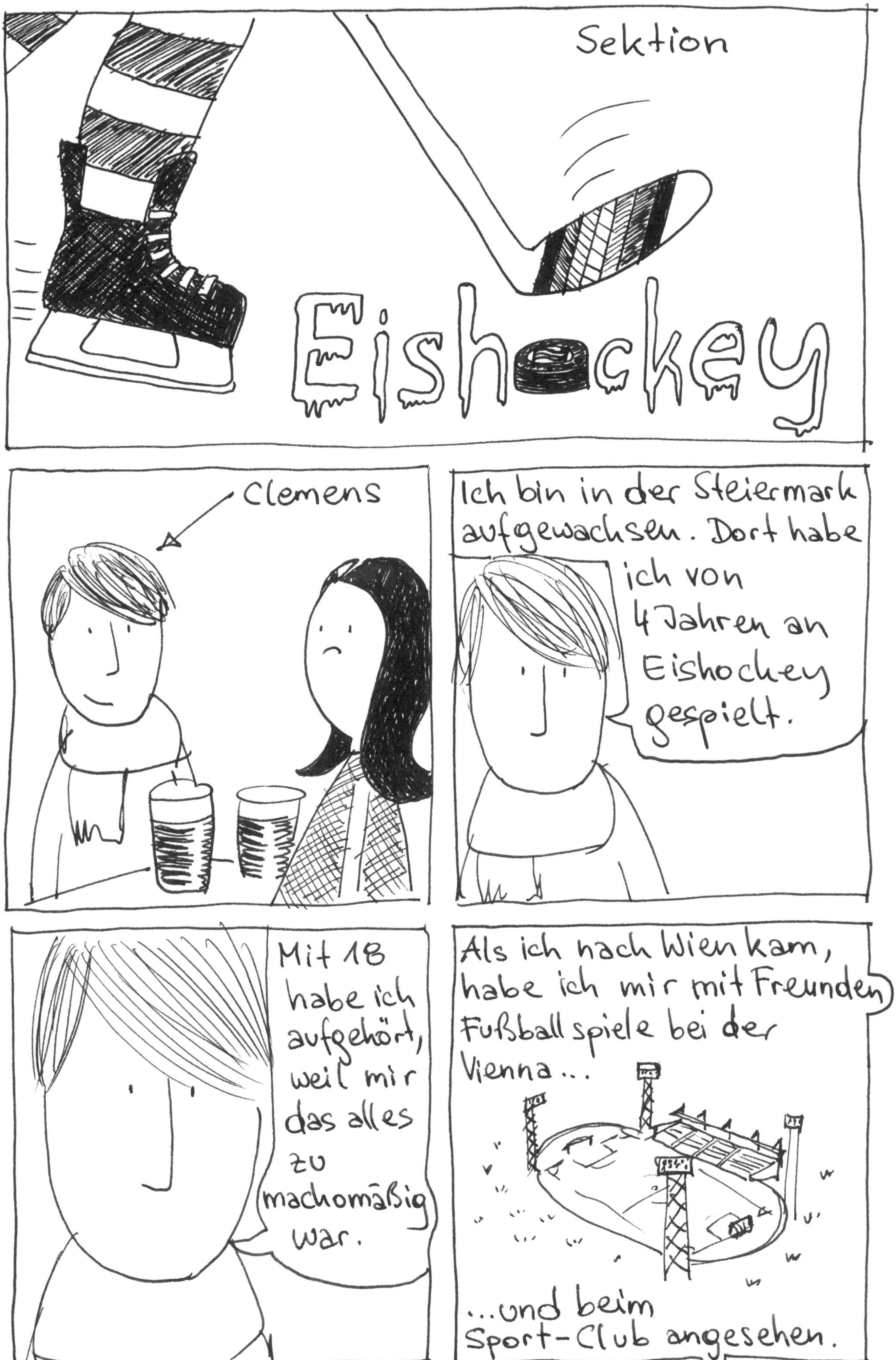
Sektion
Eishockey
Clemens
Ich bin in der Steiermark aufgewachsen. Dort habe
ich von 4 Jahren an Eishockey gespielt.
Mit 18 habe ich aufgehört, weil mir das alles zu machomäßig war.
Als ich nach Wien kam, habe ich mir mit Freunden Fußballspiele bei der Vienna ...
... und beim Sport-Club angesehen.

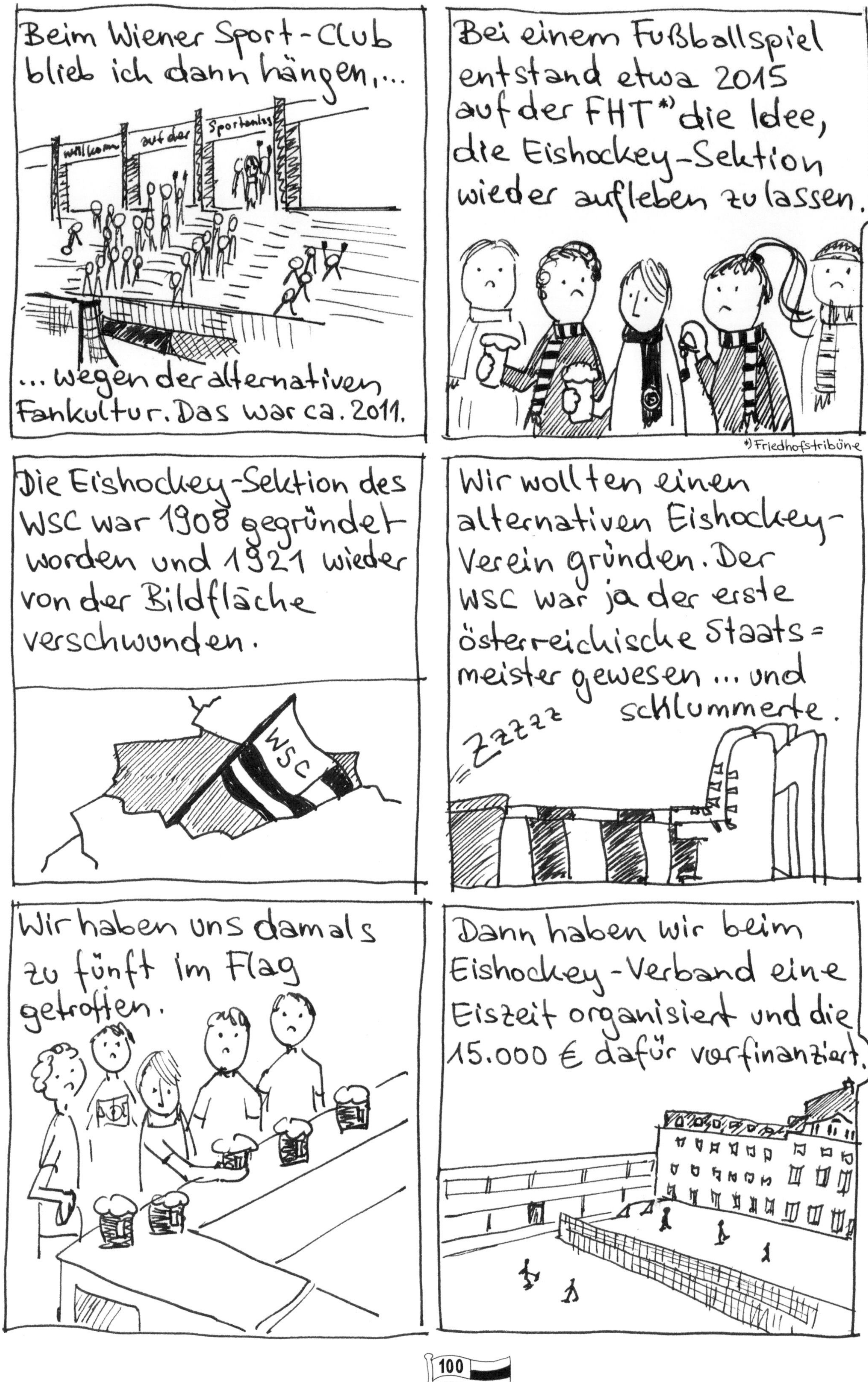

Beim Wiener Sport-Club blieb ich dann hängen, ...
... wegen der alternativen Fankultur. Das war ca. 2011.
Bei einem Fußballspiel entstand etwa 2015 auf der FHT*) die Idee, die Eishockey-Sektion wieder aufleben zu lassen.
*) Friedhofstribüne
Die Eishockey-Sektion des WSC war 1908 gegründet worden und 1921 wieder von der Bildfläche verschwunden.
WSC
Wir wollten einen alternativen Eishockey-Verein gründen. Der WSC war ja der erste österreichische Staats= meister gewesen ... und schlummerte.
Zzzzz
Wir haben uns damals zu fünft im Flag getroffen.
Dann haben wir beim Eishockey-Verband eine Eiszeit organisiert und die 15.000 € dafür vorfinanziert.

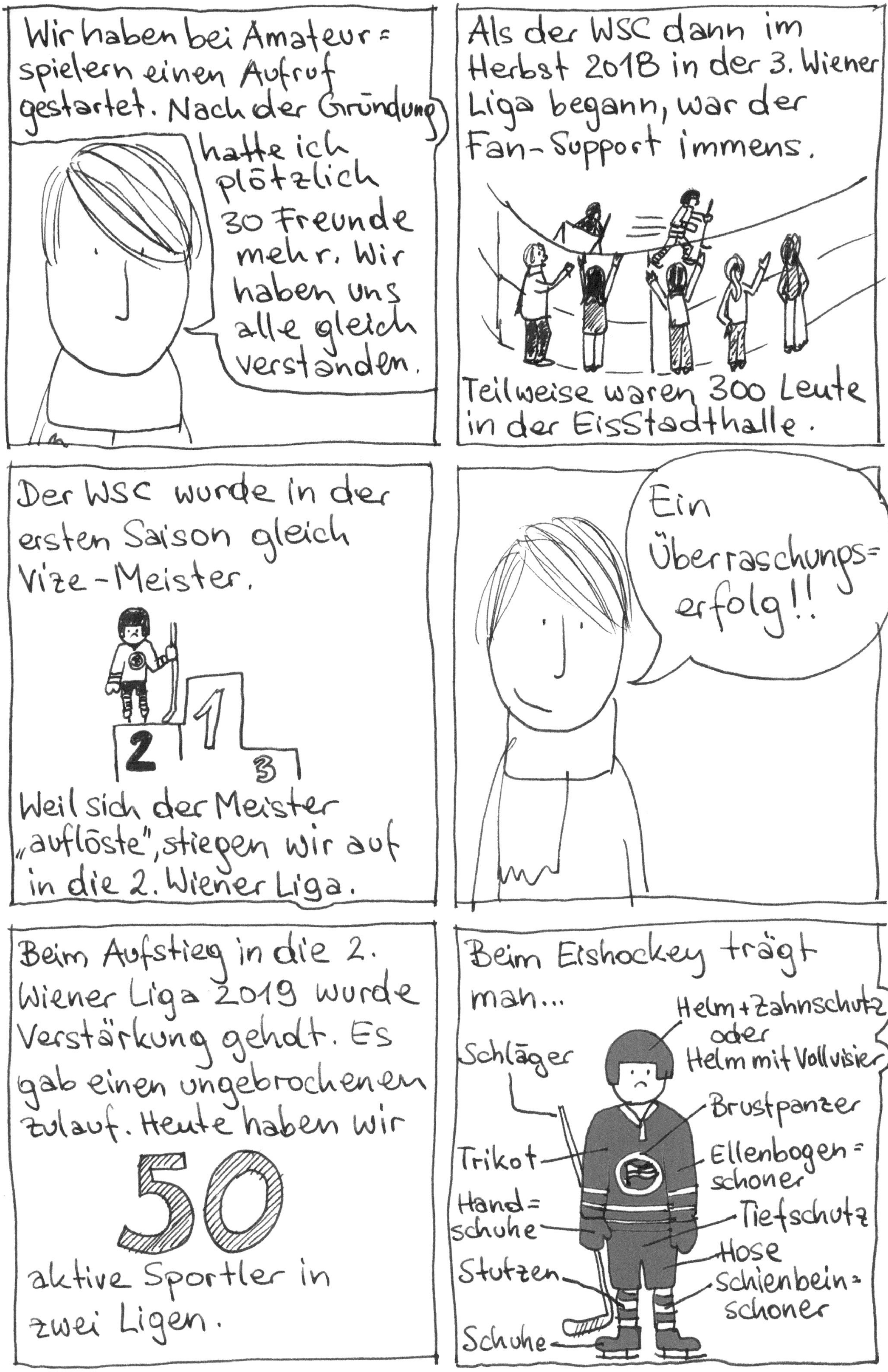
Wir haben bei Amateur=spielern einen Aufruf gestartet. Nach der Gründung
hatte ich plötzlich 30 Freunde mehr. Wir haben uns alle gleich verstanden.
Als der WSC dann im Herbst 2018 in der 3. Wiener Liga begann, war der Fan-Support immens.
Teilweise waren 300 Leute in der EisStadthalle.
Der WSC wurde in der ersten Saison gleich Vize-Meister.
2
1
3
Weil sich der Meister „auflöste", stiegen wir auf in die 2. Wiener Liga.
Ein Überraschungs=erfolg!!
Beim Aufstieg in die 2. Wiener Liga 2019 wurde Verstärkung geholt. Es gab einen ungebrochenen Zulauf. Heute haben wir
50
aktive Sportler in zwei Ligen.
Beim Eishockey trägt man...
Helm + Zahnschutz oder Helm mit Vollvisier
Schläger
Brustpanzer
Trikot
Ellenbogen=schoner
Hand=schuhe
Tiefschutz
Hose
Stutzen
Schienbein=schoner
Schuhe

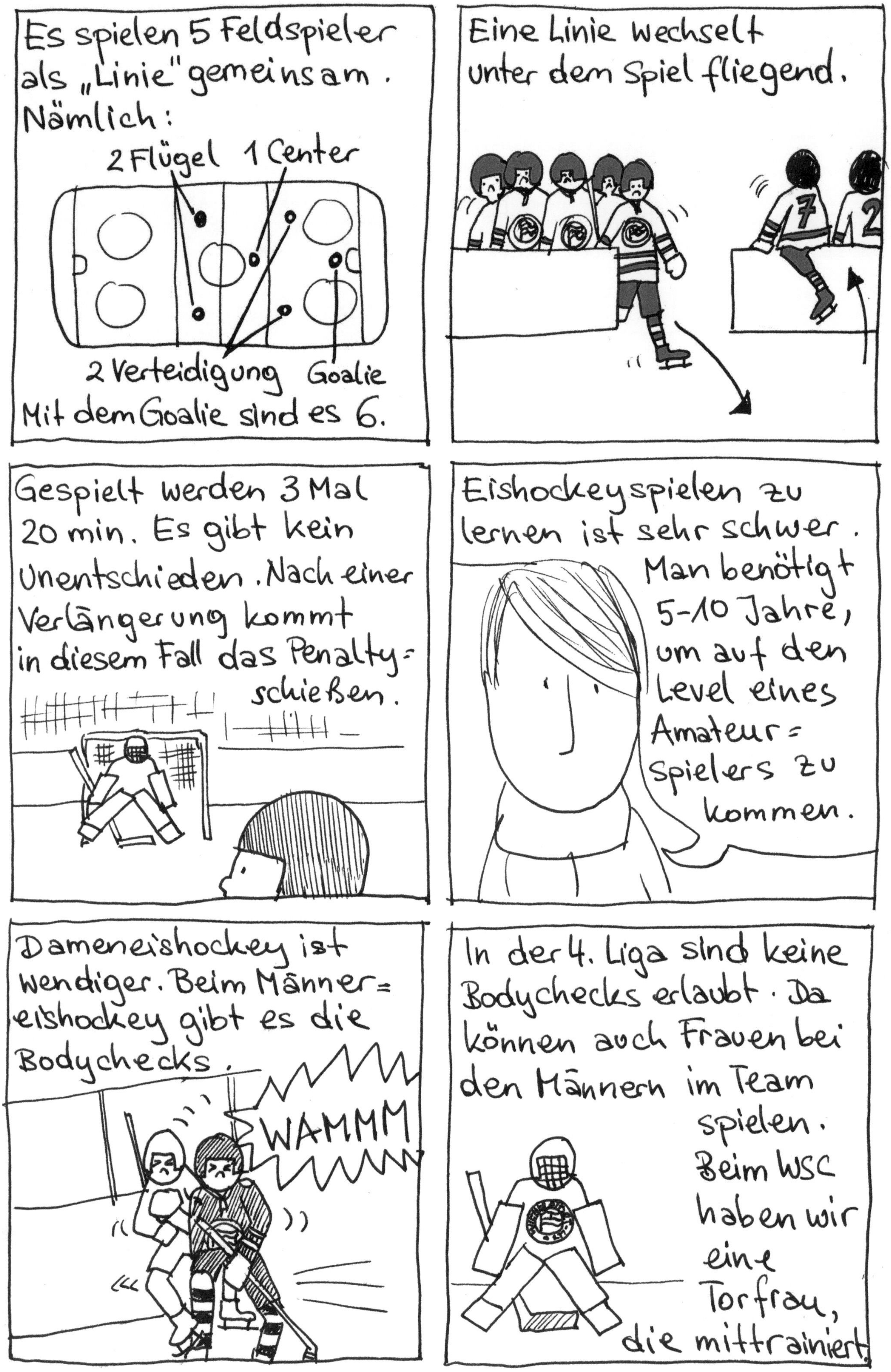
Es spielen 5 Feldspieler als „Linie" gemeinsam. Nämlich:
2 Flügel
1 Center
2 Verteidigung
Goalie
Mit dem Goalie sind es 6.
Eine Linie wechselt unter dem Spiel fliegend.
7
2
Gespielt werden 3 Mal 20 min. Es gibt kein Unentschieden. Nach einer Verlängerung kommt in diesem Fall das Penalty=schießen.
Eishockeyspielen zu lernen ist sehr schwer.
Man benötigt 5-10 Jahre, um auf den Level eines Amateur=spielers zu kommen.
Dameneishockey ist wendiger. Beim Männer=eishockey gibt es die Bodychecks.
WAMMM
In der 4. Liga sind keine Bodychecks erlaubt. Da können auch Frauen bei den Männern im Team spielen.
Beim WSC haben wir eine Torfrau, die mittrainiert.

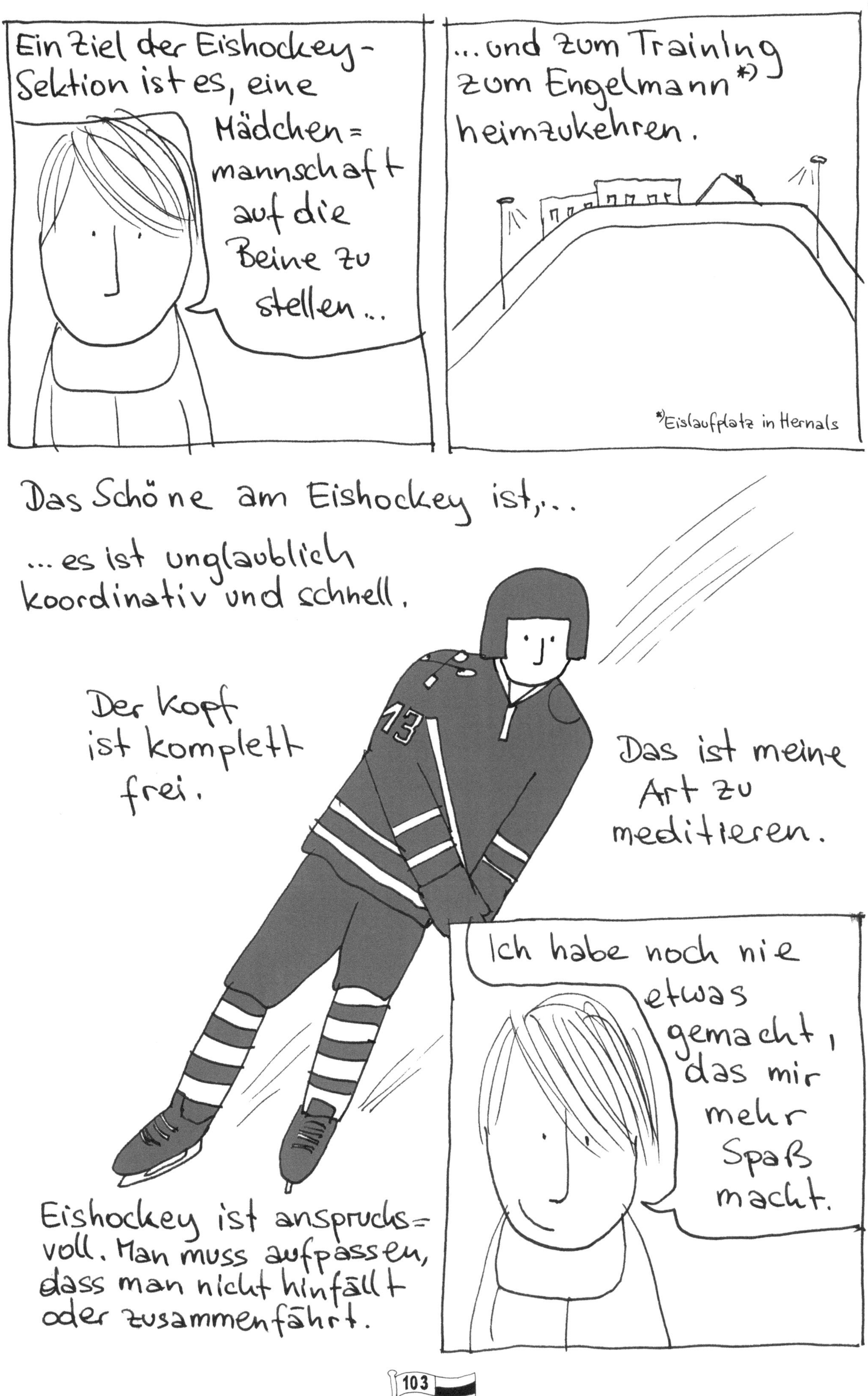
Ein Ziel der Eishockey-Sektion ist es, eine
Mädchen=mannschaft auf die Beine zu stellen ...
... und zum Training zum Engelmann*) heimzukehren.
*) Eislaufplatz in Hernals
Das Schöne am Eishockey ist, ...
... es ist unglaublich koordinativ und schnell.
Der Kopf ist komplett frei.
13
Das ist meine Art zu meditieren.
Eishockey ist anspruchs=voll. Man muss aufpassen, dass man nicht hinfällt oder zusammenfährt.
Ich habe noch nie etwas gemacht, das mir mehr Spaß macht.

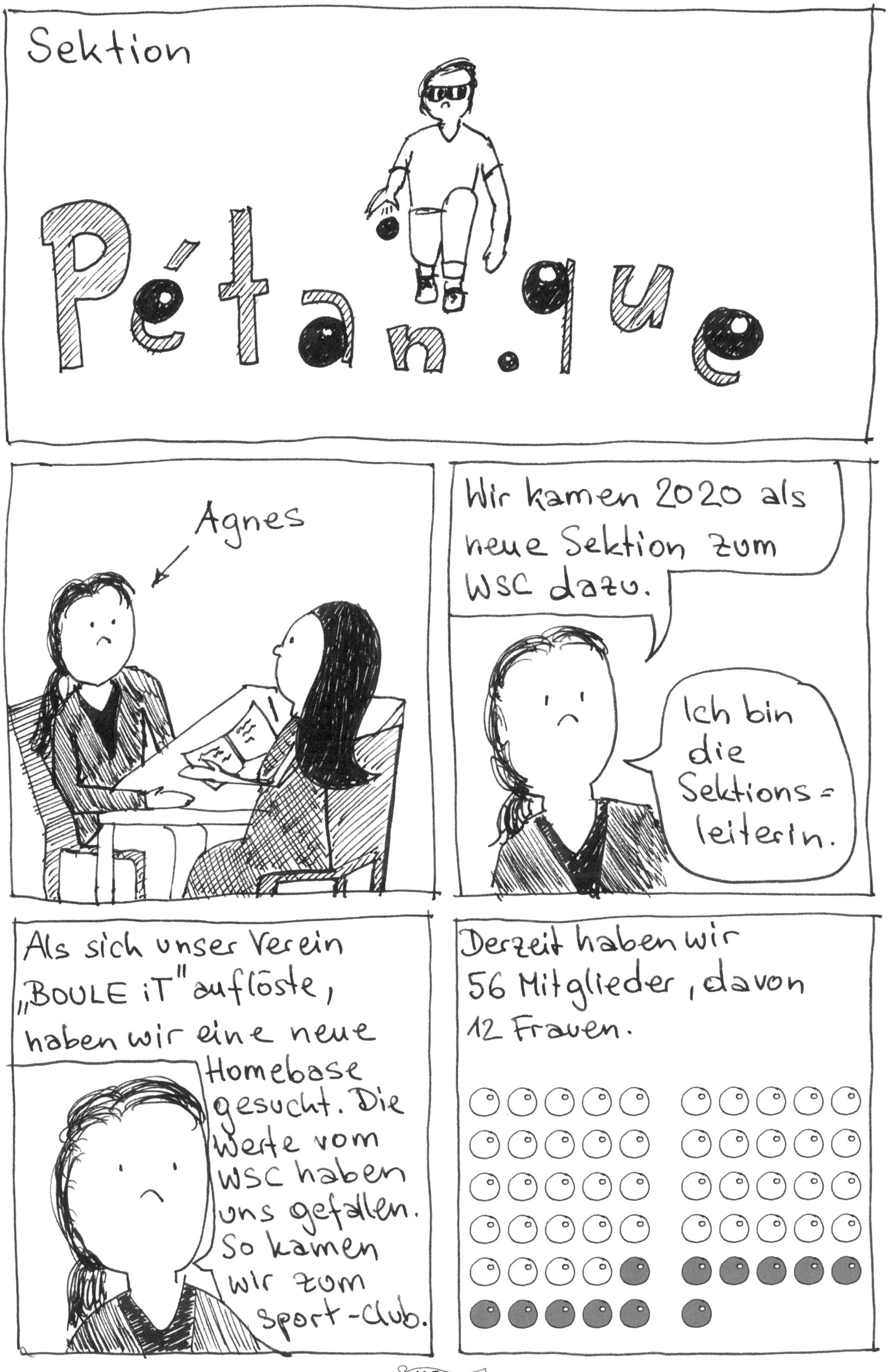

Sektion
Pétanque
Agnes
Wir kamen 2020 als neue Sektion zum WSC dazu.
Ich bin die Sektions=leiterin.
Als sich unser Verein „BOULE iT" auflöste, haben wir eine neue Homebase gesucht. Die Werte vom WSC haben uns gefallen. So kamen wir zum Sport-Club.
Derzeit haben wir 56 Mitglieder, davon 12 Frauen.

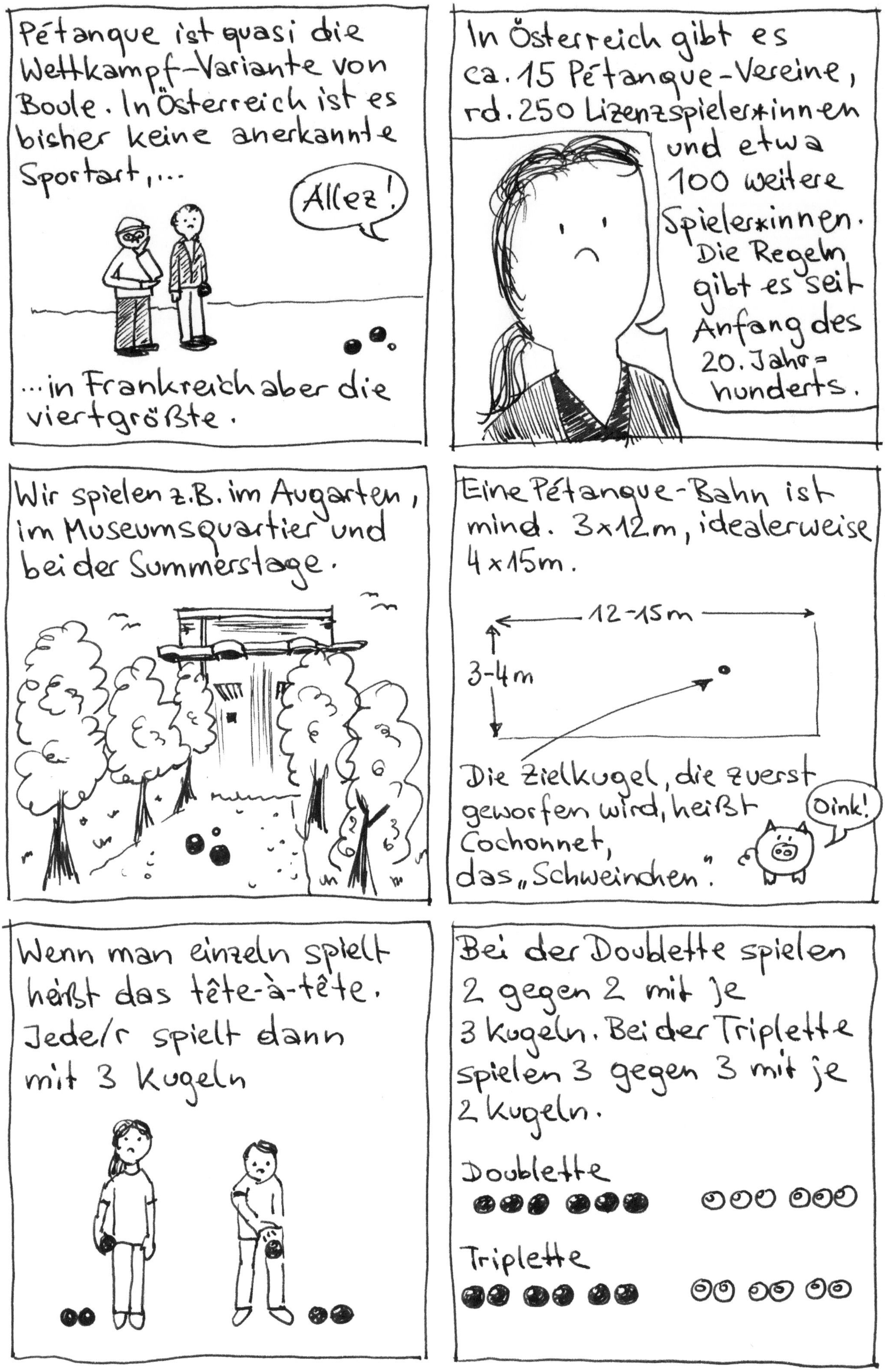
Pétanque ist quasi die Wettkampf-Variante von Boule. In Österreich ist es bisher keine anerkannte Sportart, ...
Allez!
... in Frankreich aber die viertgrößte.
In Österreich gibt es ca. 15 Pétanque-Vereine, rd. 250 Lizenzspieler*innen und etwa 100 weitere Spieler*innen.
Die Regeln gibt es seit Anfang des 20. Jahrhunderts.
Wir spielen z.B. im Augarten, im Museumsquartier und bei der Summerstage.
Eine Pétanque-Bahn ist mind. 3×12m, idealerweise 4×15m.
12-15m
3-4m
Die Zielkugel, die zuerst geworfen wird, heißt Cochonnet, das „Schweinchen".
Oink!
Wenn man einzeln spielt heißt das tête-à-tête. Jede/r spielt dann mit 3 Kugeln
Bei der Doublette spielen 2 gegen 2 mit je 3 Kugeln. Bei der Triplette spielen 3 gegen 3 mit je 2 Kugeln.
Doublette
Triplette

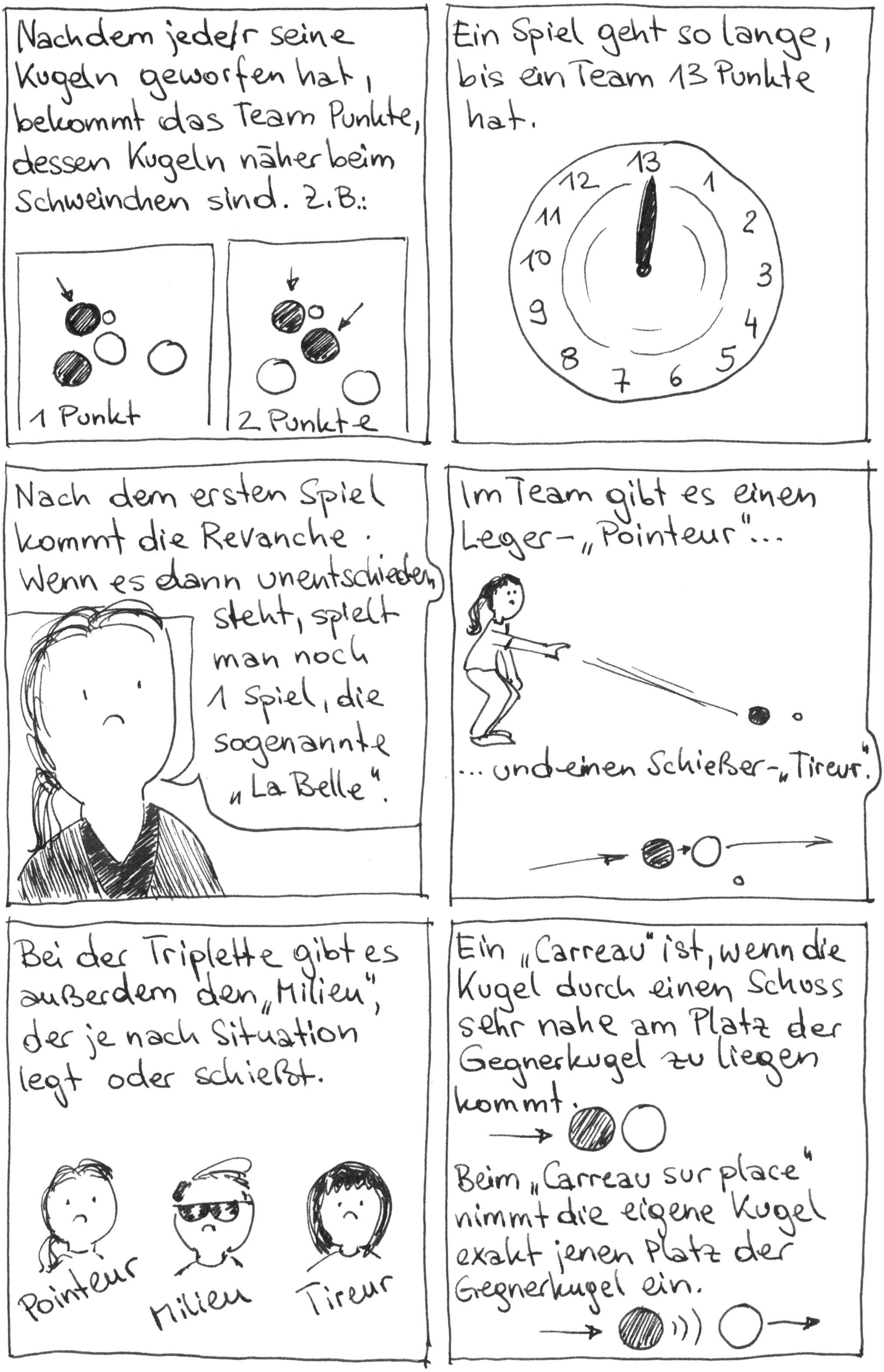

Nachdem jede/r seine Kugeln geworfen hat, bekommt das Team Punkte, dessen Kugeln näher beim Schweinchen sind. z.B.:
1 Punkt
2 Punkte
Ein Spiel geht so lange, bis ein Team 13 Punkte hat.
13
1
2
3
4
5
6
7
8
9
10
11
12
Nach dem ersten Spiel kommt die Revanche. Wenn es dann unentschieden steht, spielt man noch 1 Spiel, die sogenannte „La Belle".
Im Team gibt es einen Leger- „Pointeur"...
... und einen Schießer- „Tireur".
Bei der Triplette gibt es außerdem den „Milieu", der je nach Situation legt oder schießt.
Pointeur
Milieu
Tireur
Ein „Carreau" ist, wenn die Kugel durch einen Schuss sehr nahe am Platz der Gegnerkugel zu liegen kommt.
Beim „Carreau sur place" nimmt die eigene Kugel exakt jenen Platz der Gegnerkugel ein.

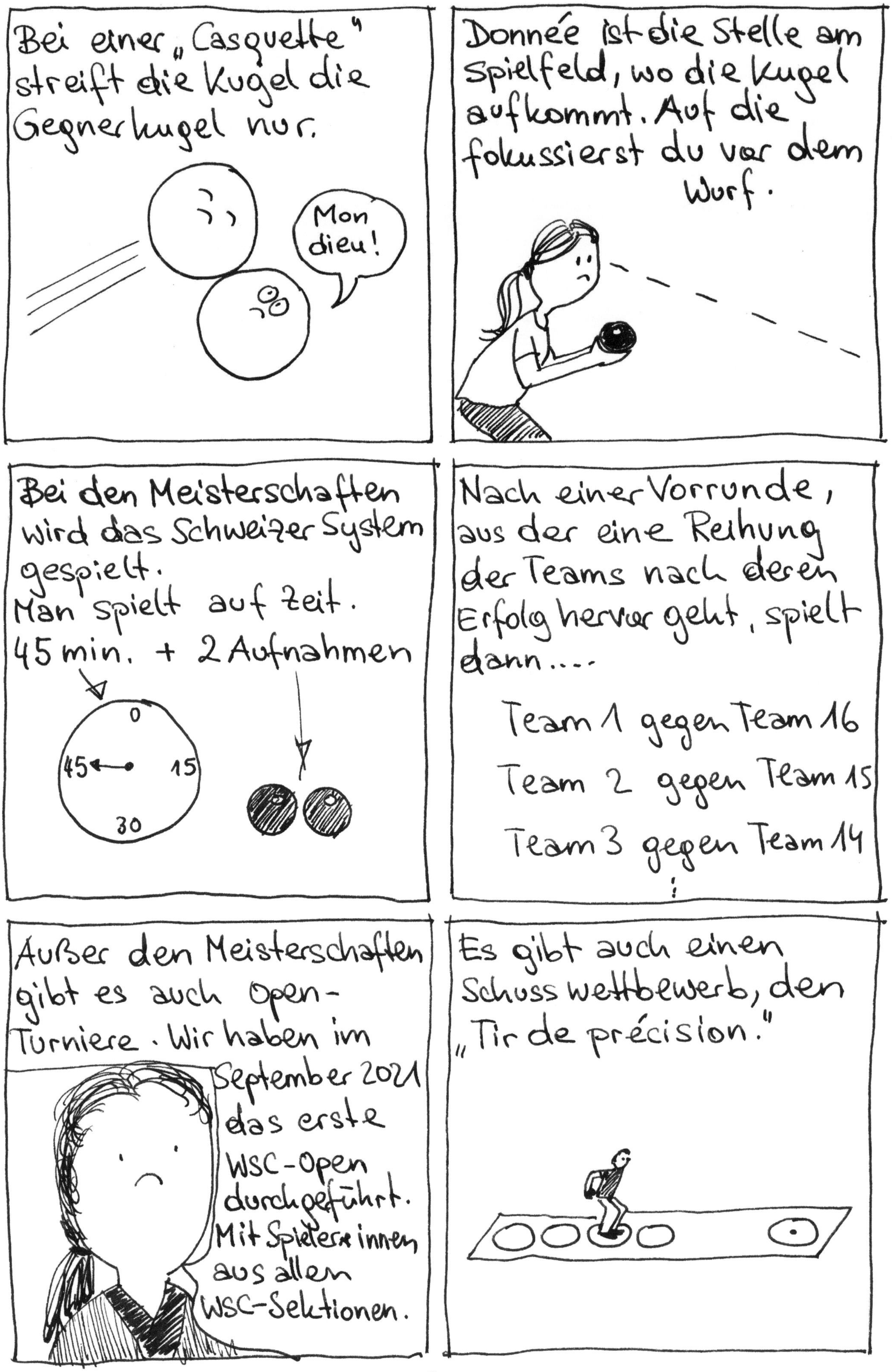
Bei einer „Casquette" streift die Kugel die Gegnerkugel nur.
Mon dieu!
Donnée ist die Stelle am Spielfeld, wo die Kugel aufkommt. Auf die fokussierst du vor dem Wurf.
Bei den Meisterschaften wird das Schweizer System gespielt.
Man spielt auf Zeit.
45 min. + 2 Aufnahmen
0
15
30
45
Nach einer Vorrunde, aus der eine Reihung der Teams nach deren Erfolg hervor geht, spielt dann....
Team 1 gegen Team 16
Team 2 gegen Team 15
Team 3 gegen Team 14
Außer den Meisterschaften gibt es auch Open-Turniere. Wir haben im September 2021 das erste WSC-Open durchgeführt. Mit Spieler*innen aus allen WSC-Sektionen.
Es gibt auch einen Schusswettbewerb, den „Tir de précision."

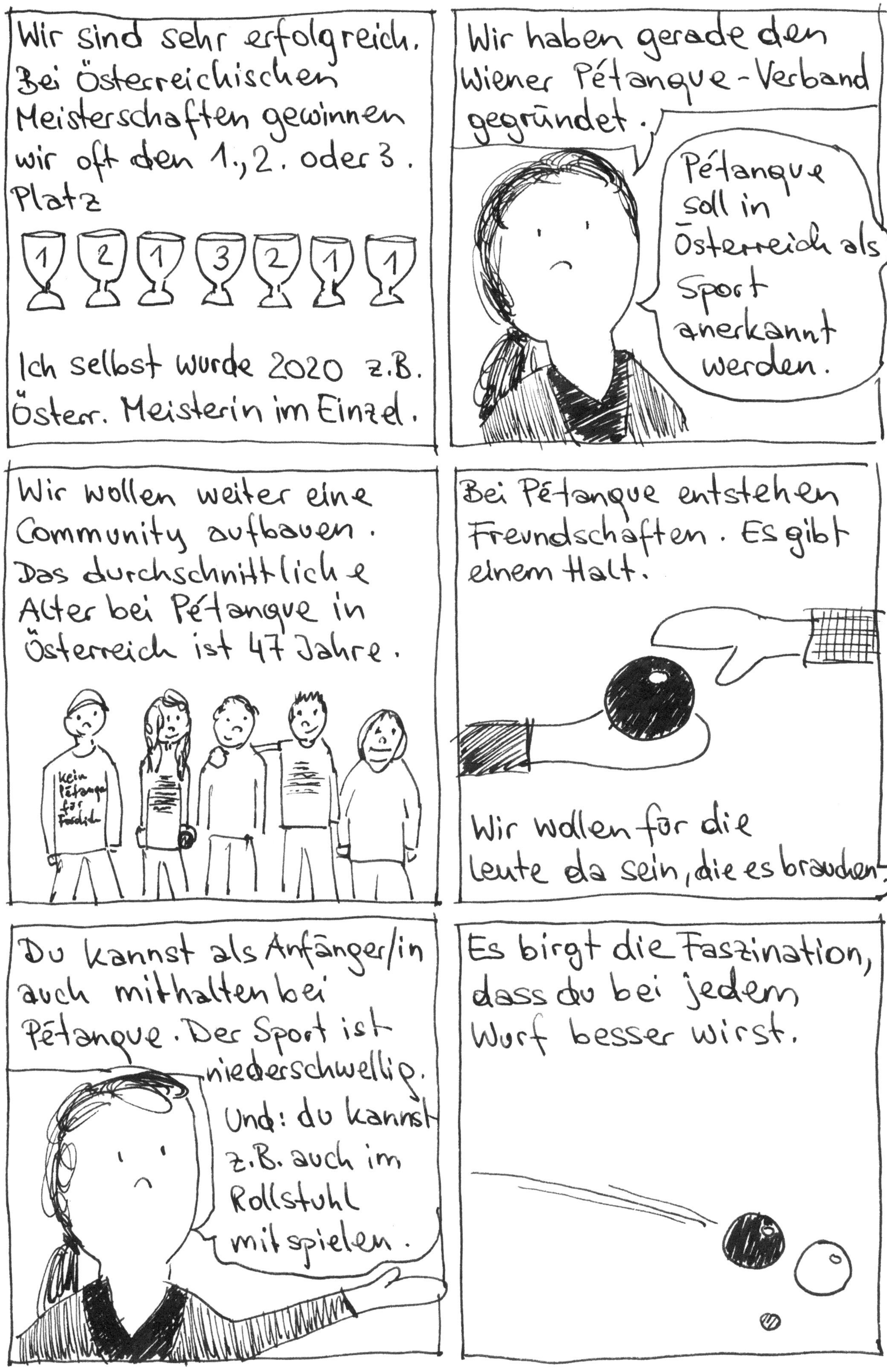
Wir sind sehr erfolgreich. Bei Österreichischen Meisterschaften gewinnen wir oft den 1., 2. oder 3. Platz
1 2 1 3 2 1 1
Ich selbst wurde 2020 z.B. Österr. Meisterin im Einzel.
Wir haben gerade den Wiener Pétanque-Verband gegründet.
Pétanque soll in Österreich als Sport anerkannt werden.
Wir wollen weiter eine Community aufbauen. Das durchschnittliche Alter bei Pétanque in Österreich ist 47 Jahre.
Kein Pétanque für
Bei Pétanque entstehen Freundschaften. Es gibt einem Halt.
Wir wollen für die Leute da sein, die es brauchen.
Du kannst als Anfänger/in auch mithalten bei Pétanque. Der Sport ist niederschwellig.
Und: du kannst z.B. auch im Rollstuhl mitspielen.
Es birgt die Faszination, dass du bei jedem Wurf besser wirst.

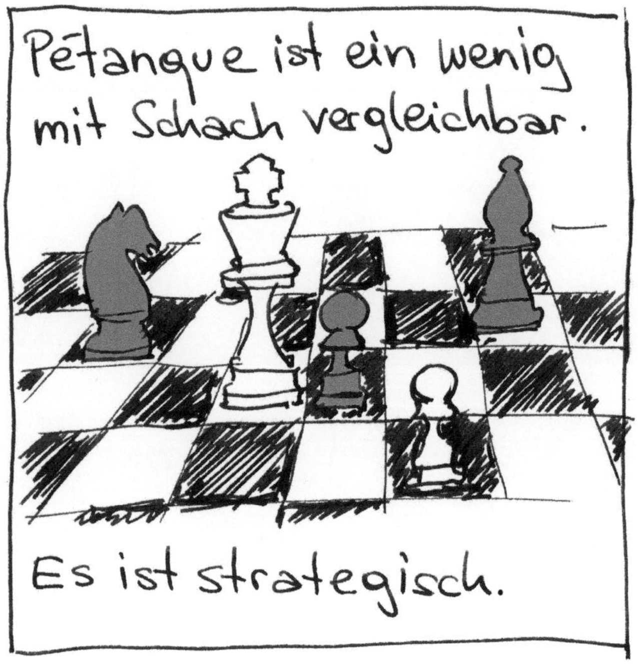
Pétanque ist ein wenig mit Schach vergleichbar.
Es ist strategisch.

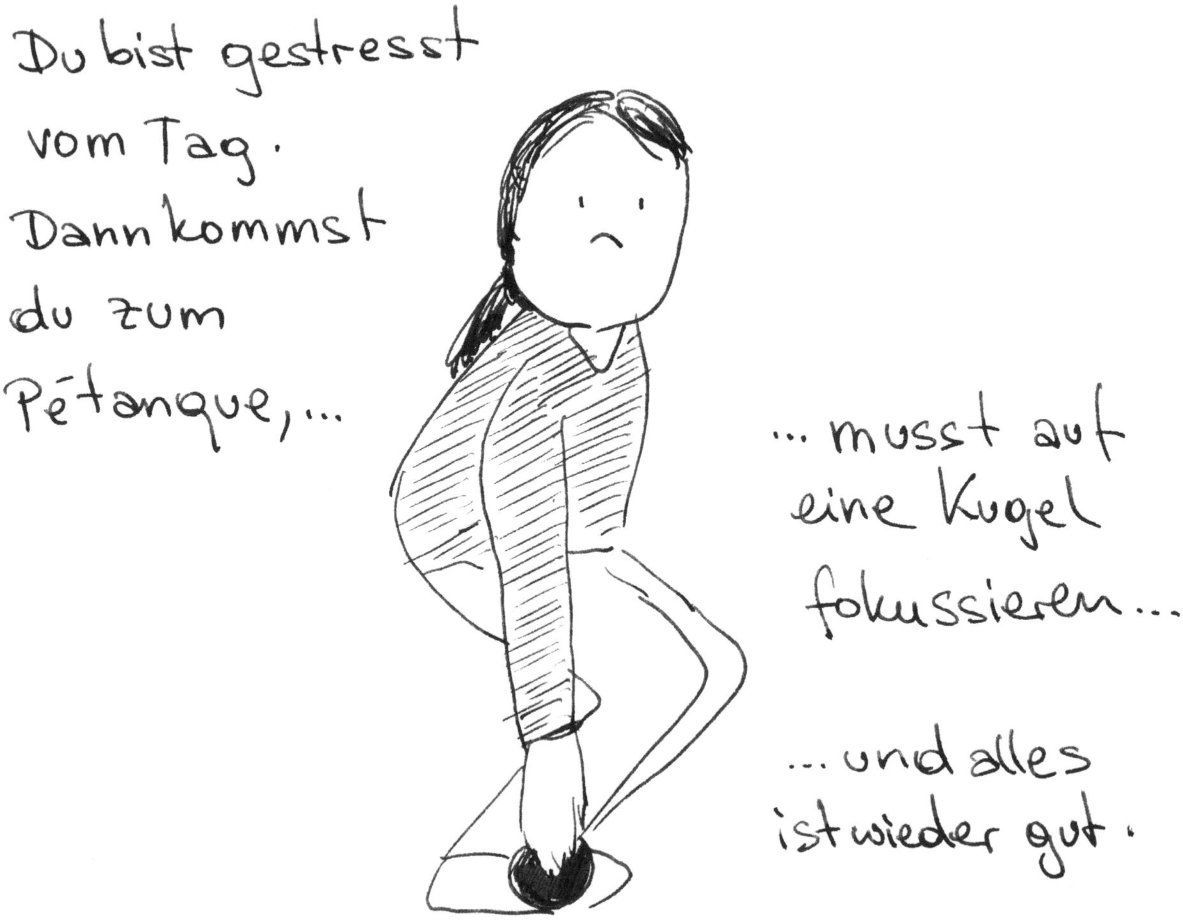
Du bist gestresst vom Tag. Dann kommst du zum Pétanque,...
... musst auf eine Kugel fokussieren...
... und alles ist wieder gut.

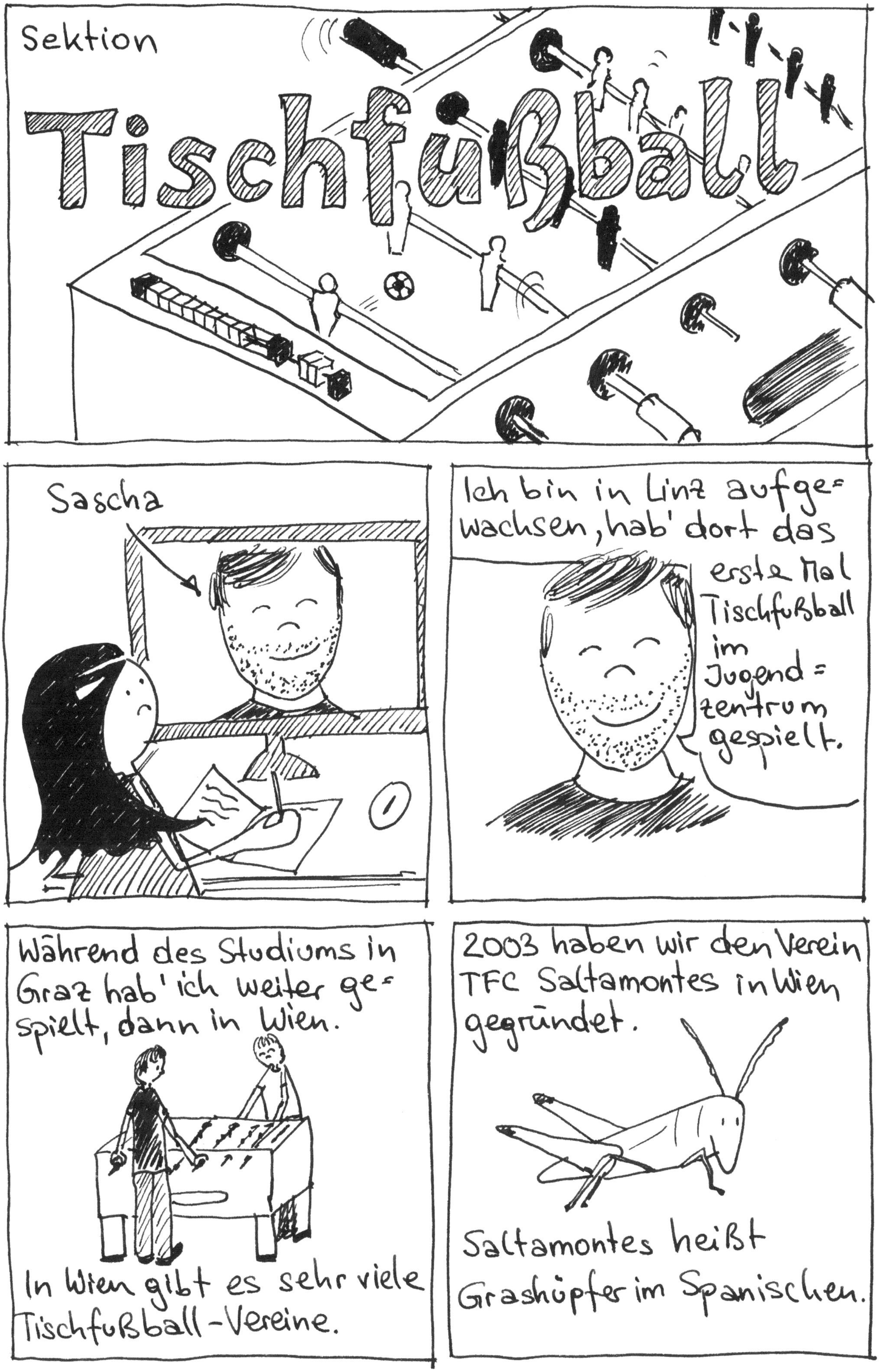
Sektion
Tischfußball
Sascha
Ich bin in Linz aufgewachsen, hab' dort das erste Mal Tischfußball im Jugendzentrum gespielt.
Während des Studiums in Graz hab' ich weiter gespielt, dann in Wien.
In Wien gibt es sehr viele Tischfußball-Vereine.
2003 haben wir den Verein TFC Saltamontes in Wien gegründet.
Saltamontes heißt Grashüpfer im Spanischen.

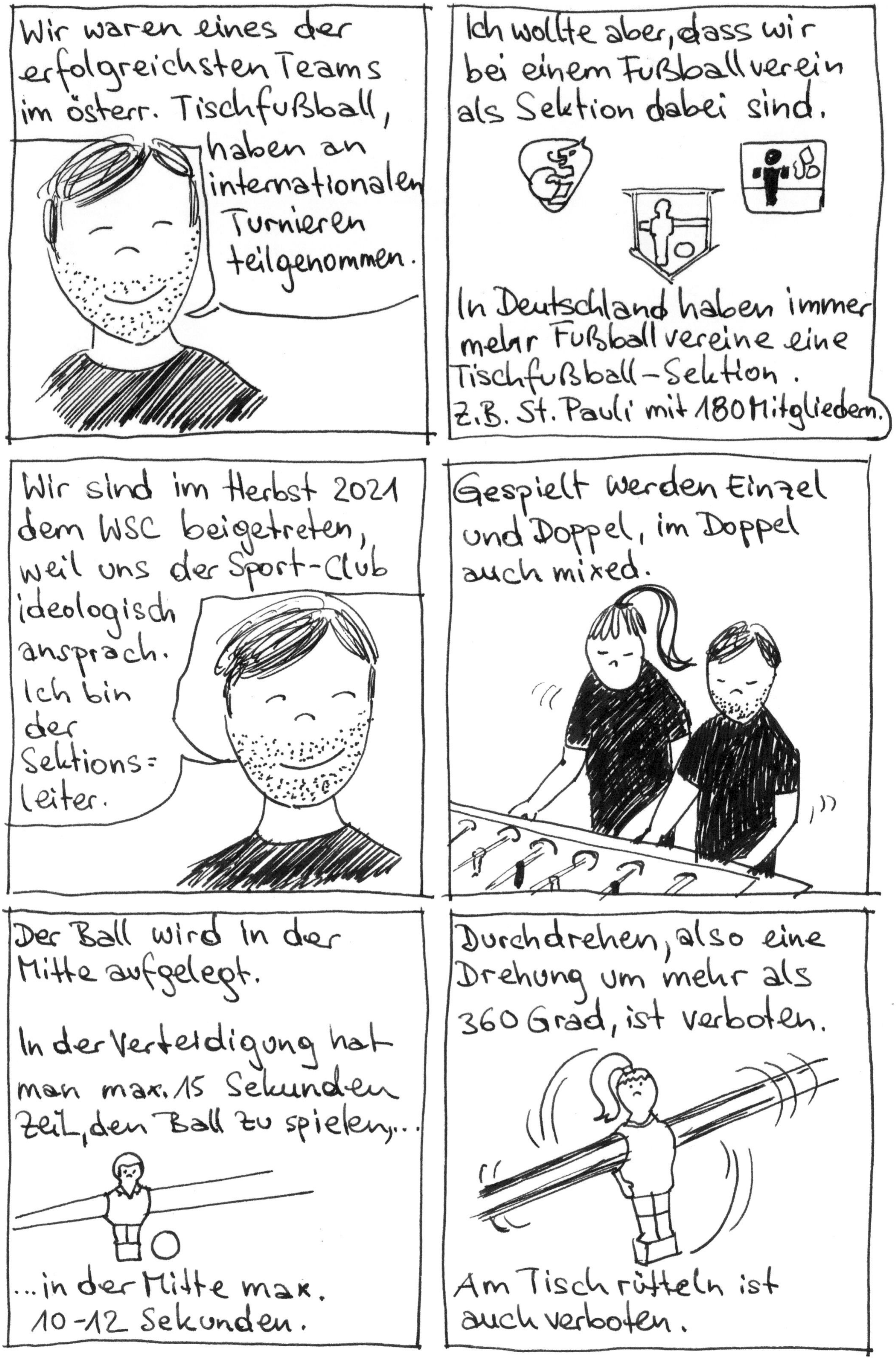
Wir waren eines der erfolgreichsten Teams im österr. Tischfußball,
haben an internationalen Turnieren teilgenommen.
Ich wollte aber, dass wir bei einem Fußballverein als Sektion dabei sind.
In Deutschland haben immer mehr Fußballvereine eine Tischfußball-Sektion. z.B. St. Pauli mit 180 Mitgliedern.
Wir sind im Herbst 2021 dem WSC beigetreten, weil uns der Sport-Club
ideologisch ansprach. Ich bin der Sektions=leiter.
Gespielt werden Einzel und Doppel, im Doppel auch mixed.
Der Ball wird in der Mitte aufgelegt.
In der Verteidigung hat man max. 15 Sekunden Zeit, den Ball zu spielen...
...in der Mitte max. 10-12 Sekunden.
Durchdrehen, also eine Drehung um mehr als 360 Grad, ist verboten.
Am Tisch rütteln ist auch verboten.

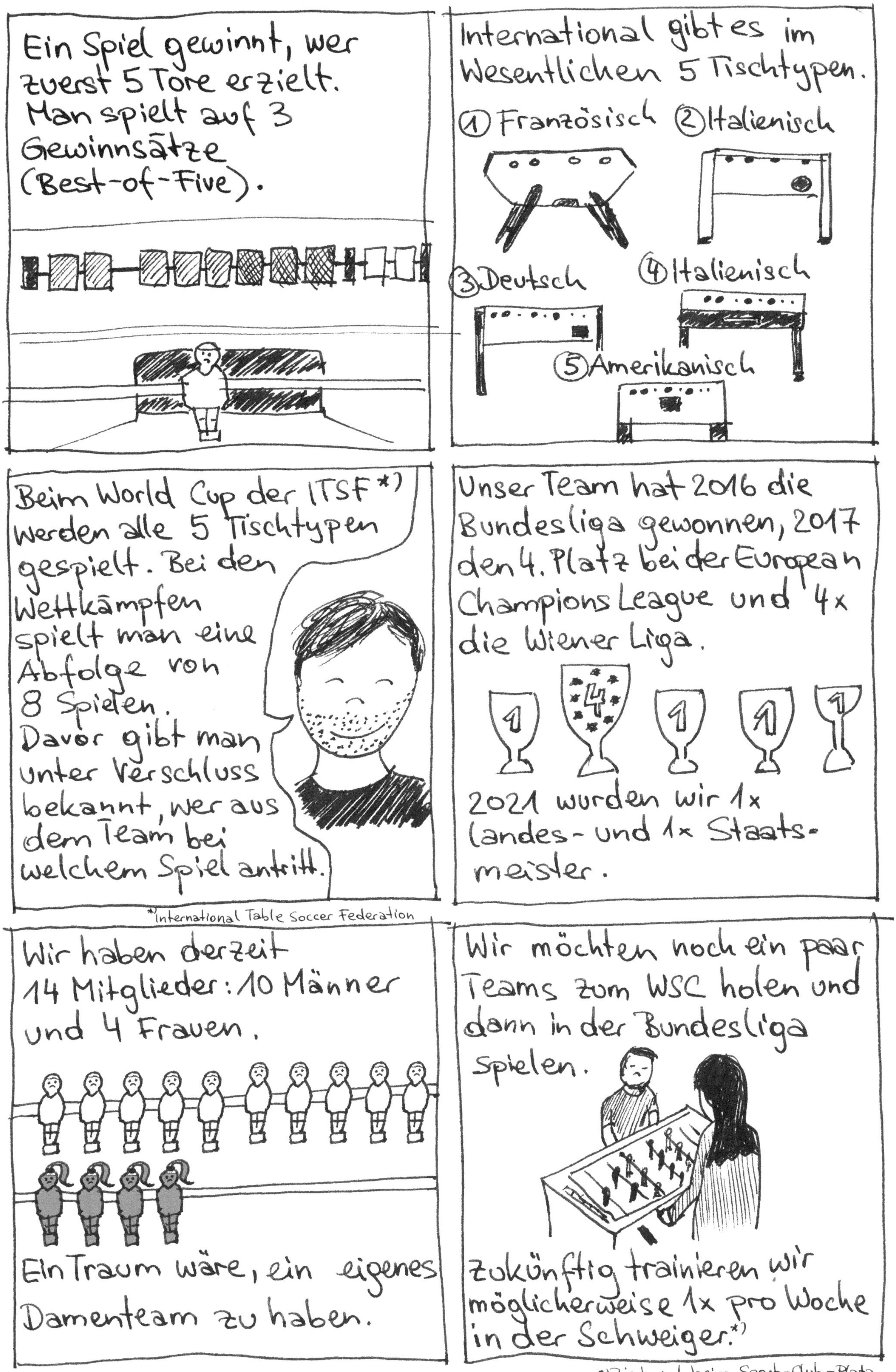
Ein Spiel gewinnt, wer zuerst 5 Tore erzielt. Man spielt auf 3 Gewinnsätze (Best-of-Five).
International gibt es im Wesentlichen 5 Tischtypen.
① Französisch
② Italienisch
③ Deutsch
④ Italienisch
⑤ Amerikanisch
Beim World Cup der ITSF*) werden alle 5 Tischtypen gespielt. Bei den Wettkämpfen spielt man eine Abfolge von 8 Spielen. Davor gibt man unter Verschluss bekannt, wer aus dem Team bei welchem Spiel antritt.
*) International Table Soccer Federation
Unser Team hat 2016 die Bundesliga gewonnen, 2017 den 4. Platz bei der European Champions League und 4x die Wiener Liga.
4
1
2021 wurden wir 1x Landes- und 1x Staatsmeister.
Wir haben derzeit 14 Mitglieder: 10 Männer und 4 Frauen.
Ein Traum wäre, ein eigenes Damenteam zu haben.
Wir möchten noch ein paar Teams zum WSC holen und dann in der Bundesliga spielen.
Zukünftig trainieren wir möglicherweise 1x pro Woche in der Schweiger.*)
*) Bierbeisl beim Sport-Club-Platz

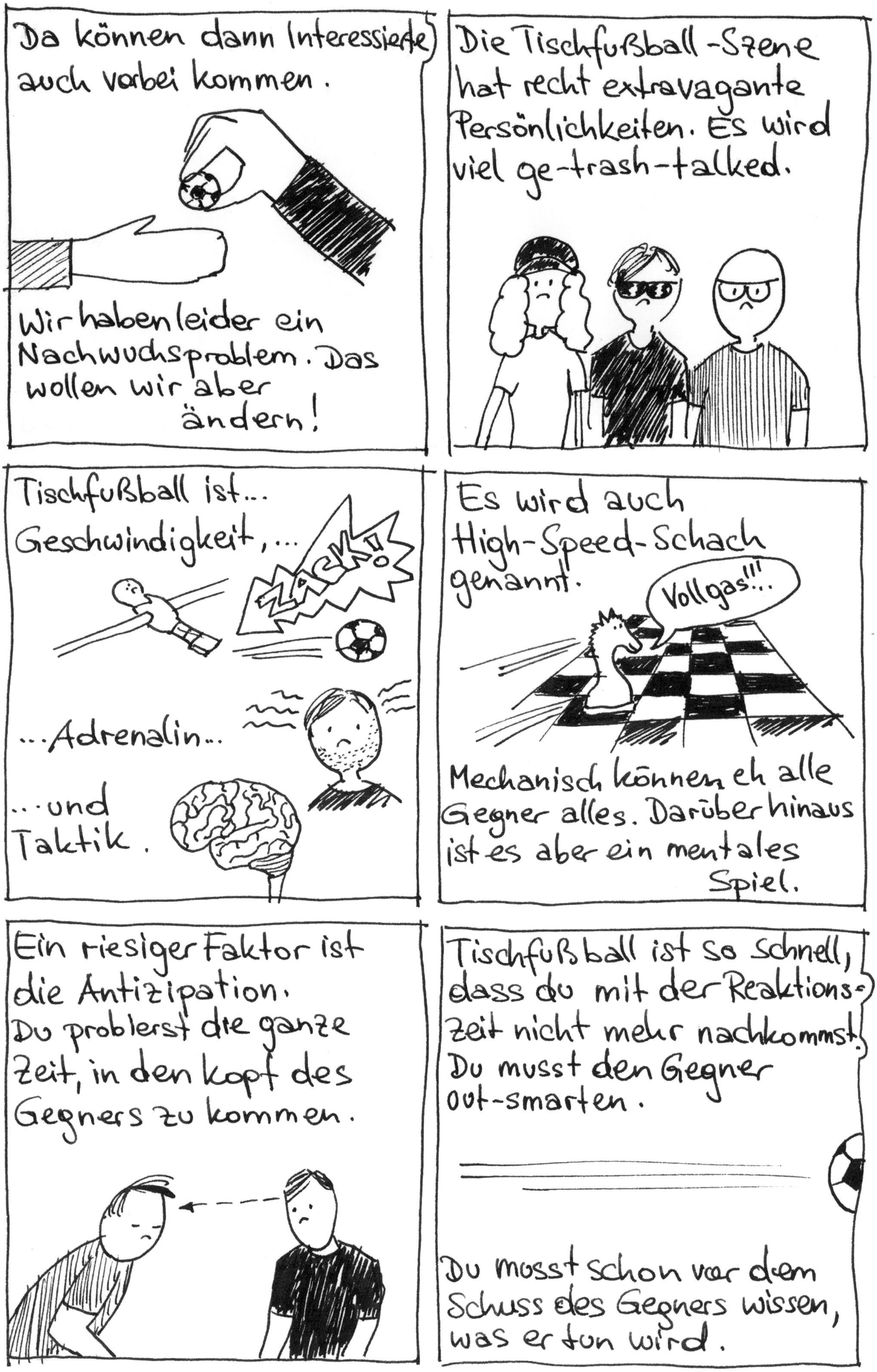
Da können dann Interessierte auch vorbei kommen.
Wir haben leider ein Nachwuchsproblem. Das wollen wir aber ändern!
Die Tischfußball-Szene hat recht extravagante Persönlichkeiten. Es wird viel ge-trash-talked.
Tischfußball ist... Geschwindigkeit, ...
ZACK!!
...Adrenalin...
...und Taktik.
Es wird auch High-Speed-Schach genannt.
Vollgas!!!...
Mechanisch können eh alle Gegner alles. Darüber hinaus ist es aber ein mentales Spiel.
Ein riesiger Faktor ist die Antizipation. Du problerst die ganze Zeit, in den Kopf des Gegners zu kommen.
Tischfußball ist so schnell, dass du mit der Reaktionszeit nicht mehr nachkommst. Du musst den Gegner out-smarten.
Du musst schon vor dem Schuss des Gegners wissen, was er tun wird.

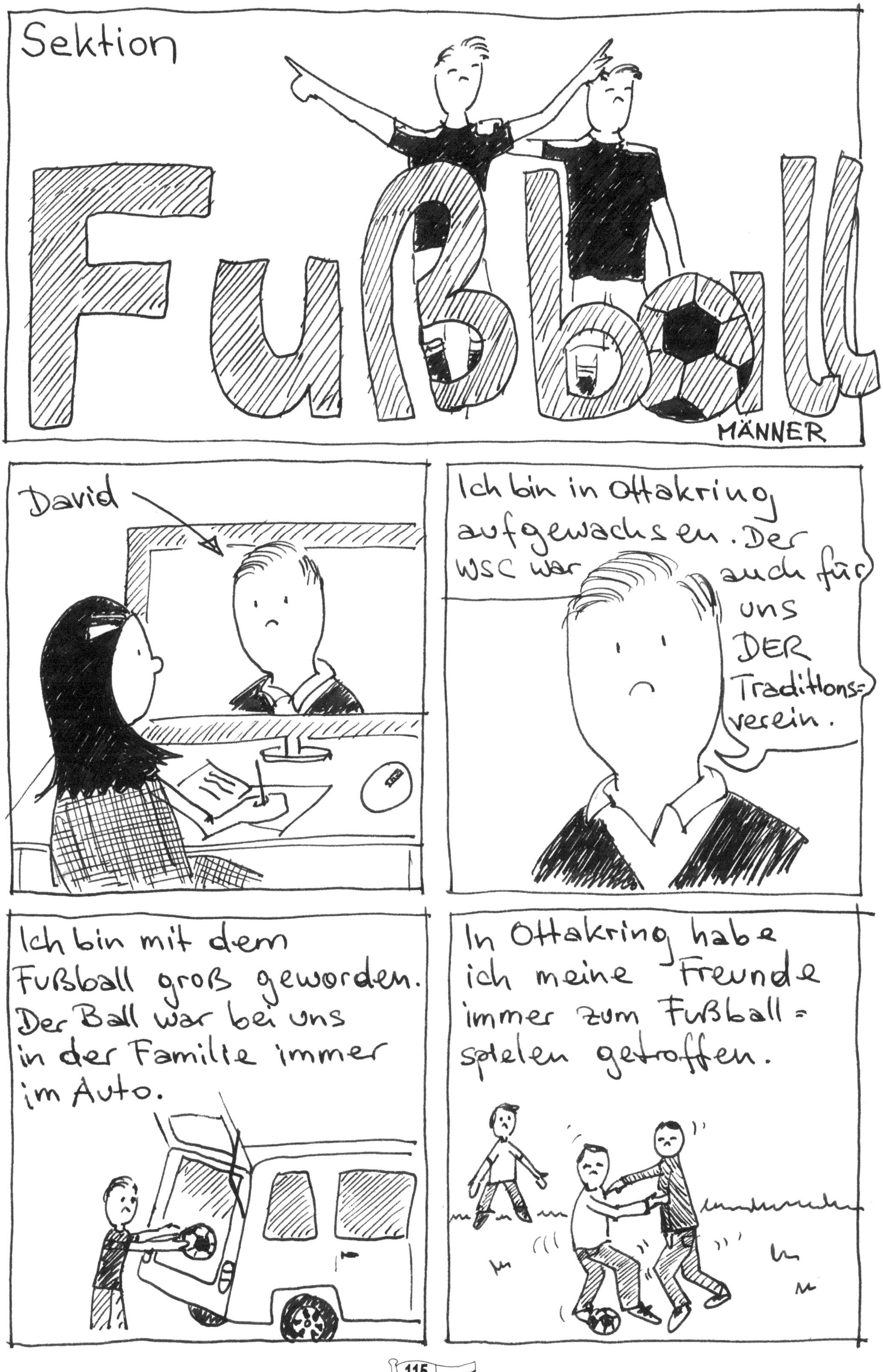
Sektion
Fußball
MÄNNER
David
Ich bin in Ottakring aufgewachsen. Der WSC war auch für uns DER Traditions-verein.
Ich bin mit dem Fußball groß geworden. Der Ball war bei uns in der Familie immer im Auto.
In Ottakring habe ich meine Freunde immer zum Fußball-spielen getroffen.

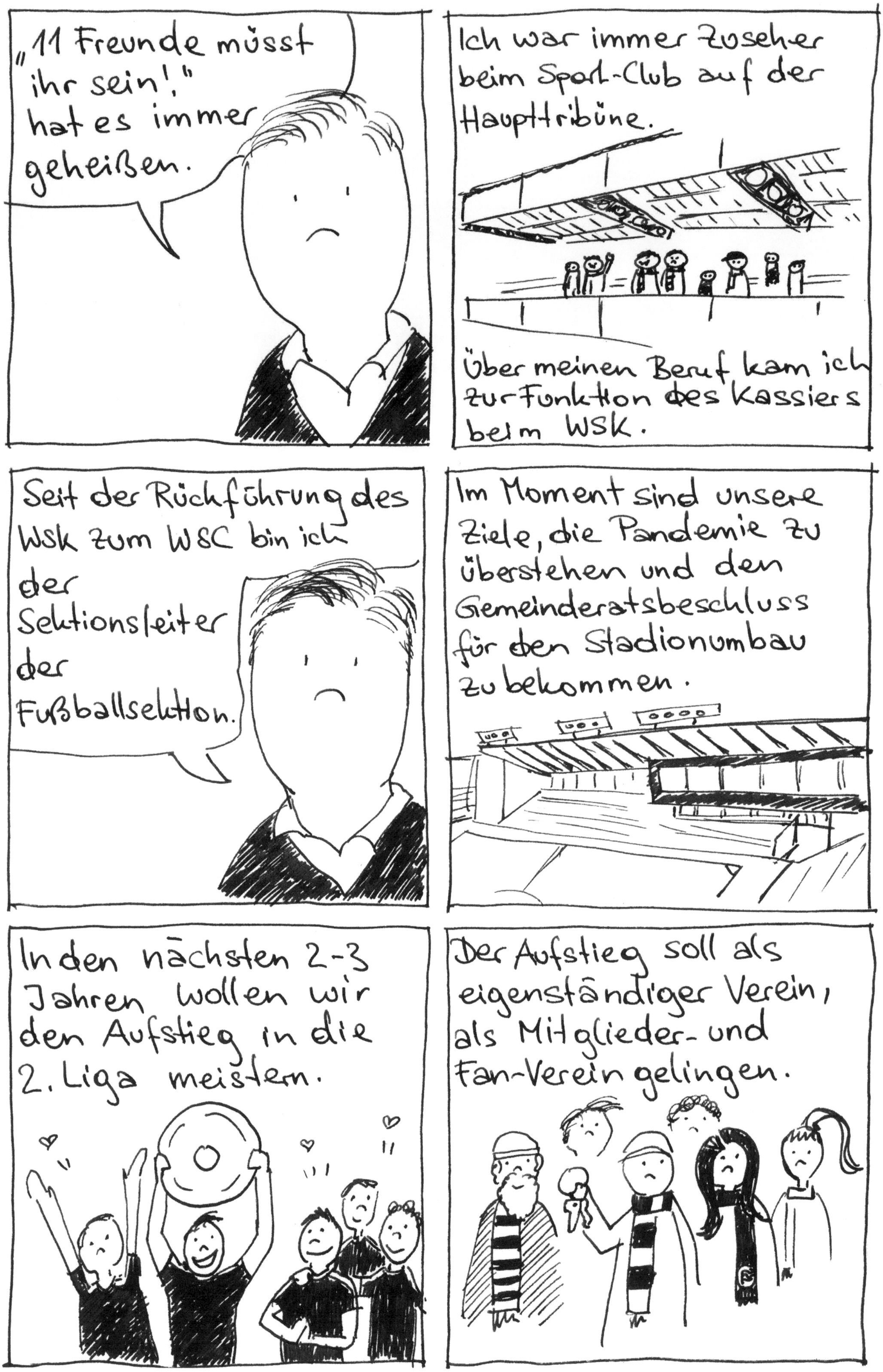
„11 Freunde müsst ihr sein!" hat es immer geheißen.
Ich war immer Zuseher beim Sport-Club auf der Haupttribüne.
Über meinen Beruf kam ich zur Funktion des Kassiers beim WSK.
Seit der Rückführung des WSK zum WSC bin ich der Sektionsleiter der Fußballsektion.
Im Moment sind unsere Ziele, die Pandemie zu überstehen und den Gemeinderatsbeschluss für den Stadionumbau zu bekommen.
In den nächsten 2-3 Jahren wollen wir den Aufstieg in die 2. Liga meistern.
Der Aufstieg soll als eigenständiger Verein, als Mitglieder- und Fan-Verein gelingen.

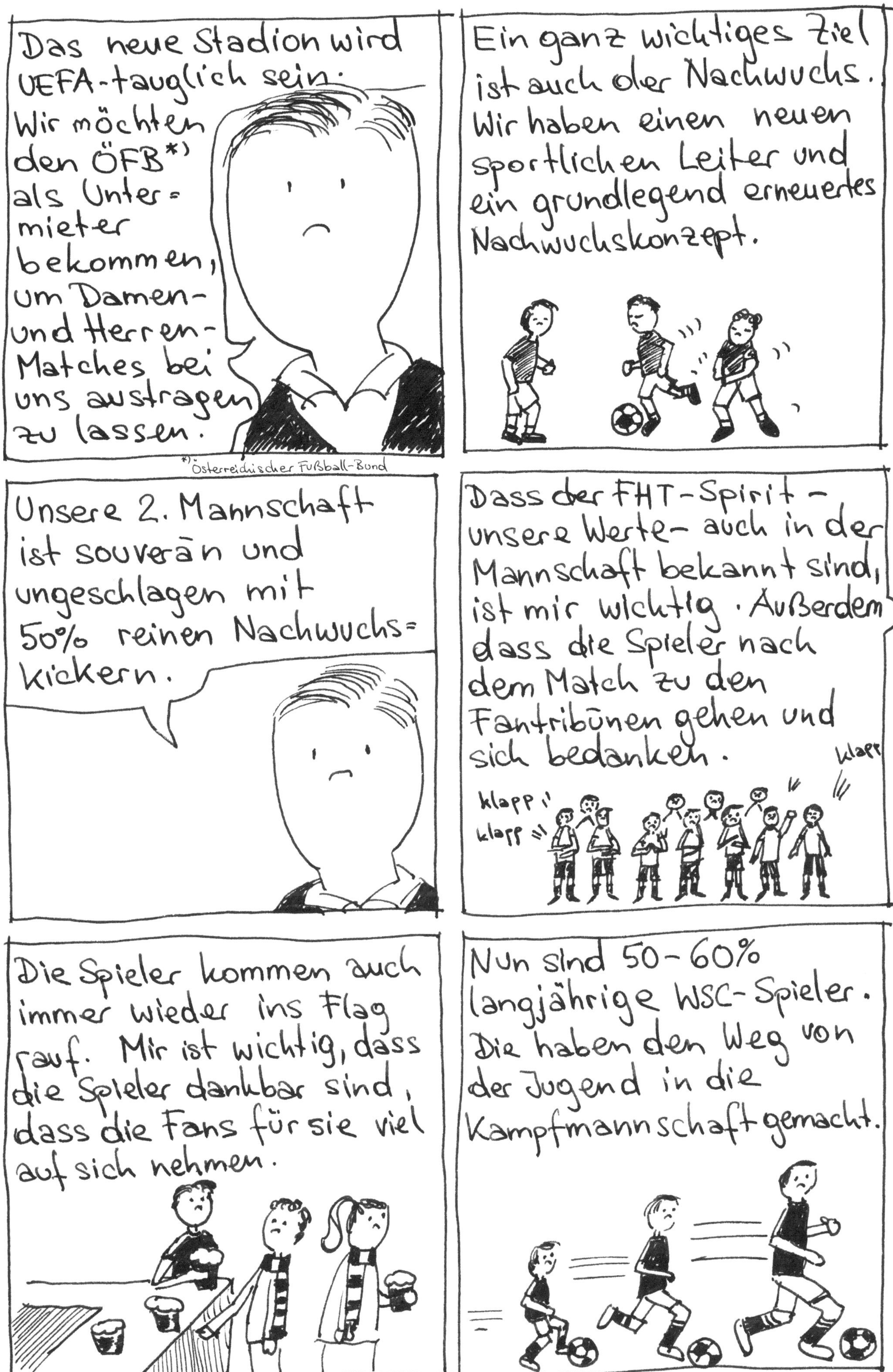
Das neue Stadion wird UEFA-tauglich sein. Wir möchten den ÖFB*) als Unter=mieter bekommen, um Damen- und Herren-Matches bei uns austragen zu lassen.
*) Österreichischer Fußball-Bund
Ein ganz wichtiges Ziel ist auch der Nachwuchs. Wir haben einen neuen sportlichen Leiter und ein grundlegend erneuertes Nachwuchskonzept.
Unsere 2. Mannschaft ist souverän und ungeschlagen mit 50% reinen Nachwuchs=kickern.
Dass der FHT-Spirit – unsere Werte – auch in der Mannschaft bekannt sind, ist mir wichtig. Außerdem dass die Spieler nach dem Match zu den Fantribünen gehen und sich bedanken.
klapp
klapp
klapp
Die Spieler kommen auch immer wieder ins Flag rauf. Mir ist wichtig, dass die Spieler dankbar sind, dass die Fans für sie viel auf sich nehmen.
Nun sind 50–60% langjährige WSC-Spieler. Die haben den Weg von der Jugend in die Kampfmannschaft gemacht.

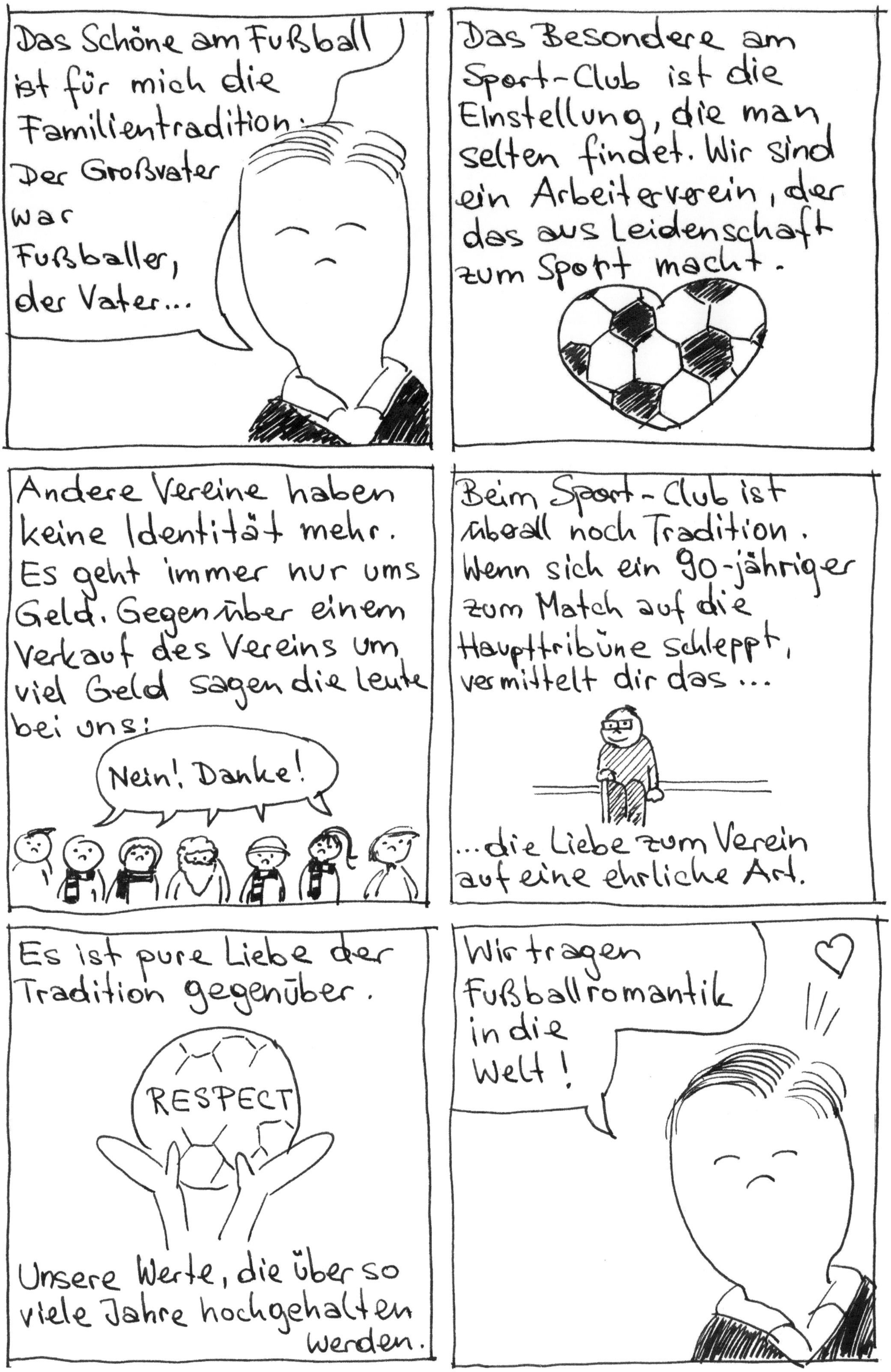
Das Schöne am Fußball ist für mich die Familientradition: Der Großvater war Fußballer, der Vater...
Das Besondere am Sport-Club ist die Einstellung, die man selten findet. Wir sind ein Arbeiterverein, der das aus Leidenschaft zum Sport macht.
Andere Vereine haben keine Identität mehr. Es geht immer nur ums Geld. Gegenüber einem Verkauf des Vereins um viel Geld sagen die Leute bei uns:
Nein! Danke!
Beim Sport-Club ist überall noch Tradition. Wenn sich ein 90-jähriger zum Match auf die Haupttribüne schleppt, vermittelt dir das...
...die Liebe zum Verein auf eine ehrliche Art.
Es ist pure Liebe der Tradition gegenüber.
RESPECT
Unsere Werte, die über so viele Jahre hochgehalten werden.
Wir tragen Fußballromantik in die Welt!

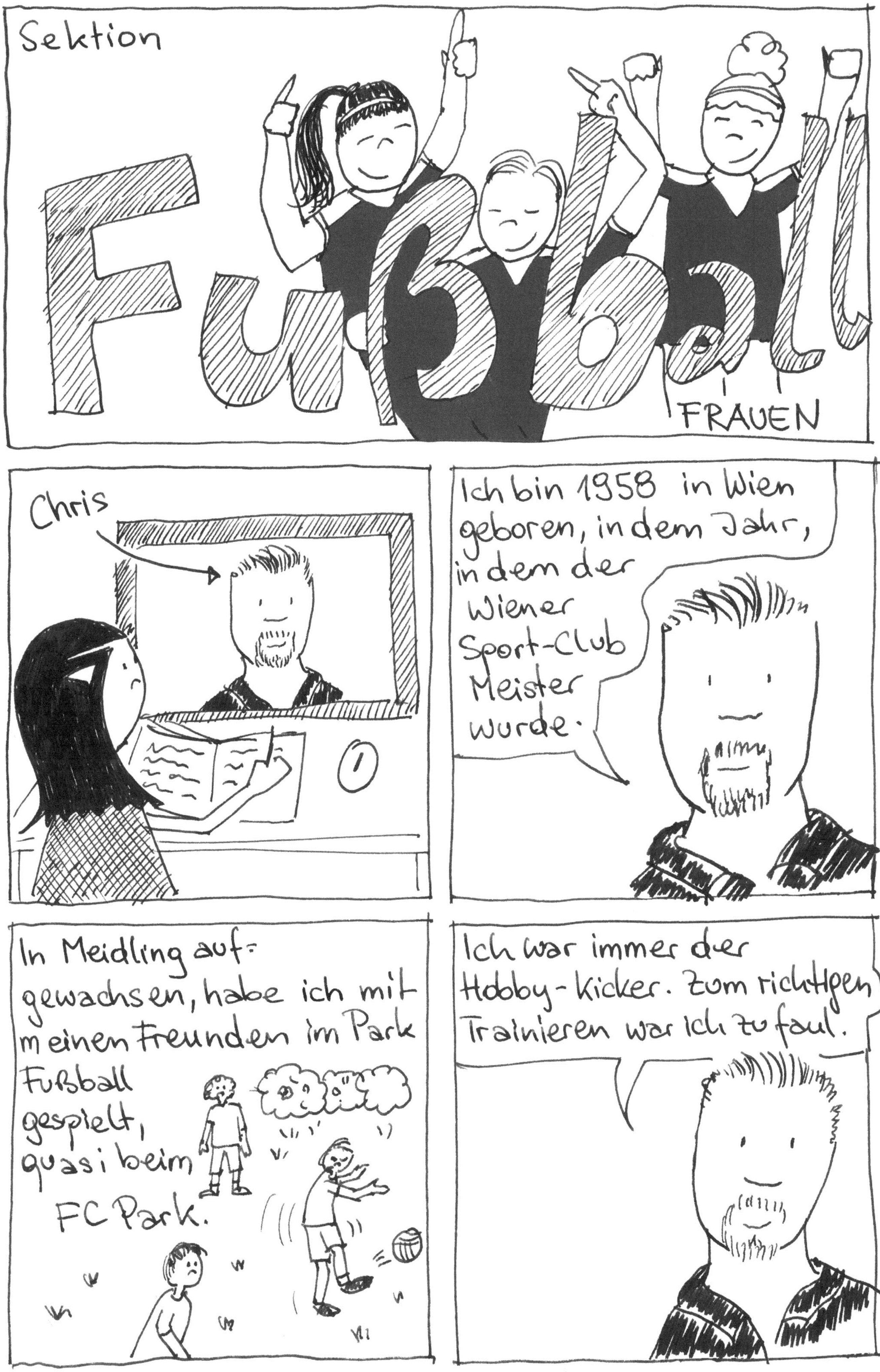
Sektion
Fußball
FRAUEN
Chris
Ich bin 1958 in Wien geboren, in dem Jahr, in dem der Wiener Sport-Club Meister wurde.
In Meidling aufgewachsen, habe ich mit meinen Freunden im Park Fußball gespielt, quasi beim FC Park.
Ich war immer der Hobby-Kicker. Zum richtigen Trainieren war ich zu faul.

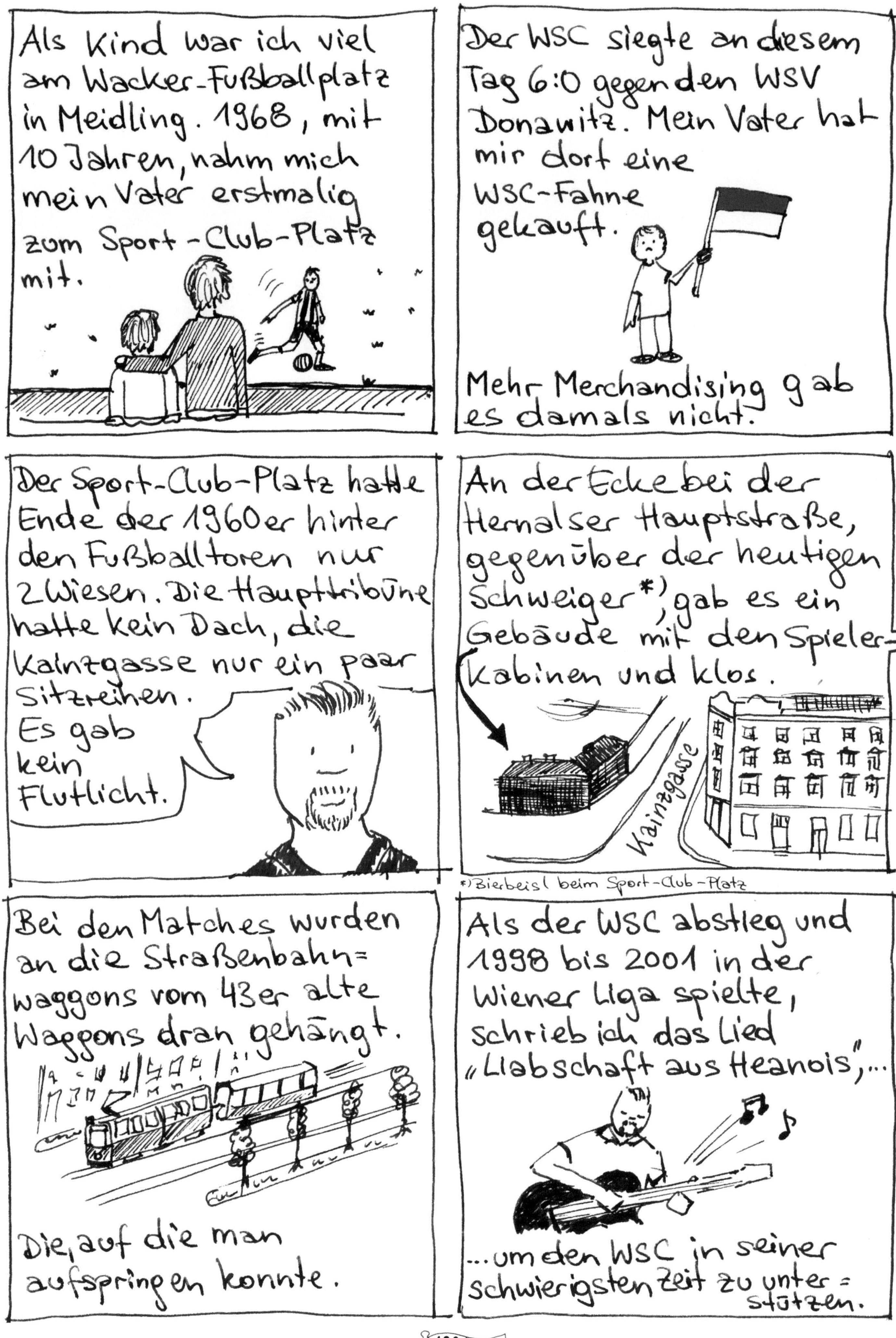
Als Kind war ich viel am Wacker-Fußballplatz in Meidling. 1968, mit 10 Jahren, nahm mich mein Vater erstmalig zum Sport-Club-Platz mit.
Der WSC siegte an diesem Tag 6:0 gegen den WSV Donawitz. Mein Vater hat mir dort eine WSC-Fahne gekauft.
Mehr Merchandising gab es damals nicht.
Der Sport-Club-Platz hatte Ende der 1960er hinter den Fußballtoren nur 2 Wiesen. Die Haupttribüne hatte kein Dach, die Kainzgasse nur ein paar Sitzreihen.
Es gab kein Flutlicht.
An der Ecke bei der Hernalser Hauptstraße, gegenüber der heutigen Schweiger*), gab es ein Gebäude mit den Spieler-Kabinen und Klos.
Kainzgasse
*) Bierbeisl beim Sport-Club-Platz
Bei den Matches wurden an die Straßenbahn-waggons vom 43er alte Waggons dran gehängt.
Die, auf die man aufspringen konnte.
Als der WSC abstieg und 1998 bis 2001 in der Wiener Liga spielte, schrieb ich das Lied „Liabschaft aus Heanois", …
… um den WSC in seiner schwierigsten Zeit zu unterstützen.

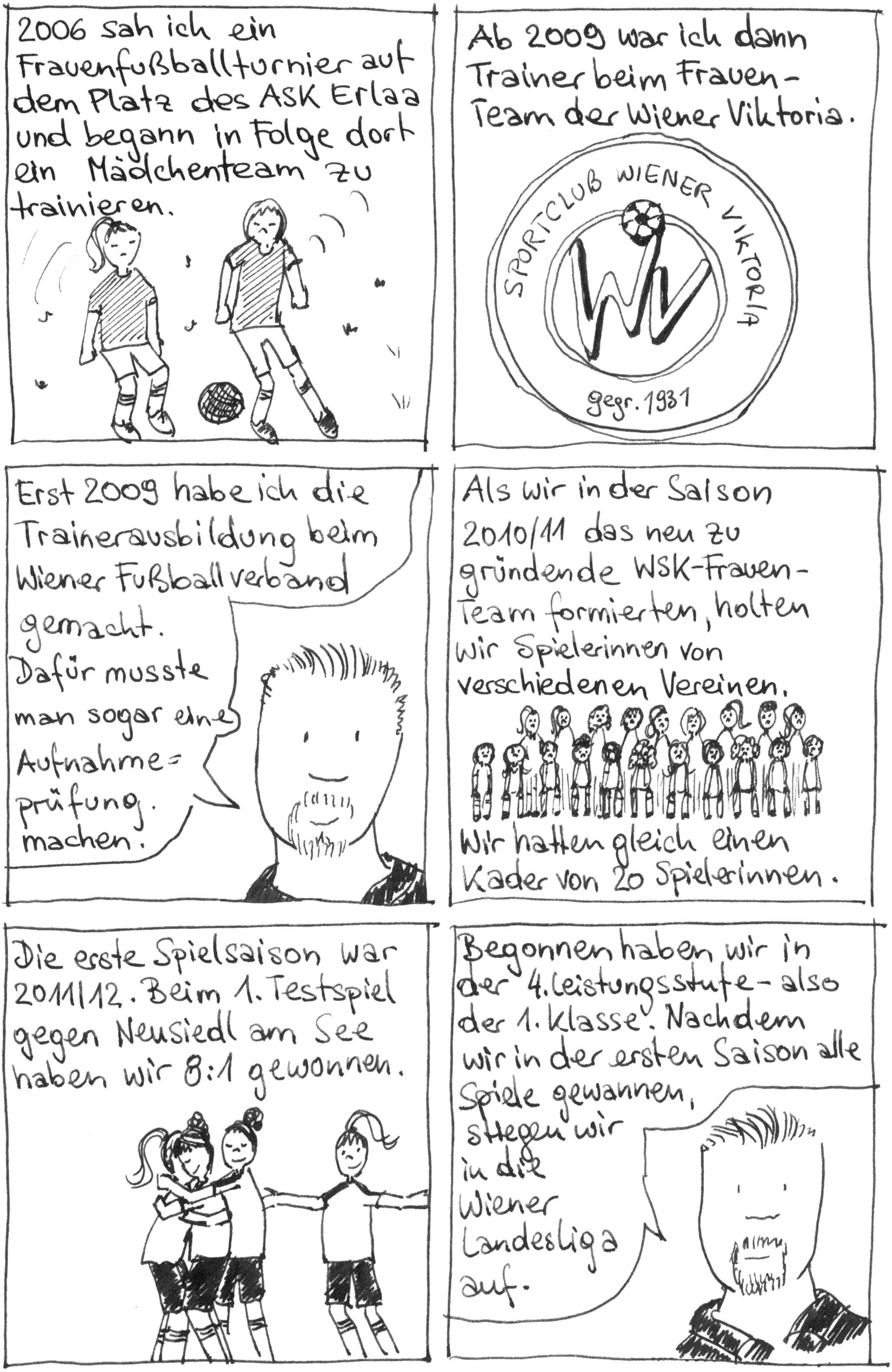
2006 sah ich ein Frauenfußballturnier auf dem Platz des ASK Erlaa und begann in Folge dort ein Mädchenteam zu trainieren.
Ab 2009 war ich dann Trainer beim Frauen-Team der Wiener Viktoria.
SPORTCLUB WIENER VIKTORIA
WV
gegr. 1931
Erst 2009 habe ich die Trainerausbildung beim Wiener Fußballverband gemacht. Dafür musste man sogar eine Aufnahme=prüfung machen.
Als wir in der Saison 2010/11 das neu zu gründende WSK-Frauen-Team formierten, holten wir Spielerinnen von verschiedenen Vereinen.
Wir hatten gleich einen Kader von 20 Spielerinnen.
Die erste Spielsaison war 2011/12. Beim 1. Testspiel gegen Neusiedl am See haben wir 8:1 gewonnen.
Begonnen haben wir in der 4. Leistungsstufe – also der 1. Klasse. Nachdem wir in der ersten Saison alle Spiele gewannen, stiegen wir in die Wiener Landesliga auf.

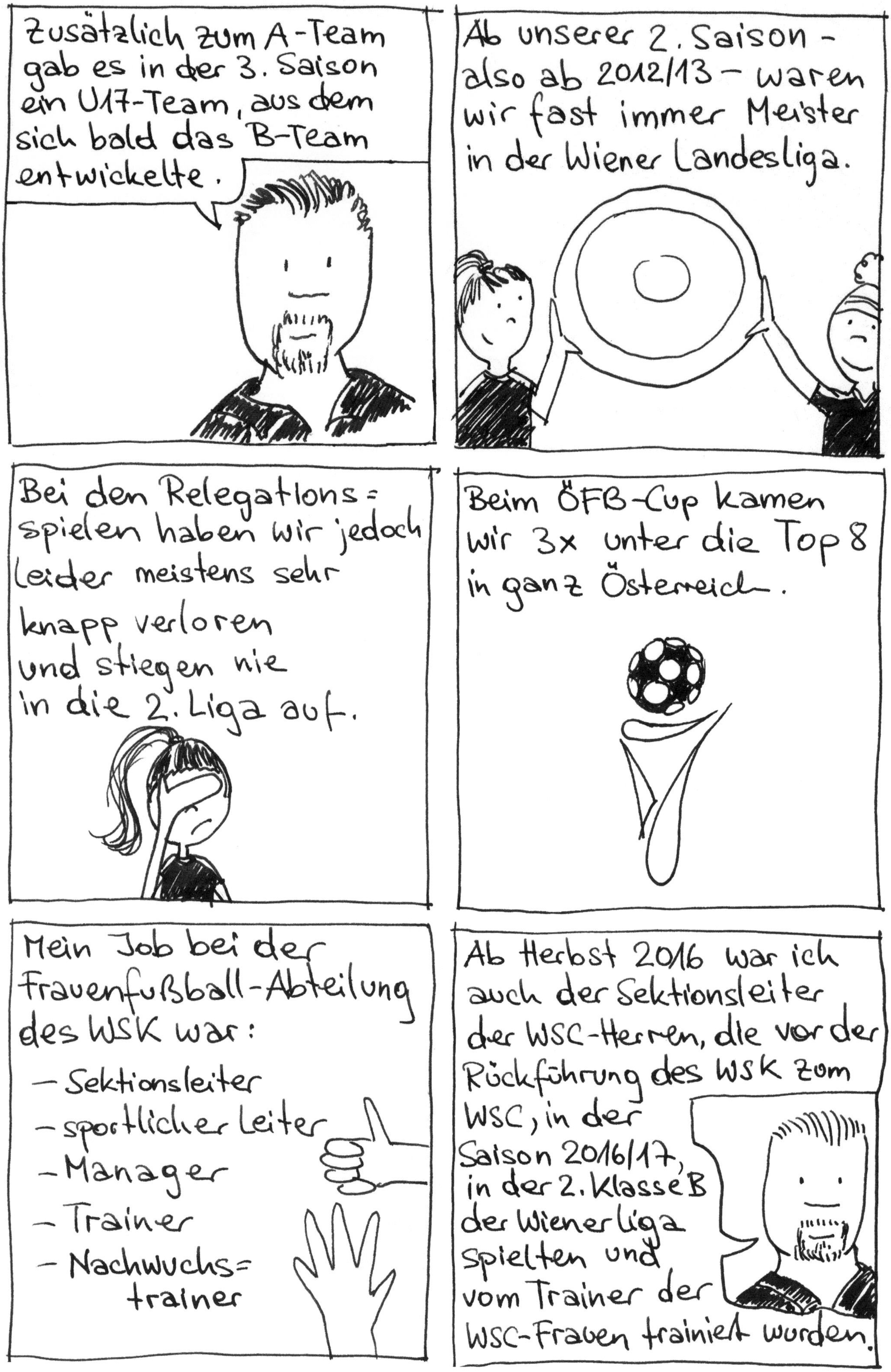
Zusätzlich zum A-Team gab es in der 3. Saison ein U17-Team, aus dem sich bald das B-Team entwickelte.
Ab unserer 2. Saison - also ab 2012/13 - waren wir fast immer Meister in der Wiener Landesliga.
Bei den Relegations=spielen haben wir jedoch leider meistens sehr knapp verloren und stiegen nie in die 2. Liga auf.
Beim ÖFB-Cup kamen wir 3x unter die Top 8 in ganz Österreich.
Mein Job bei der Frauenfußball-Abteilung des WSK war:
- Sektionsleiter
- sportlicher Leiter
- Manager
- Trainer
- Nachwuchs=trainer
Ab Herbst 2016 war ich auch der Sektionsleiter der WSC-Herren, die vor der Rückführung des WSK zum WSC, in der Saison 2016/17, in der 2. Klasse B der Wiener Liga spielten und vom Trainer der WSC-Frauen trainiert wurden.

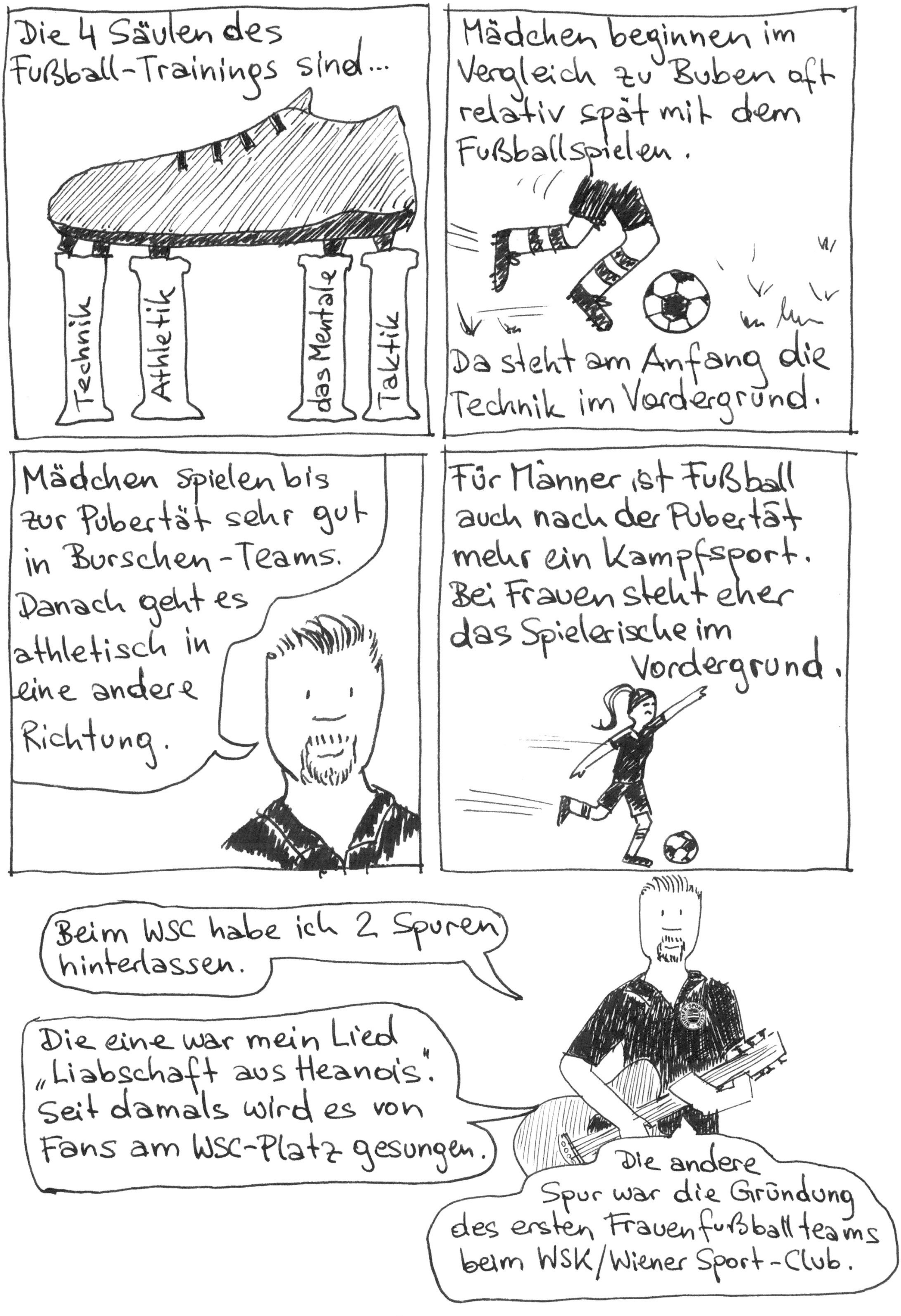
Die 4 Säulen des Fußball-Trainings sind...
Technik
Athletik
das Mentale
Taktik
Mädchen beginnen im Vergleich zu Buben oft relativ spät mit dem Fußballspielen.
Da steht am Anfang die Technik im Vordergrund.
Mädchen spielen bis zur Pubertät sehr gut in Burschen-Teams. Danach geht es athletisch in eine andere Richtung.
Für Männer ist Fußball auch nach der Pubertät mehr ein Kampfsport. Bei Frauen steht eher das Spielerische im Vordergrund.
Beim WSC habe ich 2 Spuren hinterlassen.
Die eine war mein Lied „Liabschaft aus Heanois". Seit damals wird es von Fans am WSC-Platz gesungen.
Die andere Spur war die Gründung des ersten Frauenfußballteams beim WSK/Wiener Sport-Club.

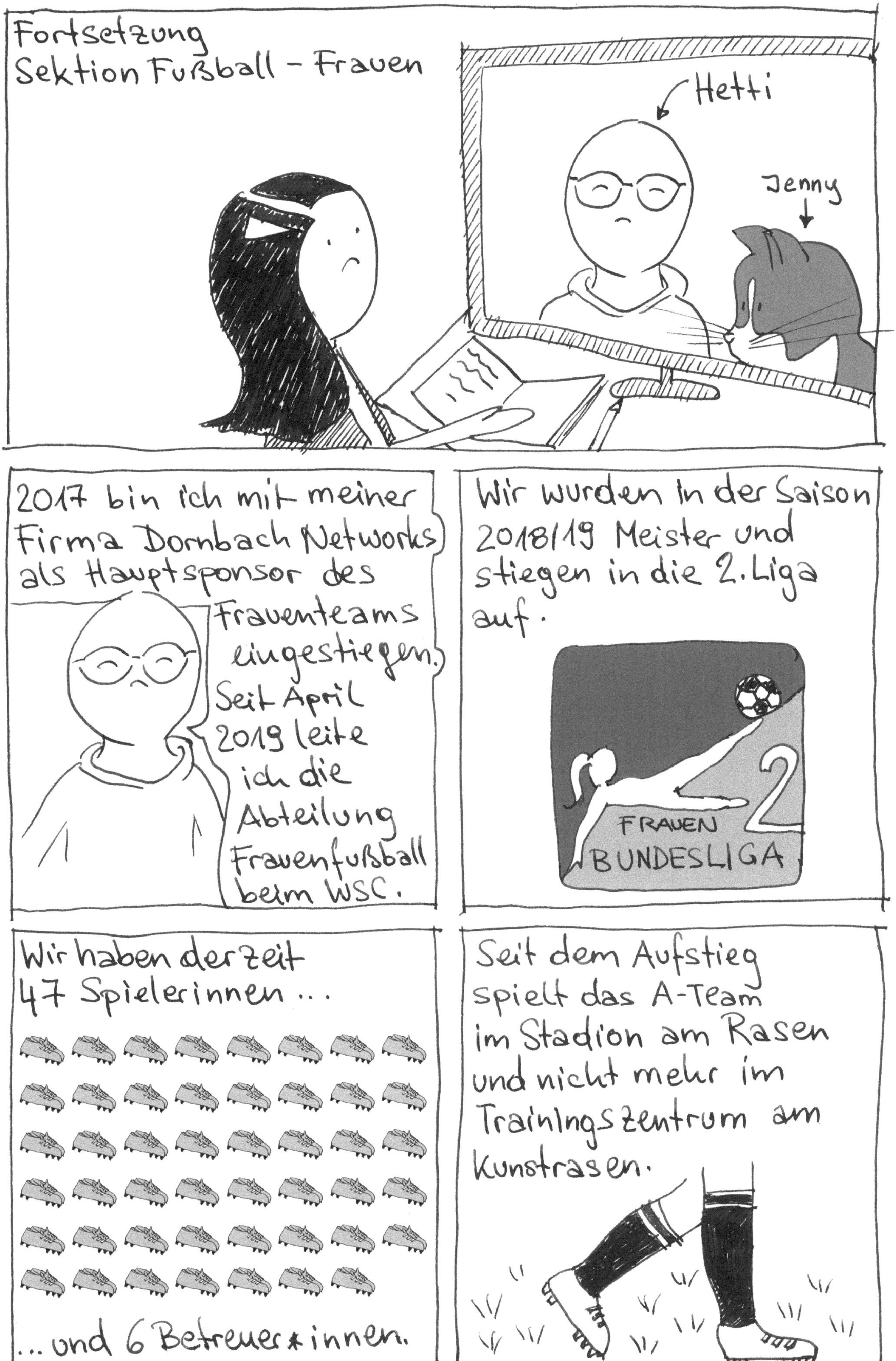

Fortsetzung
Sektion Fußball – Frauen
Hetti
Jenny
2017 bin ich mit meiner Firma Dornbach Networks als Hauptsponsor des Frauenteams eingestiegen.
Seit April 2019 leite ich die Abteilung Frauenfußball beim WSC.
Wir wurden in der Saison 2018/19 Meister und stiegen in die 2. Liga auf.
FRAUEN
BUNDESLIGA
2
Wir haben derzeit 47 Spielerinnen ...
... und 6 Betreuer*innen.
Seit dem Aufstieg spielt das A-Team im Stadion am Rasen und nicht mehr im Trainingszentrum am Kunstrasen.

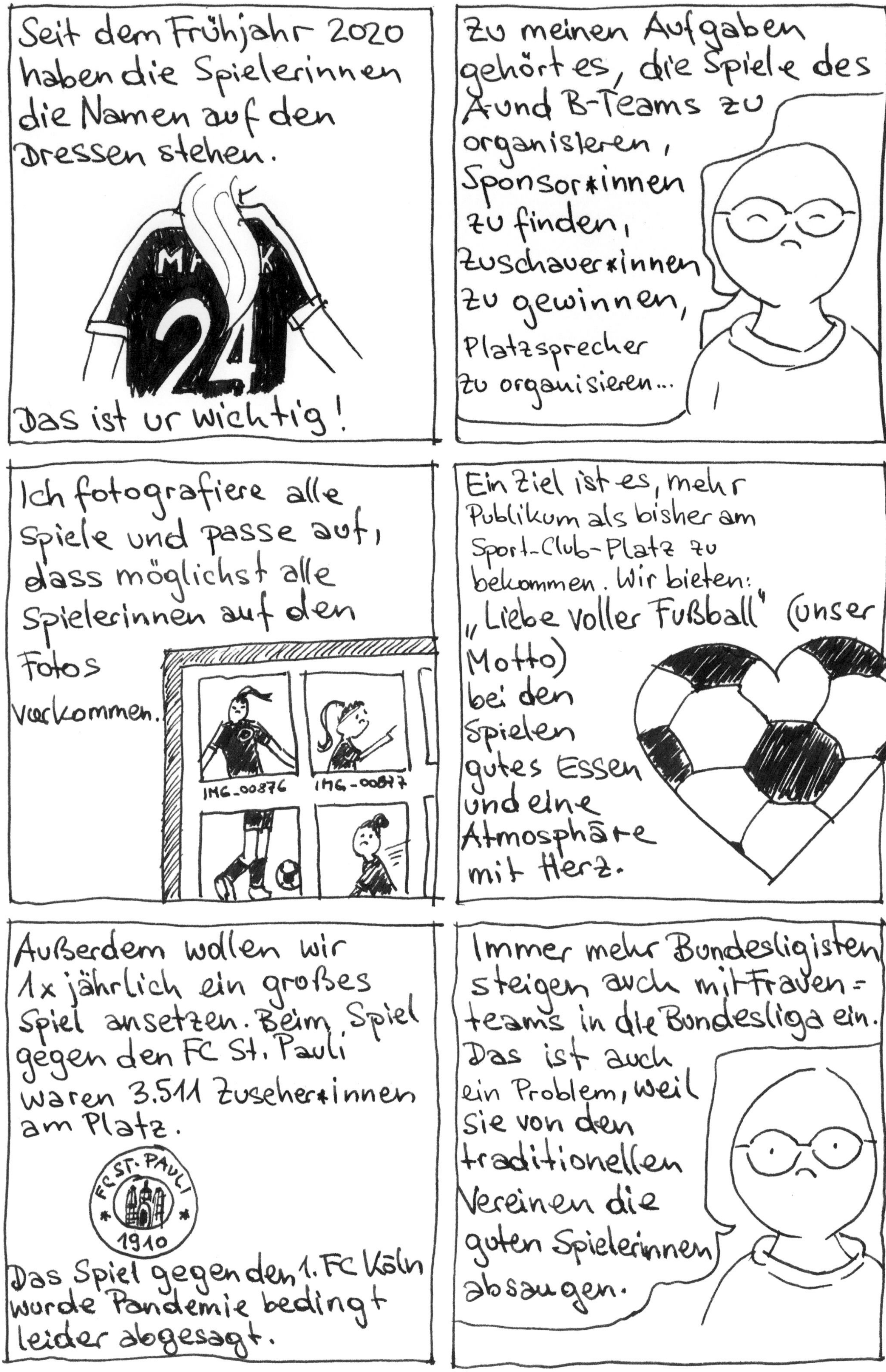

Seit dem Frühjahr 2020 haben die Spielerinnen die Namen auf den Dressen stehen.
MA K
24
Das ist ur wichtig!
Zu meinen Aufgaben gehört es, die Spiele des A und B-Teams zu organisieren, Sponsor*innen zu finden, Zuschauer*innen zu gewinnen, Platzsprecher zu organisieren...
Ich fotografiere alle Spiele und passe auf, dass möglichst alle Spielerinnen auf den Fotos vorkommen.
IMG_00876
IMG_00877
Ein Ziel ist es, mehr Publikum als bisher am Sport-Club-Platz zu bekommen. Wir bieten: „Liebe voller Fußball" (unser Motto) bei den Spielen gutes Essen und eine Atmosphäre mit Herz.
Außerdem wollen wir 1x jährlich ein großes Spiel ansetzen. Beim Spiel gegen den FC St. Pauli waren 3.511 Zuseher*innen am Platz.
FC ST. PAULI 1910
Das Spiel gegen den 1. FC Köln wurde Pandemie bedingt leider abgesagt.
Immer mehr Bundesligisten steigen auch mit Frauen-teams in die Bundesliga ein.
Das ist auch ein Problem, weil sie von den traditionellen Vereinen die guten Spielerinnen absaugen.

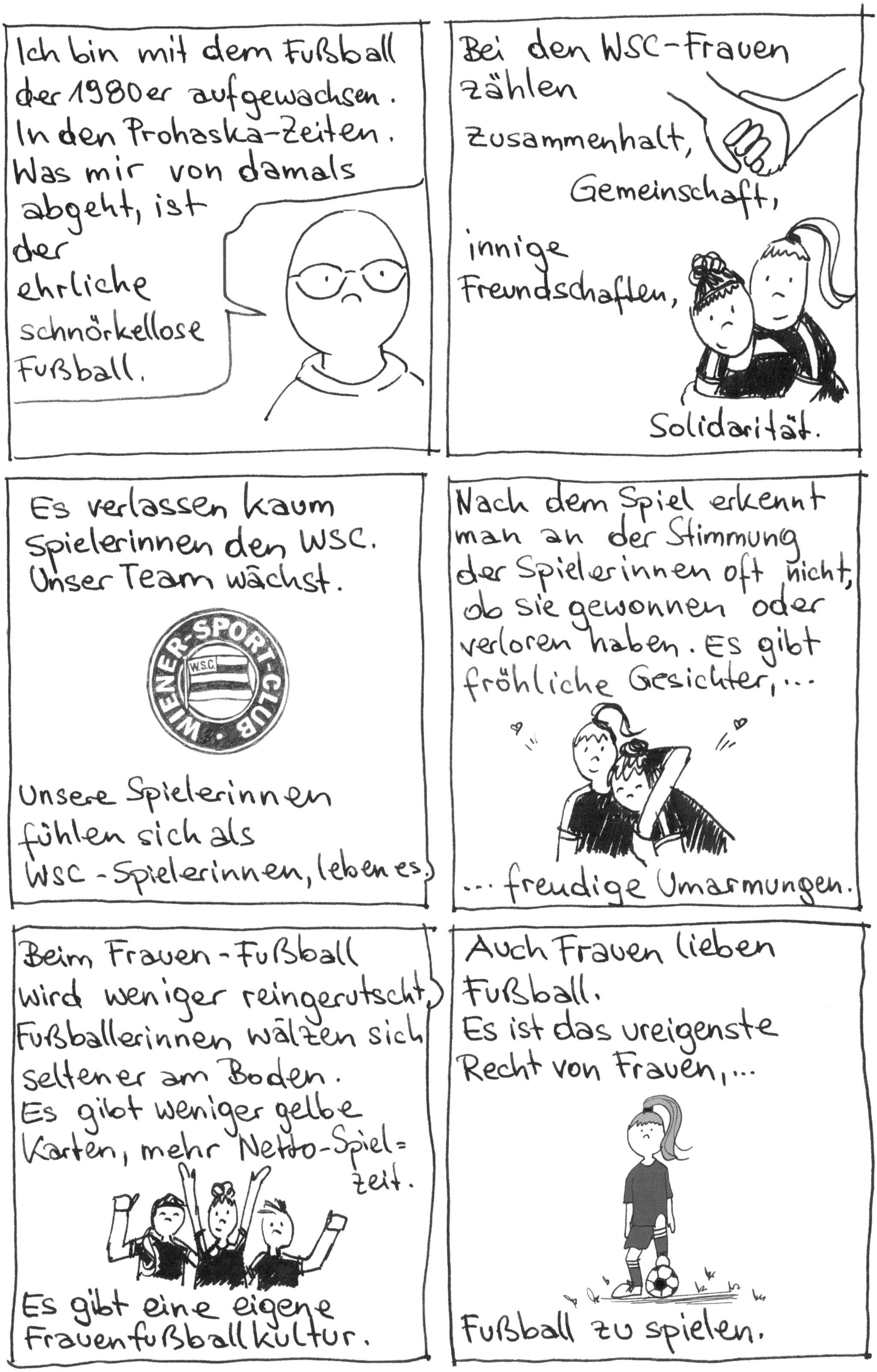
Ich bin mit dem Fußball der 1980er aufgewachsen. In den Prohaska-Zeiten. Was mir von damals abgeht, ist der ehrliche schnörkellose Fußball.
Bei den WSC-Frauen zählen
Zusammenhalt,
Gemeinschaft,
innige Freundschaften,
Solidarität.
Es verlassen kaum Spielerinnen den WSC. Unser Team wächst.
WIENER-SPORT-CLUB
W.S.C.
Unsere Spielerinnen fühlen sich als WSC-Spielerinnen, leben es.
Nach dem Spiel erkennt man an der Stimmung der Spielerinnen oft nicht, ob sie gewonnen oder verloren haben. Es gibt fröhliche Gesichter, …
… freudige Umarmungen.
Beim Frauen-Fußball wird weniger reingerutscht, Fußballerinnen wälzen sich seltener am Boden. Es gibt weniger gelbe Karten, mehr Netto-Spielzeit.
Es gibt eine eigene Frauenfußballkultur.
Auch Frauen lieben Fußball. Es ist das ureigenste Recht von Frauen, …
Fußball zu spielen.

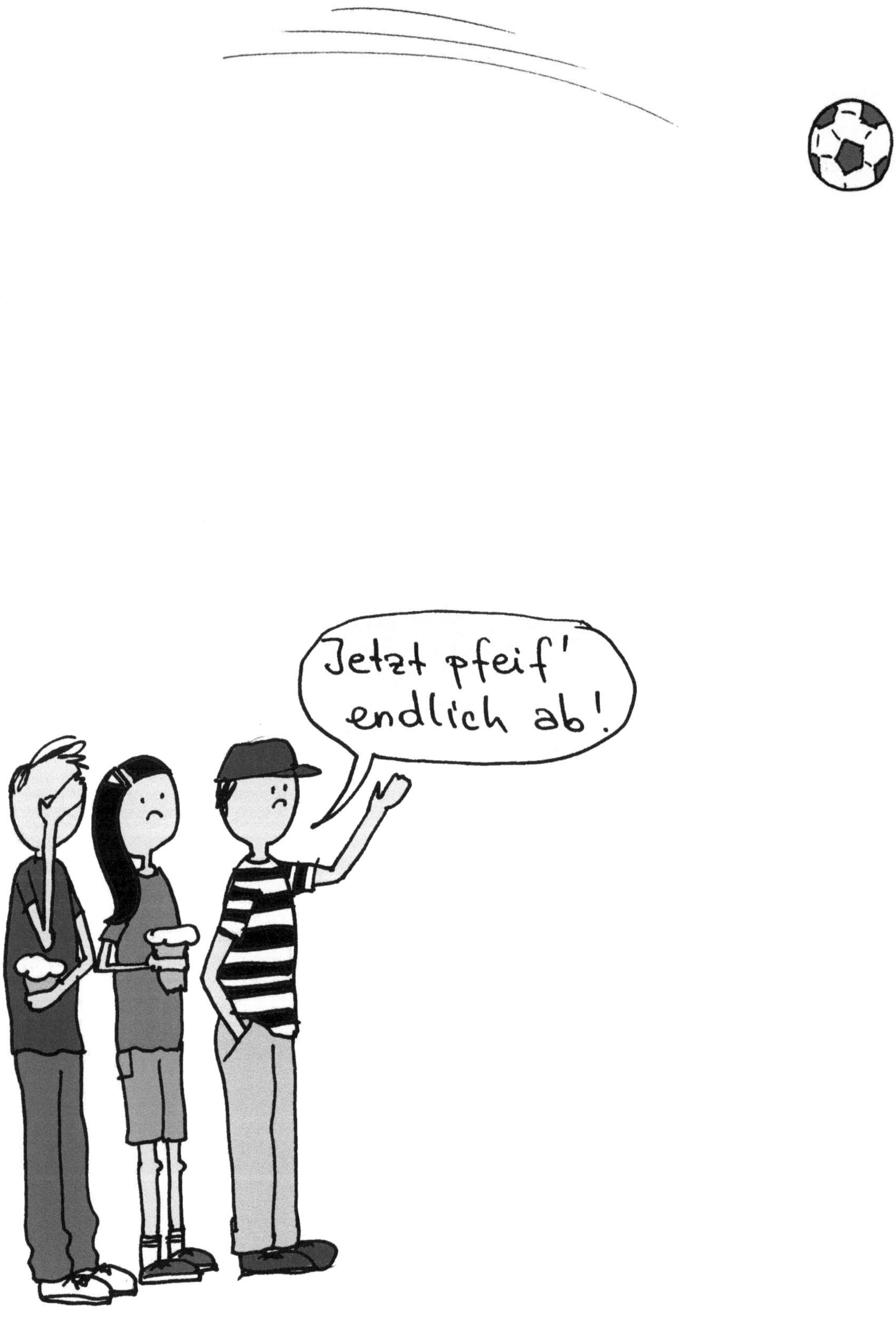
Jetzt pfeif' endlich ab!

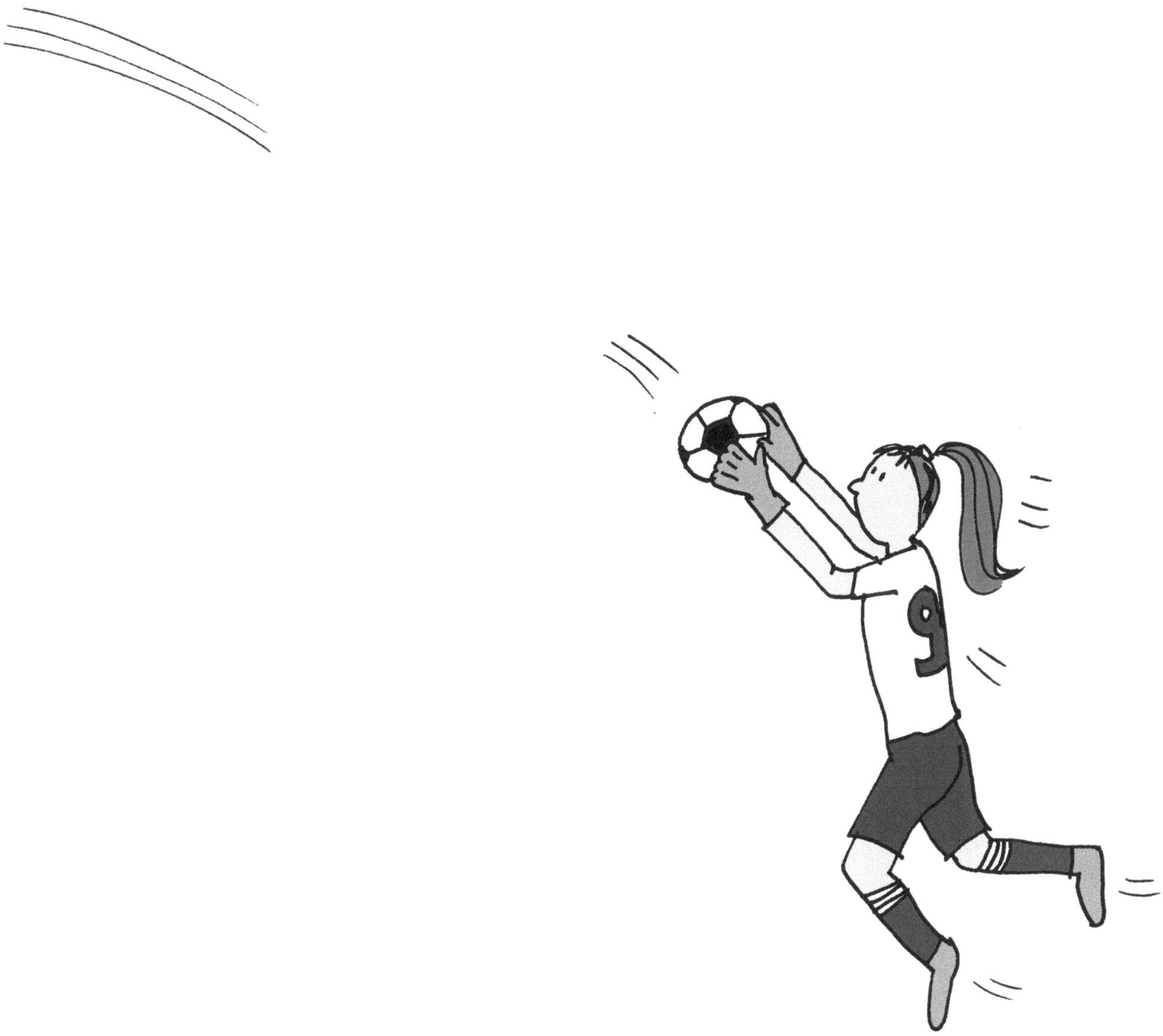
9

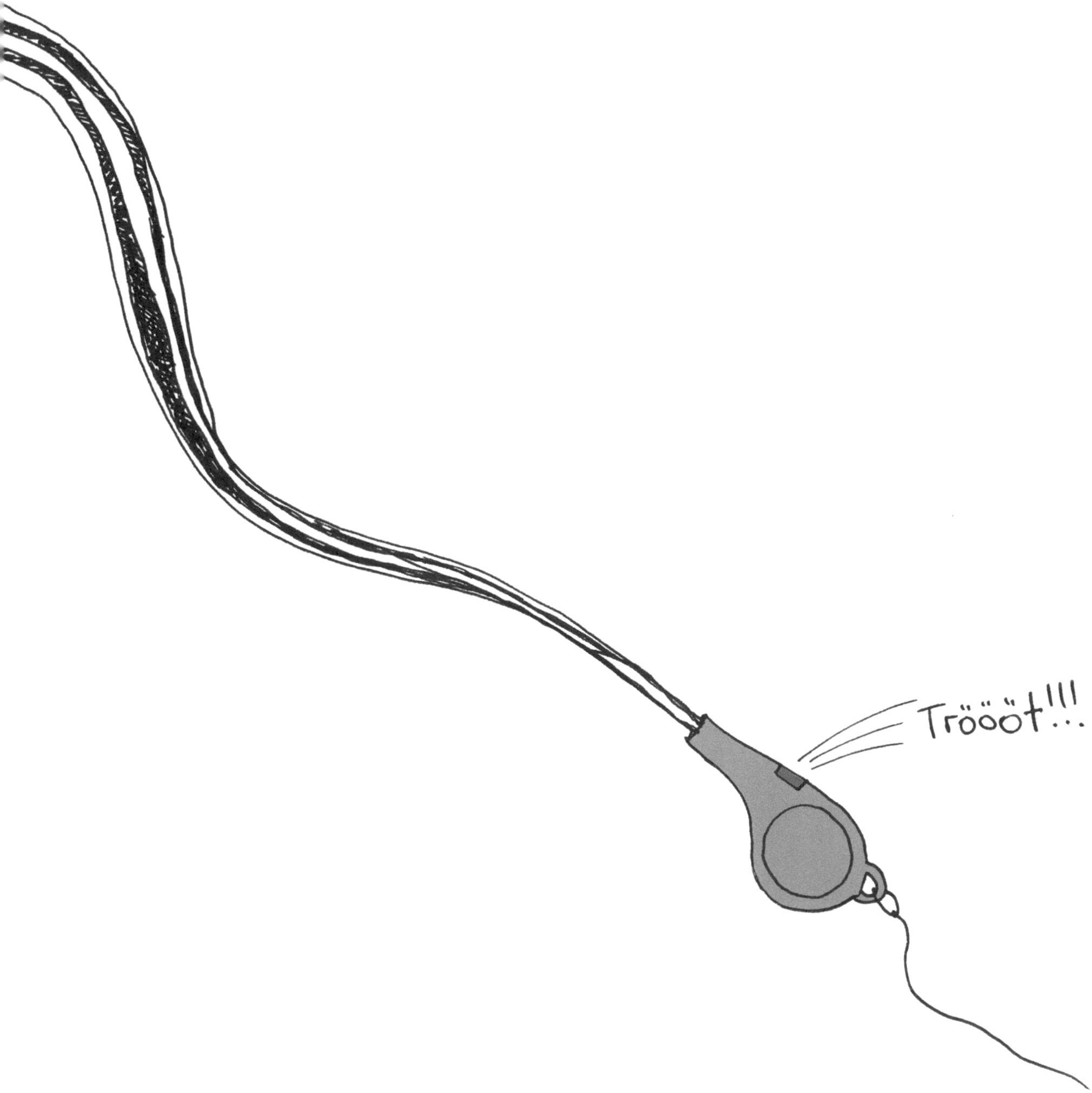
Tröööt!!!...

Glossar und Abkürzungen

Anhängervereinigung ... Fanclub des WSC seit 1952

Engelmann ... Eislaufplatz in Hernals

FHT... Friedhofstribüne

The Flag... Vereinslokal der Freund*innen der Friedhofstribüne

FM4 ..... Jugendkulturradiosender

Gasthaus „Der Brandstetter"... in der Hernalser Hauptstraße 134

Hernals... 17. Bezirk von Wien

ITSF.... International Table Soccer Federation

Jetzt.... Bar am Parhamerplatz

Meidling.... 12. Bezirk von Wien

Ottakring... 16. Bezirk von Wien

ÖFB .... Österreichischer Fußball-Bund

Die Schweiger ... Bierbeisl beim Sport-Club-Platz

RLO..... Regionalliga Ost

UTE BOCK CUP.... Hobby-Fußballturnier für Solidarität und Interkulturalität

Danke

Danken möchte ich ...

Sebastian Schönbauer für den großartigen Support mit historischen Unterlagen und für das aufmerksame Lektorat.

Dorel Coban, dass er mich zum Wiener Sport-Club gebracht hat und für seine freundschaftliche Unterstützung in diesem Projekt.

Martin Orner und Brigitte Köhler für das Lektorat.

Sebastian Broskwa von PICTOPIA für sein Comicspezialistenauge.

Clemens Eder, Agnes Fekete, Sascha Sadat-Guscheh, Christian Hetterich, Johannes Hradez, Thomas Kaider, Christoph Kiesling, David Krapf-Günther, Chris Peterka, Irene Petschko, Wolfgang Raml, Michi Regen, Kurt Reichinger, Dario Sommer und Alan Zalas für die schönen Interviews, eure Zeit für dieses Projekt und eure Energie und Liebe für den Wiener Sport-Club.

Quellen

Michael Almási-Szabo: Von Dornbach in die ganze Welt. Die Geschichte des Wiener Sport-Clubs. verlagshaus hernals. Wien. 2017

Klaus Dermutz: Kleine Geschichte des österreichischen Fußballs in 90 Minuten. Molden Verlag. Wien. 2019

Claus Stöghofer (2017):
Der Wiener Sport-Club und die beiden Weltkriege. Diplomarbeit. Universität Wien.

Wiener Sport-Club: Fußballfibel (Bibliothek des Österreichischen Fußballs), Frank Willmann + Thomas Pöltl (Hrsg.) Christian Bunke (Autor). CULTURCON Medien, 2019.

Im Internet:

YouTube – Wiener Sport-Club gegen Juventus Turin 7:0

Sebastian Schönbauer: Antisemitismus hat hier keinen Platz (mehr)! Website der Freund*innen der Friedhofstribüne, www.friedhofstribuene.at, 2019

Renate Mowlam
geb. 1973 in Wien,
Bauingenieurin und Comiczeichnerin,
zeichnet Comics über wissenschaftliche Erkenntnisse,
Medizin oder Verhaltensforschung, Gesundheit und
ihre Katzen.

www.renatentwurf.at

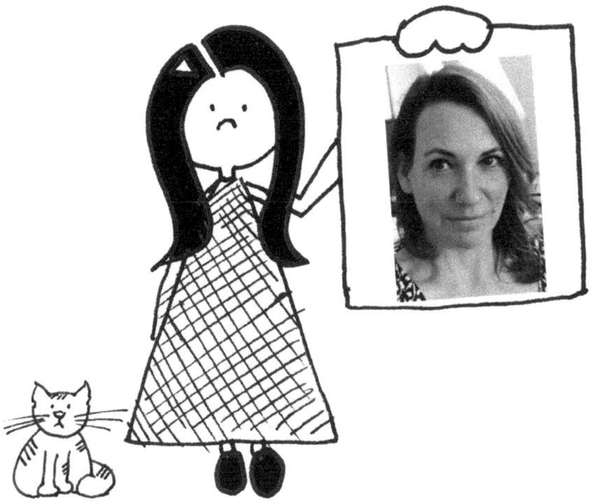

Weitere Veröffentlichungen:

Renate Mowlam: OFF THE BLOB. Gespräche mit Frauen über den Wechsel. Ein Comic.
myMorawa, 2020.
ISBN: 978 3 99118 017 3

Wolf – Hund – Mensch. Die Erforschung einer Jahrtausende alten Beziehung.
Comics gezeichnet von Renate Mowlam. Forschungsergebnisse von F. Range, Z. Virányi,
S. Marshall-Pescini, K. Kotrschal und dem Team des Wolf Science Center. Wien, 2019.

Renate Mowlam: Mrs. & Mrs. Burn-out. Wie wir wieder gesund wurden.
BoD, 2019.
ISBN: 9 783748 168256

Edith Bayer, Renate Mowlam: Erste Hilfe für den Berufsalltag. Ein Comic-Ratgeber für ein gesundes Arbeitsleben. Goldegg Verlag, 2016.
ISBN: 9 783903 090682

Renate Mowlam: Die Kraft der Gedanken. Ein ziemlich gescheiter Comic-Ratgeber für ein glücklicheres Leben. BoD, 2014.
ISBN: 9 783732 297870

Ausstellungsteilnahmen:

Art Action Attitude – Grenzen (2021/22)
Ausstellung der Medizinischen Universität Wien im AKH Wien
6 Ausstellungstafeln mit Comics zum Thema „Global Health“

NextComic – Comic-Festival (2021)
Ausstellung von Repros aus dem Comicbuch „OFF THE BLOB. Gespräche mit Frauen über den Wechsel“
im OÖ Kulturquartier, Linz

Art Action Attitude – Körper (2020/21)
Ausstellung der Medizinischen Universität Wien im AKH Wien
6 Ausstellungstafeln mit Comics zum Thema „Was ist ein Comic?“

… und für Puppi ♡